OUT OF POVERTY

WHAT WORKS WHEN TRADITIONAL APPROACHES FAIL

世界一大きな問題のシンプルな解き方

私が貧困解決の現場で学んだこと

ポール・ポラック PAUL POLAK　東方雅美［訳］

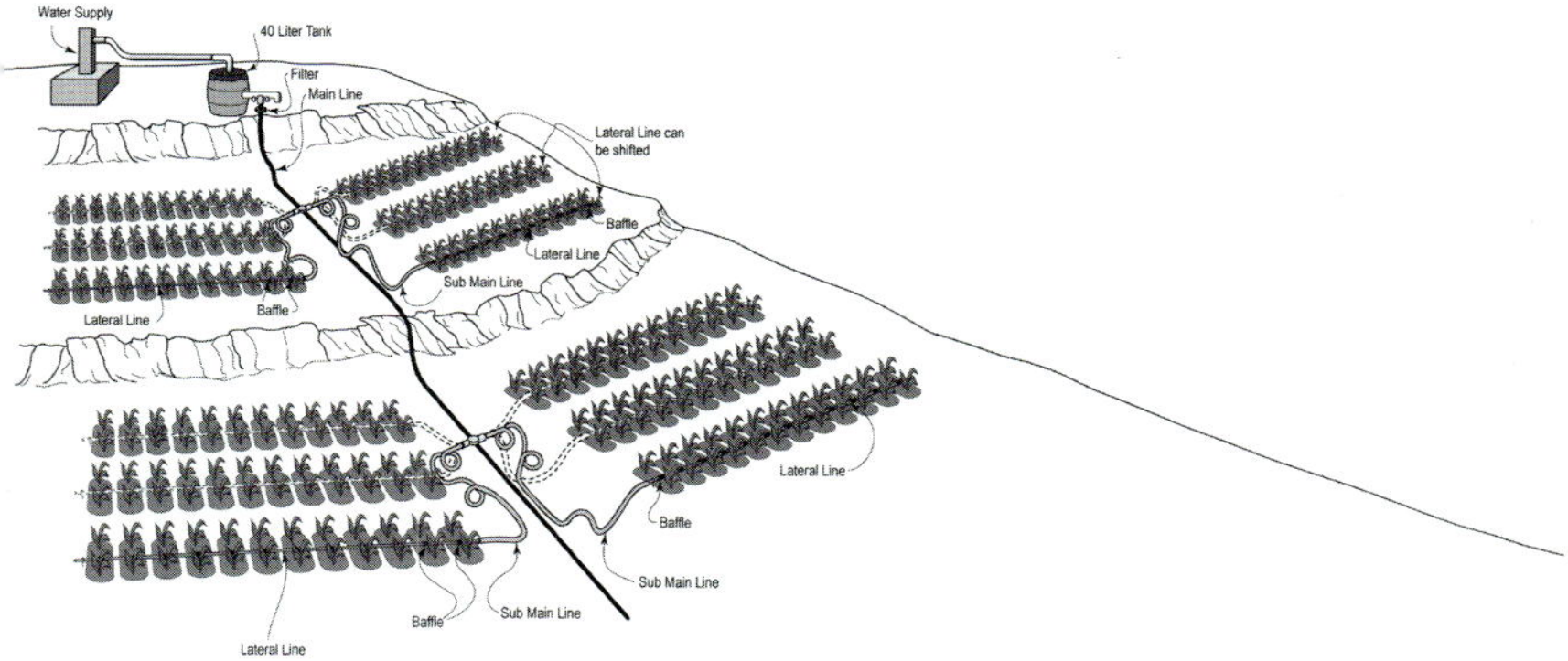

英治出版

OUT OF POVERTY

What Works When Traditional Approaches Fail

by

Paul Polak

Japanese translation rights arranged
with Berrett-Koehler Publishers, Inc., California
through Tuttle-Mori Agency, Inc., Tokyo

世界一大きな問題のシンプルな解き方

私が貧困解決の現場で学んだこと

妻のアギー、娘のエイミー、キャサリン、ローラ、
そして私の文章に命を与えてくれた、
クリシュナ・バハドゥ・タパや小規模耕地の農民たちへ

第2章 3つの誤解

なぜ、貧困をなくすことができないのか？ 58

第3章 すべては「もっと稼ぐこと」から　90
ネパール農家は訴える

第4章 残りの九〇%の人たちのためのデザイン　106
現場からニーズを掘り起こす

第7章

一エーカー農家から世界が変わる

冬にキュウリが育てられる！

第8章

主役は貧しい人たち

商品が売れる市場をつくる

第11章 私たちには力がある

貧困をなくすために行動を起こす

＊本文中、（）内の番号は原注を、
★は訳注および序文における脚注を指す

日本語版への序文

マサチューセッツ工科大学　Ｄ－Ｌａｂ講師
遠藤　謙

世界には、年間所得が三〇〇〇ドル以下の人々が四〇億人いるといわれている。近年、彼らのような貧困層をビジネスの対象として捉える、いわゆるＢＯＰビジネスが注目を集めている。単なる貧困層相手のビジネスではなく、同時に貧困問題を解決し、持続可能なビジネスモデルを確立しようとする動きだ。それは企業だけではなく、デザイナーや大学の研究者のあいだでも製品開発と持続可能なビジネスモデルを組み合わせる手法が脚光を浴びている。このようなアプローチに先駆的に取り組んだのが、本書の著者ポール・ポラックが率いるＩＤＥ（International Development Enterprises）だ。その実績は高い評価を受け、世界中のエンジニア、デザイナーに大きな影響を与えてきている。

その好例がマサチューセッツ工科大学（ＭＩＴ）のエイミー・スミスが設立したＤ－Ｌａｂだ。エイミーは、大学院生のときにゲスト講師として現れたポールの授業にインスピレーションを受けて、適正技術★の開発と普及を目指すＤ－Ｌａｂを設立した。Ｄ－Ｌａｂは学科科目でも必修科目でもない。このため、当初の授業は学生一〇人ほどの小さな規模で行われた。その後、年々受講者を増やし、内容のバリエーションも増え、今では最も学生に人気がある授業の一つ

★　適正技術とは、現地のニーズ、材料、文化、環境、人などを考慮した上での最善の技術のことを指す。プロダクトの普及によって現地の人々の収入を向上させることを第一の目的としている

になった。Ｄ－Ｌａｂでの適正技術の開発と普及のプロセスは、本書でも紹介されている「現実的な問題解決のための12のステップ」に沿って忠実に設計されている。エイミーがポールに大きな影響を受けているためだ。

Ｄ－Ｌａｂ受講者の中には、ベンチャー起業して継続的に貧困削減に精力を注いでいる人たちも多く、Global Cycle Solution★やClick Diagnostics★などの好例がある。ほかにもたくさんの成功例があるが、そのすべての事例が現地のパートナーやユーザーが本当に必要としているものを調査し、持続可能なビジネスモデルを打ち立てている。

この動きはＭＩＴだけではない。スタンフォード大学、カリフォルニア工科大学、カルフォルニア大学バークレー校、カーネギーメロン大学、イエール大学など、今やアメリカの多くの理工系トップスクールでも、途上国向けものづくりの授業が行われている。また、ハーバード大学のジョージ・ホワイトサイズ教授のように適正技術を先端研究のテーマとして取り上げる動きも出てきた★。国際開発を推進する財団や助成金もこのような動きを後押ししている。

大学だけではない。デザインコンサルファームのＩＤＥＯはデザイン思考を途上国での適正技術開発に適用し、これまでにさまざまなプロジェクトで成功をおさめてきた。さらに、openideo.comというサイトを立ち上げ、社会問題を解決するアイデアを世界中から募っている。また、韓国の家電メーカーであるサムスンは、グローバル化を推進するにあたり、途上国をも視野にいれ、現地にスタッフを派遣したニーズの吸い上げに重点をおいている。ほかにも、貧困問題に高い意識をもつ企業が年々増えている。

★ Global Cycle Solution：タンザニアの村人たちのために、自転車の動力を利用して動く洗濯機や、とうもろこしの実を剥ぐ装置を開発した

★ Click Diagnostics：バングラデシュの僻地にある農村部に、携帯電話を使った医療診断システムを開発し、普及を目指している

★ マイクロ流体の研究を応用した紙ベースの血液検査キットが開発され、普及を担当するＮＰＯ（Diagnostics for All）が大学からスピンオフした

海外の動きに遅れながらも、近年日本でも徐々にアクションが起こりつつある。東京工業大学の国際開発サークル（IDA）は、二〇〇九年にネパール・ノルウェーの大学生とチームを組み、モンディアロゴ・エンジニアリング・アワードで金賞を受賞した。九州大学ではグラミン財団と提携し、途上国へのICTプラットフォームの導入サポートを行っている。二〇一〇年には、「世界を変えるデザイン展」が東京で開催され、世界中で開発された適正技術が展示され、注目を集めた。そして、MITのD-Labを参考にし、途上国向けの適正技術開発やビジネスモデルに関する講義が慶應義塾大学や東京大学などで始まった。さらに同じ年には、適正技術製品の開発・実用化を目指すものづくりコンテストであるSee-D Contestも始まっている。

世界中で起こっているこれらのアクションは、従来から行われてきた政府や国際機関主導のトップダウン型の大規模な国際開発とは異なり、現地の人々の目線に立ったボトムアップ型のアプローチであるといえる。ポールの提案は至ってシンプルだ。現地の人たちが何を必要としているか見極め、それを持続可能な形で提供し、貧困から脱却する手助けをすることだ。

もちろん、簡単なことではない。しかし、本書『世界一大きな問題のシンプルな解き方』には貧困解決までのボトムアップ型のアプローチが、農業の例を交えて順序よく説明されている。これからアクションをとろうとしている方はもちろん、貧困問題に関心のある方、デザイナーや技術者の方など、実践的な問題解決方法を求める人たちにとって、本書は大いに役立つだろう。

まえがき

一歳三カ月になる孫のイーサンは、近所の小道が大好きだ。その道は、イーサンが住むカリフォルニア州セバストポルの家から二軒ほど先にあり、いろいろな色の小石が敷き詰められている。一緒に散歩に出ると、イーサンはその道で立ち止まって離れようとしない。小石をつかみ、じっくりと調べるのだ。そして、一つひとつをじっと見つめながら私の手に載せていく。それが終わると、今度は私が小石を一つずつイーサンの手に戻し、彼の手がいっぱいになるまで続ける。徹底的に理解するまで、イーサンは小石を手の上で何度も何度もひっくり返す。そんな仕事をいったい誰がイーサンに与えたのかはわからない。だが、とにかく彼はその仕事を引き受け、終わるまでは帰らないのだ。イーサンはしゃがんで、つかんだ小石を落として山をつくり、私をちらっと見ると山を壊してキャッキャッと笑う。彼はこれを何時間でも続け、家に帰ろうと、私が抱き上げると泣いてしまう。イーサンのちゃめっ気と好奇心は伝染するようだ。また、私はイーサンと同じ遺伝子をたくさん持っているに違いない。私もまったく彼と同じように行動する。日々を楽しみ、好奇心を満足させるために生きている。

過去二五年間、二つの疑問が私の好奇心を刺激してきた。なぜ、人々は貧しくなるのか。貧困に対処するために、貧しい人たちは何ができるのか——。

このやっかいな疑問のために、私は仲間とともに何百回も長いジープの旅に出ては、うたた寝しながら埃っぽいデコボコ道をいくつも通ってきた。泥だらけの手をした一エーカー★の農民たちと何千回も話をしてきた。ベトナム中央の山間部、枯葉剤でダメージを受けたままのジャングルのすぐ近くで、農民たちとともに、高さ三メートルの黒コショウの蔓が伸びる耕地を歩いた。インドのウッタル・プラデーシュ州、ガンジス川のデルタ地帯で、あちこちに分散した四分の一エーカーほどの耕地を農民たちと歩いて回った。季節は冬で、耕地は茶色くくすんでいた。彼らは、七三歳の私の腎臓が受け付けられないほど、何杯も熱いお茶を勧めてくれた。私は、今まで誰も話しかけなかったような人たちから話を聞いて、新しいことを発見するのが好きだ。そして、彼らと一緒に思いついた、とてつもないアイデアを、試してみないかと説得するのが好きだ。貧しい農民たちとの対話から得た学びは、他のどんなものから得た学びよりも大きかった。

本書ではそんな農民たちの話や、彼らが私に教えてくれたことを紹介する。なかでも、クリシュナ・バハドゥ・タパとその家族について、彼らが一日一ドル未満で何とか生き延びていた状態から、ネパール山間部の二エーカーの農場で、年間四八〇〇ドルを稼ぐようになるまでを書いていく。本書では他の農民たちの話も数多く取り上げる。極度に貧しい人たちが毎日をどのように暮らし、どんな夢を持っているのか。本書であなたの疑問に少しでも答えられたらと思う。私が農民たちから学んだことは、私たちの手法に形を変え、何百万人もの貧しい人たちがそれを活用して貧困から永遠に抜け出そうとしている。非常に喜ばしいことだ。

★　一エーカー（Acre）＝約四〇〇〇平方メートル

私が描く貧困の現実的な解決策は、どれも当たり前で単純なものだ。たとえば私は次のように考える。一日一ドル未満で家族が生活している八億人が、小さな農場で生計を立てている。それならば、農業でもっとお金を稼ぐ方法を見つけよう。また、彼らが一日一ドル未満で働いているのなら、その非常に低い労働コストを生かす方法を考えよう。具体的には、高付加価値で労働集約的な作物を販売用として育て、その作物が最も高い値段をつけるときに売るのである。もし、一般常識が実は一般的ではなく、当たり前のことが実はまれにしか実行されないのだとしたら、貧しい人たちとの対話から私が引きだした結論は、あなたを驚かせるはずだ。その結論は、従来の開発分野での理論や手法とは相容れないものだ。

貧困に関する本で、読後に罪悪感を持つような本を私は好きではない。無味乾燥で眠くなってしまう学術書も嫌いだ。貧困撲滅の仕事は、生き生きとして、刺激的で、新たな希望や感動を生み出すものだ。陰気なものでも、悲しいものでもない。貧困についての真実を知ることで、破壊的イノベーション★を生み出せる。それは貧しい人たちの生活を豊かにするが、それ以上に豊かな人たちの生活も豊かにする。

本書の冒頭、序章から第二章までの部分では、まず私がどのようにして貧困に興味を持ったかを述べる。続いて、たいていの社会問題に応用できる、クリエイティブな問題解決手法を紹介する。そして、貧困撲滅に関する三つの誤解にも挑む。この誤解があるために、貧困をなくすうえで当たり前のことができなくなっている。

第三章から第八章まででは、小規模耕地の農民たちが教えてくれたこと、つまり一日一ドル

★ 既存の市場の秩序、業界構造を劇的に変化させるイノベーションのこと。クレイトン・クリステンセンが『イノベーションのジレンマ』(翔泳社)で提唱

で暮らす八億人の貧困を終わらせられる、現実的な手法について解説する。貧しい人たち自身がごく自然に考えるのは、「貧困から抜け出すための最も重要なステップは、お金の稼ぎ方を学ぶことだ」ということだ。そのために必要なのは、草の根事業だ。貧しい人たちのほぼ全員が、すでにタフで不屈でたくましい起業家である。だから彼らは、自分たちの事業からもっと利益を獲得する方法を見つければいい。小規模農場という事業では、市場向けの高付加価値で労働集約的な作物を育てることが、収入の増加につながる。それを実現するためには、貧しい農民たちが次のものを手に入れる必要がある。低価格の灌漑《かんがい》、小規模農場に適した新世代の農業手法や資材、必要な種子や肥料を農民に届ける市場、そして、小規模農場の農民が利益の出る値段で作物を売れる市場へのアクセスである。こうしたさまざまな貧しい顧客向けの新製品やサービスは、現在のデザイン手法を変革し、ひたすらに低価格を追求して初めて生み出せる。続いて第九章では、開発途上国の都市のスラムや路上で暮らす人々を助けるうえで、ここまでで述べた内容を、どのように応用できるかを解説する。

そしてまとめとして、まず第一〇章で、地球が直面する問題のほとんどで、貧困が中心的な役割を演じているということを述べる。第一一章では、支援者や政府、大学、研究機関、そして私たち一般の市民が、貧困をなくすために何ができるかを考える。最後の第一二章では、バハドゥとその家族が、どのようにして最終的に貧困から抜け出したのかを描く。

この本を読み終えたとき、あなたにエネルギーとやる気が満ちていることを願っている。成すべきことは、まだたくさんあるのだ。

序章

答えは単純で当たり前のこと

LEARNING TO DO THE SIMPLE AND OBVIOUS

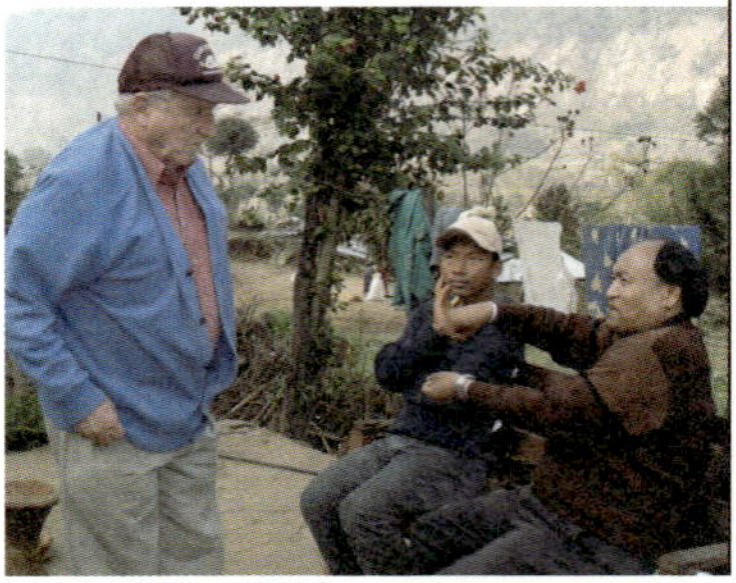

デュー・バハドゥ・タパ、ビムセン・グルングと話すポール・ポラック（ネパール）

一二歳のとき、イチゴを一クオート★摘むと五セントもらえると聞いた。一九四五年の六月半ば、イチゴの季節がやってくると、私は友人たちとイチゴ摘みを始めてどんどん腕を上げた。季節の終わりごろには、一日に二〇〇クオートを摘み、ポケットに一〇ドル札を入れて家に帰るようになった。そこで私は考えた。

「イチゴ摘みで一日に一〇ドル稼げるのなら、イチゴ畑の主人はいくら稼げるのだろう」

私はこのとき、イチゴ事業を始めようと決心したのだ。

一五歳のとき、地元の農民二人を説得して、パートナーになってもらった。モーリー・レ

★一クオート（Quart）＝〇・九五リットル分

ザーデールは街で仕事をしていて、空いた時間に繋駕《けいが》競争★用の馬を育てていた。ちょうど家の裏側に、なだらかな起伏のある三エーカーのローム質の土地を持っていて、そこをイチゴ事業に提供してくれた。エド・カミンズは一六〇エーカーの農地を父親から相続していた。ヴィクトリア調の赤レンガの家も相続しており、その家は私にとってはまるでお城のようだった。エドは農場の後ろにある砂質の肥沃な土地、四エーカーを提供してくれた。

最初の仕事は、両方の畑に分厚い肥やしの層をつくることだ。エドは納屋に一二頭の乳牛を飼っていて、肥やしが入れ物から溢れ出ていた。

ある春の日の朝、エドと私は肥料散布機にエドの馬を何頭かつなぎ、干し草用の熊手で肥やしを散布機に投げ入れ始めた。エドは手につばをし、次々と投げ入れていく。ゆっくりだが安定したペースだ。彼は六〇歳近くだったが、私はとても体力があった。

これは自分の力を見せつけるチャンスだと思った。

「こんなの朝飯前だ」と、私は思った。そして、猛烈な速さで肥やしを投げ入れた。三〇分ほどのあいだは、エドより明らかに速かった。だが、その後の三〇分で追いつかれ、二時間たって散布機がいっぱいになるころには、大幅にリードされていた。それだけでなく、エドは汗もかいていなかったのに、私は大汗をかき、もう倒れて死んでしまいそうだった。

荷台がいっぱいになった散布機を、私たちは畑へと走らせた。エドは赤くて長い、錆びたギアをひいた。すると後輪の車軸についている鎖と歯車の装置が動き、回転している釘の列に少しずつ肥やしが入っていった。

★ 二輪馬車を引かせて行う競馬

朝の日差しのなか、馬の背中から湯気があがる。牛の肥やしのかたまりが畑に飛び広がっていく。小麦の切り株が残った畑に、数えきれないほど何度も散布した。一日が終わるころには、私は疲れ果てていた。次の朝にも、もう一度同じことを最初から繰り返す。それが終わると、エドは小麦の切り株と肥やしを土に埋め込み、まぐわで畑を平らにならした。これでようやく、植え付けの準備ができあがった。

馬に引かせる二列式の植え付け機を誰かから借りてきた。現在では、あんな機械は博物館でしかお目にかかれないだろう。前の方に小さな鋤《すき》がついていて、それが一五センチほどの深さに溝を掘る。後ろ側にはバネがついた丸い金属の椅子が二つあり、鋤が引きずられているあいだ、モーリーと私が腰掛ける。椅子は地面ギリギリの高さだ。私は自分の前にある平箱から苗を一つ右手でつかみ、それを逆手で溝に置いていく。私の姿を鏡に映したかのように、モーリーが右側の椅子で同じことをする。永遠につづくスローなテニスの試合のように、私たちは一日中、順番に苗を置き続けた。溝に苗を置くとすぐに、頭上のタンクから水が苗に噴きかけられ、さらに後ろにある二つのローラーが、溝を埋めていく。こうして七・五エーカーの畑に苗を植えるのに、一日半かかった。

苗を植えた後の最大の問題は、ブタクサやアカザなど、たくさんの雑草がどこからともなく生えてきて、イチゴの苗と競い合っていたことだ。雑草の大量虐殺の共犯者になってくれたのは、ディックという名の年老いた馬だった。ディックはひどいオナラをしながら、六つ歯の耕運機を引いた。私はしだいに、馬の汗と革の馬具の臭いが混じった刺激臭が好きになっていった。雑草取りで私が編み出したコツは、イチゴの苗を抜かないように、間を縫って耕運機を動かすことだ。こうすることで、除草の時間を短くすることができた。

中耕は除草よりもずっと簡単だということを知った。イチゴの苗すれすれのところで一掘りする動きで、かなりの地面が耕せた。だが、四エーカーのイチゴ畑を除草するのには何日もかかった。やっと最後の列まできたかと思うと、また次の除草が必要になっているのだ。このとき私は、大多数の農民が知っていることを学んだ。日々の農作業は、非常にうんざりするものだということだ。

最初の年の終わり、イチゴ畑の様子は悪くなかった。だが、イチゴ摘みで現金収入があった前年以前とは違った。

私はひどい赤字に陥っていたのだ。イチゴ畑の主人になっても、考えていたほど大儲けはできないのかもしれない。

翌年の六月に収穫期がやってくると、私は父の二トントラックを借りて、毎朝六時一五分前にハミルトン★のダンダーン・キャッスルに行った。イチゴ摘みをしてくれる、たくましいウクライナの女性たちを迎えに行ったのだ。彼女たちには、一クオート当たり五セントの賃金を支払った。ようやく事業が立ち上がったのだ。

だが、まずは作物を売る場所を探さなければならなかった。

当時、ハミルトン最大の食料品チェーン店は、ロブローズだった。今日でも、カナダ最大のスーパーマーケット・チェーンであり、食料販売業者である。私は街で最大のロブローズの

★カナダのオンタリオ州にある市

店舗の裏口に行き、青果部門のマネジャーと話をさせてくれと頼んだ。そしてマネジャーに、七・五エーカー分の新鮮なイチゴがあると言った。

「いくらだい?」と、彼は聞いた。私たちはその場で話を決めた。一クオート当たり二五セントだ。その日から、私はロブローズにおける最大のイチゴ供給業者となった。ハミルトンの住民、一九万五〇〇〇人の半分ほどに、イチゴを供給した。

七月の第二週、いよいよ私のイチゴ事業が利益を出したかどうか、計算するときとなった。すべての費用を支払い、父への借金を返したのち、残ったお金は一四〇〇ドルだった。これを私のパートナー二人と分けるのだ。私は二夏《ふたなつ》分の労働の対価として、七〇〇ドルを稼いだ。今のお金にすれば、約七〇〇〇ドルだ。大金とは言えないが、当時の私にとっては大きな金額だった。

これは、ホレイショ・アルジャー★の小説のような話だろうか? 裕福なイチゴ帝国を築く、最初のステップだろうか? 私はオンタリオのイチゴ王となる運命にあって、その後ずっと幸せに暮らしたのだろうか?

残念ながら、そうではなかった。つまるところ、私はまだ一六歳だった。女の子や社交ダンス、そしてミルグローブのソフトボール・チームで三塁を守ることの方が、おもしろくなってきたのだ。だから、私はお金をもらって、イチゴ事業からはさっさと手を引いた。

★ 小説家。貧しい少年が成功し、アメリカン・ドリームを実現させる話を数多く書いた

イチゴ事業から学んだこと

　しかし、五七年が経った今になって思う。イチゴ事業をやっていた二年間の経験があったからこそ、小さな農場を営むとはどういうことか、そこでお金を稼ぐには何をすべきかが、深く理解できるようになったのだと。

　これまで二五年間にわたり、農村部での貧困問題の現実的な解決方法を探し続けてきたのだが、イチゴ畑での経験はその核となっている。イチゴ事業で私が経験した問題やチャンスや重労働は、一エーカーの農民たちが毎日向き合う問題そのものだ。小さく散らばった農地から生活の糧を得ようとするとき、彼らは同様の問題に直面する。そして今だからこそ、私が営んでいたのが今で言う有機農業だったことがわかる。

　私は七・五エーカー分のイチゴに関する作業を、すべて自分でやった。だが、私には馬が引いてくれる鋤や、耕運機や、肥料散布機があった。アフリカの貧しい小規模耕地の農民に比べると、はるかに有利だった。彼らの多くは動物の力を利用できず、自分の手で溝を掘り、耕し、除草しなければならない。世界の貧しい小規模耕地の農民の大半は、動物の力を利用するといった程度の、私がカナダの小さな農場で六〇年も前に導入していたような機械化からも、大きく取り残されている。

　ほかにも、いくつか大切なことを学んだ。

　当時は認めたくはなかったが、人生においては、他の人の助けを求めて、それを手に入れなければ先に進めないということ。

また、とても小さな農場でもたくさんのお金を稼げることを学んだ。ただし、そのためには価値の高い作物を育てる方法を学び、利益の出る値段でその作物を売れる市場を見つけ、手ごろな値段で苗木や肥料を仕入れなければならない。病気や害虫で作物が全滅してもダメだ。

そして、毎日新しいことを学ぶのは、人生における他の何にも勝る喜びであり幸せであるということも知った。

太陽や風、雨、黒色根腐れ病などは、自分ではまったくコントロールできないことも学んだ。コントロールするという幻想を捨てれば、私は世界を変えられるかもしれない、ということも学び始めた。どんなイチゴ王が描く夢よりも大きく、世界を変えられるかもしれないと。

再び農業にかかわるようになるまでに、三〇年かかった。

そのあいだ、私は医学部に通い、結婚し、精神科医となり、不動産事業と石油・ガスの事業を営んだ。農業に再び興味を持ったのは、一九八一年のことだ。しかし、このときからかかわり始めた農業は、私が支配していた七・五エーカーのイチゴ農場に比べると、まったくもって小さな、手作業による農業だった。八億人の非常に貧しい人々が、一日一ドル未満で生き延びてきた一エーカーの農場――それに関して私は、学べることはすべて学ぶようになった。

どうすれば、その小さな農場でもっと稼げるようになるのか。この答えをこのとき求め始めたのだ。

精神科医時代の先生はホームレス

なぜ、精神科医から貧困にかかわる仕事へと変わったのかと、たくさんの人から質問を受ける。だが、私は「変わった」とは思っていない。

なぜなら、さまざまな病気の発生と流行において、貧困が大きくかかわっているからだ。貧困と、それを終わらせる方法を学ぶことは、すべての医学部と精神科のカリキュラムに基礎として採り入れられるべきだ。

そして、私が世界の健康問題に対して最大の影響を及ぼせるとしたら、それは貧困を終わらせる方法を見つけ出すことだ。

その後の二五年間の貧困に関する仕事は、慎重に練られた計画に基づいたものとは言いがたい。むしろ、予期せず現れたチャンスに飛びつき、経験から学んでいくプロセスだった。もちろん、人間は自分でチャンスをつくり出すし、本当にチャンスをつくったと思えたときがあった。私は精神科医としての仕事のなかで、「心をひどく病んだ患者について詳しく知るには、彼らの自宅や職場に行って彼らと話をし、彼らが言いたいことを聞く必要がある」ということに、ごく初期に気付いたのだ。

私が最も多くを学んだ患者はジョーだった。ジョーは精神的に病んでおり、貧しかった。ホームレスについて興味を持ち始めたとき、友人のメリーアン・グリーソンがジョーを紹介してくれた。メリーアンは、ホームレスの人たちの診療を行う、スタウト・ストリート・クリニックをデンバーで運営している。初めて会った時点で、ジョーはすでに一〇年以上も路上生活を続けていた。私とジョーは一日をともに過ごした。その日の終わりには、一日であまりに多くを学んだので、呆然とするほどだった。だが、私が多くを学べたのは、世間一般とは異なる三つのステップを踏んだからに他ならない。

まず、私の診察室で話を聞く代わりに、ジョーが住んでいた、高さ九〇センチほどの場所で話を聞いた。彼の住まいは、線路の脇にある荷積み用プラットホームの下だった。

二番目に、ジョーの目を通してホームレスについて学ぶことに集中した。精神科医であるから、すでにいろいろ知っていると思い込むのはやめた。

三番目に、ジョーが日々使っている場所に連れて行ってもらい、それぞれについて、考え得る限り詳しく尋ねた。ジョーがビールと強いブランデーを買っている酒屋に一緒に行き、持ち物をロッカーにしまっている駅に行った。また、捨てられた炭火のグリルでジョーと友人たちが料理をするという屋根のある場所に行き、そして荷積み用プラットホームの下にある彼の家にも行った。ジョーはそこで、灯りを消して眠りに就くまで、寄付された寒冷地用の寝袋にもぐり込んで本を読むのだ。

メリーアンは、私とジョーの最初の待ち合わせ場所をスープキッチン★に指定した。驚いたことに、ジョーは最も頼りになるボランティアの一人だった。その日は一二月で雪が降っていたので、私はスキー用の服を着ていた。私を見るなりジョーは、白いパンとソーセージのサンドイッチとスープを、無機質な茶色のプラスチックのトレーに載せて私に手渡した。恥ずかし

★ 貧しい人たちに、無料で食料を提供する場所

かった。私は「もう昼食は済ませました」と言い、自分が誰かを説明し、午後を一緒に過ごしてもいいか尋ねた。

「いいですよ、先生」と、ジョーは言った。「僕のシフトが終わるまで、待っていてもらえるなら」

そこで、私は彼が外に出られるまで、三〇分ほど本を読んでいた。

ジョーは言った。「先生、ビデオを持っているんですね。構わないから、撮っていいですよ」

最初に向かったのは駅だった。ジョーは言った。

「ホームレスになったときに最初に必要なのは、自分の持ち物を安全にしまっておける場所なんです。駅のロッカーは、二四時間で七五セント。ぼったくりのバス乗り場よりは、ずっとましですよ。バス乗り場では七五セントって書いてあるのに、一時間後にはメーターが二ドル五〇セントになっている。とことん言い争ったとしても、結局は二ドル五〇セント払わないと持ち物は取り戻せないんです」

ジョーは二五セント硬貨を三枚入れると、寝具と大きなスーパーの袋を三つ取りだした。袋からさらに、パイプ煙草の缶と予備のソックス、きれいな下着、一パイント★のペパーミント・シュナップス★を取りだして、私に見せてくれた。私はその様子をビデオに撮った。ジョーの寝具は、二本の革ベルトできっちりと縛った分厚いウールの毛布と、寒冷地用の寝袋だった。

私たちがユニオン駅の北側の線路に沿って歩いているとき、かすかに雪が降っていた。

ジョーは少し猫背になり、一歩ずつ雪のなかに踏み込むようにして歩いた。四五歳のジョーは、

★ 一パイント(pint)＝約五〇〇cc
★ ペパーミント風味の蒸留酒

黒いあごひげを切りそろえ、ぴったりフィットする青いニット帽で頭を覆っていた。パッドの入った赤のスキージャケットを着て、その下に清潔だが色あせたジーンズをはき、裾を革のハイキング用ブーツのなかに押し込んでいる。路上生活者というよりは、強壮な開拓者のように見えた。

三つ目のスーパーの袋にはポットが入っていた。中身は友人のクリスのための温かいスープだ。クリスは、ジョーのところから四〇〇メートルほど離れた荷積み用プラットホームに住んでいたが、足先が凍傷にかかっていた。クリスにスープを届けると、私たちはジョーの家へ向かった。

荷積み用プラットホームの下にあるジョーの家の入口は、黒の分厚いビニールシート三枚で完全に覆われていた。上の部分には大きな木の固まりを二つ載せ、下の部分には重い石を三つ置いている。広さは、奥行き二・四メートル、幅三メートルほど。高さは九〇センチくらいだった。そのなかで立ったままだと、カニのように動かなければならない。だが、四つん這いになるとずっと簡単に動き回れることがわかった。床には廃棄されたカーペットが敷かれていた。車両基地で働いている友人がくれたものだという。頑丈な電池式のランプは、荷積み用プラットホームの裏側にあたる、赤レンガの壁から突き出た金属のネジにぶら下がっていた。ジョーが言うには、午後は友人たちとブラブラして過ごし、夕食のあと寝袋に入り、眠くなるまで本を読んで過ごすのだそうだ。

私たちは、ホワイト・スポット・カフェに行って話をした。ビデオを回して話をしているあいだ、何杯かコーヒーを飲んだ。

ジョーが家を出たのは一四歳のときで、それから路上で暮らしているという。一七歳のときに海軍に入ったが、すぐカッとなってしまい、七カ月のあいだ何度も復員軍人病院の精神科病棟に入った。医学上の理由で除隊となり、再び路上に戻った。五年前に列車に乗ってデンバーに着き、現在までそこで暮らしている。時折りうつ状態になり、それが始まると、スタウト・ストリート・クリニックへ行って治療を受ける。

「ホームレス・シェルターは好きじゃない」とジョーは言う。「シェルターには、この五年間で三回だけ行きました。デンバーに来た最初の月にね。どうかと思いますよ。まずい食事をもらうためだけに、牧師の耳障りな話を二時間も聞かなきゃならないなんて。それだったら、外で寝ますよ」

ジョーは、一カ月五〇〇ドルほどの収入で暮らしていた。時々、アルミのビール缶を集めて、リサイクルセンターで売る。彼と友人の多くは、血液バンクで血漿を売っていた。月に一度くらいが適切とされていたが、ジョーは週に二~三回行くこともよくあった。まれに、退役軍人の障害者年金をもらうこともあったが、法的な住所がないためにもらえない場合がほとんどだった。

月二〇〇ドルで、安ホテルの部屋を借りることもできた。だが、お酒やほかの楽しみのためにお金を持っているほうがいいと、外で寝ることを選んだ。彼の立場だったとしたら、私も同じ選択をしただろう。

ジョーとの別れの時間になるころには、私の頭のなかではアイデアが渦を巻いていた。デンバーに三〇〇〇人のホームレスがいて、それぞれが月に五〇〇ドル使うとすると、合計で一カ月一五〇万ドルの購買力となる。ホームレスのニーズに応えるため、草の根ビジネスを始めるには、うってつけの機会だ。

たとえば、安全な保管用ロッカーの事業をホームレスの人たちが所有し運営したら、他のホームレスは熱烈な顧客になるのではないか。

また、ホームレスの多くが喫煙者なのだから、そのうち一人か二人がタバコの葉を手に入れ、巻紙と巻き機を調達して、タバコを売ったらどうだろう。

さらに、あれだけ多くのホームレスが、州の費用でスタウト・ストリート・クリニックで治療を受けているのだから、患者所有の薬局を立ち上げることも可能ではないか？（一年後、ディック・ワーナーと私は、ボールダー★で薬局を立ち上げた。今では、その薬局は年間一〇万ドルの利益をあげている）。

ジョーと過ごした午後ではっきりしたのは、ホームレス問題の現実的な解決方法を編み出すには、ホームレスの人たちが住んでいる場所へ行き、彼らの生活の様子や、彼らがとる行動の理由を直接聞き、今どんなチャンスがあれば利用するか、将来どんなチャンスを利用したいかを聞く必要がある、ということだ。

私はジョーとの一日で学んだことを、貧困について知るために活用している。一日一ドル未満で暮らす世界中の人々に話を聞き、一エーカーの農場をともに歩き、土と編み枝でできた草

★　デンバーの北西にある市

ぶき屋根の家の前で、椅子に腰かけて、家族と一緒にお茶を飲むのだ。

彼らは、「一エーカーの農場で十分に稼げないから貧しいのです」と話す。収入を増やせるような価値の高い作物を育てるためには、手ごろな価格の灌漑装置が必要だ。その作物を利益の出る値段で売れる市場を探すため、手助けが必要な場合もある。そう彼らは話すのである。だから私は、一九八一年にIDE★を設立し、彼らのニーズに応えることにした。

私たちは、足踏み式灌漑装置など、安価な灌漑装置を幅広く開発し、地元の民間会社を通じて小規模耕地の農民に販売してきた。

また、各地域でうまく育てられそうな高付加価値の野菜や果物を四つか五つ選び、民間の流通網を構築して、それらの作物を育てるための種子と肥料を売った。

さらに、育てた作物を利益が出る価格で売る手伝いをした。こうした活動により、一日一ドルで暮らしていた一七〇〇万人が貧困から脱却した。

こうした、あきれるほどに単純で当たり前の結論に達するまで、二五年が必要だった。

そして、私はようやくわかった。当たり前のことを理解して、当たり前のことを実行するのは、おそらく最も難しいことの一つなのだと。そして、当たり前のことを理解して、当たり前のことを実行するようになるうえで――二五年もかかってしまったが――、私が大きく影響を受けたのは、父がホロコーストの生き残りだという事実である。生き残るために必要なのは、目を開いて世界をよく見ることなのだ。

ネビル・チェンバレンがズデーテン地方をヒトラーに譲ったとき★には、父のカナダへの脱出

★ International Development Enterprises

★ 一九三八年、チェコのズデーテン地方がドイツ帰属であるというヒトラーの主張を、イギリス首相のチェンバレンらが受け入れ、ミュンヘン協定が結ばれた

計画は完成していた。のちに父は、すべてを投げ出して脱出する必要があり、それは当たり前のことだったと私に語った。何年ものあいだ、ドイツとの国境を越えて難民が流れこんでいたので、私たちにも災難が振りかかろうとしているのは明らかだった、と父は言った。父は友人や親戚たちに、どうか手遅れになる前に逃げてくれと頼んだ。

「でも、家具はどうしたらいい？」と、彼らは答えた。

彼らのほとんどがチェコスロバキアに残り、亡くなった。

あまりに多くの人が悲惨な間違いを犯すのを、私はこれまでの人生で何度も見てきた。まわりで起こっていることに対して、目を閉じてしまうのだ。そのたびに、逃げてくれと父が頼んだとき、その友人と親戚たちが言ったことを思い出す。

「でも、家具はどうしたらいい？」

家具に相当するもののために——ヨーロッパや北アメリカ、裕福なアジア地域で多くの人が所属する中流クラスにおいて——、貧困に関して当たり前のことが見えず、実行できなくなっている。

貧しい人たちから学んだ四つのポイント

農村の貧しい人たちと話すことによって私が学んだ重要なポイントは、あなたには「くだらない」と感じられるかもしれない。どのポイントも、とても単純で当たり前のことだから。だが、とても重要なので次に述べておく。

❶ 貧しい人たちが貧困状態にある最大の理由は、十分なお金を持っていない、ということだ。

❷ 世界で極度に貧しい人たちのほとんどは、一エーカーの農場から収入を得ている。

❸ 高付加価値で労働集約的な作物を育てる方法がわかれば、貧しい農民たちはもっとお金を稼げる。たとえば、シーズンオフの果物や野菜を育てるのである。

❹ そのためには、非常に安価な灌漑装置、良い種子と肥料を手に入れる必要がある。利益の出る価格で作物を売れる市場にもアクセスできなければならない。

誰でも、これら四つのポイントすべてについて知ることができる。どの開発途上国でもよいから、貧しい村で一日過ごし、一〇人から二〇人の農民に、なぜ貧しいのか、どうすれば貧困から抜け出せるのかを尋ねるのである。

ここで注目すべきなのは、貧困撲滅プログラムは何十億ドルものお金を貧しい国々で使い続けているが、あまり成果はないということ、そして上記のポイントをほとんど考慮に入れていないということだ。

本書では、これらのポイントについて詳しく解説する。加えて、貧困を終わらせるために必要な、思考法や実践方法の変革についても述べる。私が過去二五年間で出会った人たちの話を通じて、これらについて語ろうと思う。

足踏みポンプをテストする
農民とポール・ポラック

第1章

現実的な解を導く12のステップ

誰にでも実行可能なこと

TWLEVE STEPS TO PRACTICAL PROBLEM SOLVING

収穫を手にする小規模耕地の農民たち

貧困についていつも興味深く思うのは、貧困がジブラルタルの岩★よりも永続的なものだと考えられていることだ。だが、数カ月のうちに貧困から抜け出すことは可能だと、私はわかっている。なぜなら、単純で当たり前の解決方法があるからだ。この本の中心となっているテーマは、どんなに複雑な社会問題でも当たり前の解決方法を見出すことができ、そのためには、単純で基本的ないくつかのステップを踏めばよい、ということだ。この章で紹介するのは、本書で取り上げる極度の貧困に対して、解決方法を見出すために私が用いた一二のステップである。一つひとつはとても単純で当たり前のものだが、実践するのは難しいと感じる人は多い。たと

★ 不動のもの、難攻不落であるもののたとえ

えば、貧困問題の専門家は、極度に貧しい人たちの家や労働の場で、彼らと言葉を交わしたり、話に耳を傾けたりすることがほとんどない。だが、私が貧困に対する現実的な解決方法を見出していったのは、まさにそうした場所だった。

▼12のステップ

①問題が起きている場所に行く
②問題を抱えている人と話し、その話に耳を傾ける
③個々に特有の状況について、可能な限りすべてを知る
④大きく考え、大きく行動する
⑤子供のように考える
⑥当たり前のことを見て、実行する
⑦すでに誰かがやっているかどうか調べる（やっていればする必要はない）
⑧目に見えて良い影響をもたらし、大規模化できる手法を採る（少なくとも一〇〇万人が活用でき、大きな生活改善につながる手法）
⑨具体的な費用と価格目標を決める
⑩現実的な三カ年計画に基づいて実行する
⑪顧客から学び続ける
⑫他の人の考えに流されず、前向きでいる

①　問題が起きている場所に行く

世界銀行やスタンフォードの研究所のオフィスに座ったままでは、ミャンマーの貧困問題の解決策を考え出すことはできない。

ハリケーンのカトリーナがニューオリンズを襲ったのは、二〇〇五年八月二九日のことだった。その四日後、連邦緊急事態管理局（FEMA）のディレクターであったマイケル・ブラウンは、CNNの記者、ポーラ・ザーンのインタビューを受けた。アーネスト・N・メモリアル・コンベンション・センターに避難してきた、大勢の人たちの惨状について質問されたのだ。

マイケル・ブラウン「その件については、今日聞きました」

ポーラ・ザーン「まさか……、コンベンション・センターの人たちには水も食料もないことを、今日までご存じなかったというわけではないですよね？」

ブラウン「ポーラさん、連邦政府はコンベンション・センターに人がいるということ自体、今日まで知らなかったのですよ[1]」

なぜ、マイケル・ブラウンは、自分でコンベンション・センターに行こうとしなかったのだろうか。その目で見てみれば、どのような現実的解決策がとれるのか、そこに避難している大勢のカトリーナ被災者の急速に悪化する状況に対して何ができるのか、すぐに明らかになったはずだ。

マイケル・ブラウンは、非難を浴びて数週間後に辞職した。

一九八一年、ロバがひく荷車を五〇〇台つくり、ソマリアの難民に販売するプロジェクトを行っていたときのこと、私は感じの良い中年の男性に会った。彼は難民キャンプのなかで、ある国際援助組織の要請で五つの病院を運営していた。

「どのくらいの頻度で難民キャンプに行き、ご自身の病院を訪問するのですか」と私は尋ねた。

「まだ行ったことはないですし、行く予定もありません」。彼は非常に誇らしげに言った。「現場は大変な混乱状態です。マネジャーは邪魔されることなく、明確に思考しなければなりません。そして決断を下すのです。現場の騒音と混沌とした状況のなかでは、そうできるわけがありません」

私はあまりに驚き、生涯でただ一度、このときだけは言葉を失った。

二カ月前、大きな実験農場を運営している人と昼食をともにした。その組織は、開発途上国の貧しい農村の人々に家畜を提供していた。農場には年間数千人が訪れ、彼はそうした人々の教育と資金集めを担当していた。この重要な実験農場を七年間運営しているあいだ、彼は開発途上国における自分の組織のプロジェクトを、一度も訪問していなかった。

まったく想像ができない。貧困撲滅やほかの重要な問題を解決するうえで、問題が起こっている場所に行かず、問題を抱えている人とも話すことなく、どうやって現実的な計画が立てられるのだろうか。

② 問題を抱えている人と話し、その話に耳を傾ける

一九九〇年代、バングラデシュの農業専門家はある事実に驚いた。小規模耕地の農民が、雨季の米作に必要とされる量の、わずか数分の一しか肥料を使っていなかったのだ。推奨される量の肥料を使えば米の収穫量は三倍になり、肥料への投資も回収できるはずなのに。専門家は、小規模耕地の農民の不合理で迷信的な行動を嘆き、農業訓練のプログラムを立ち上げた。しかし、まったく効果はなかった。農民たちは相変わらず、わずかな肥料を与えなかった。

「ああ、理由は簡単ですよ」と、農民たちは言った。「このあたりでは、一〇年おきくらいに雨季に大きな洪水があります。洪水が来ると、与えた肥料も全部流れていってしまいます。だから、一〇年おきの洪水で流されても大丈夫な分だけ、肥料を与えているんです」

たちまち、農民たちが優秀で合理的な意思決定者であることがはっきりした。そして、多くを学ぶべきなのは専門家のほうであることも明らかになった。生き延びるためにギリギリの生活を送る農民は、リスク回避の最先端を行かなければならない。とても明確な理由があるから、所得を三倍にすることよりも、農場を失ってしまうリスクのほうを重視したのだ。洪水のリスクがゼロに近い乾期に、肥料に投資する機会（および資金）があれば、彼らは喜んでそうするだろう。

このステップには、もう一つ課題がある。問題を抱えている人々と話はするものの、そこから何も学ばない人が多すぎる、という点だ。

一九六二年、若手の精神科医だった私は、次の問題に興味を持った。フォート・ローガンにあるコロラド・メンタルヘルス・インスティチュートの精神科に入院した患者と、治療にあたる精神科医、ソーシャルワーカー、看護師らが、共通の目標に向かって治療を行っているか、という問題である。驚いたことに、治療スタッフの目標が患者の目標と異なっていただけでなく、患者がどの目標を最も重要と考えているかを、治療スタッフは言い当てられなかった。さらに聞いてみてわかったのは、患者が精神科に入院する原因を、治療スタッフは患者の頭のなかの精神的な病気と捉えるよう訓練されていること。しかし、患者のほうは、病院の外で一緒に暮らし、仕事をしていた人々のなかに問題があると考えていることだった。一般的に、治療を受け、現実生活の激動から切り離されると、患者の精神障害の症状は改善していく。だが、退院し、そもそもの病気を進行させた環境に戻っていくと、再び入院することになる。精神科の治療スタッフが患者の話をよく聞くことを学び、同時に患者を取りまく現実の問題にもかかわっていくと、病気の症状も治療の成果も大幅に改善した。

同様のことが、貧困問題の解決にあたる人々にも起こる。仮にそれらの人々が、現代の農業には西洋的な機械化が必要だと思い込んでいたら、錆びた大型のトラクターや収穫機の残骸を置き去りにすることになるだろう。

話を聞けず、学べなかったことを示す記念碑として。

③ 個々に特有の状況について、可能な限りすべてを知る

私たちは、足踏みポンプを使ってバングラデシュで大きな成功を収めた。今では他の国々の農村で、足踏みポンプを利用できるか問い合わせてきた人の数は十指にも余る。足の指を合わせても足りないほどになっている。

「あなたの村では、地下水面の深さはどのくらいですか?」と、私は尋ねる。なぜなら、足踏みポンプは八・二メートル以上は水を吸い上げられないからだ。

「わかりません」が、最も一般的な答えだ。

「ロープに石を結び付けて近くの井戸へ行き、地下水面の深さを測ってください」と、私は言う。「あるいは政府の水資源管理局に行ってみてください。そうした情報が載った地図があると思います」

「わかりました。次に訪問するときに、やってみます」

実際、それぞれの村ごとに、具体的な状況を細部にわたって把握するまでは、現実的な計画はつくれない。どのような高付加価値野菜を栽培できるかは、土の種類や気候によって異なる。一般的に、果物や野菜の価格が最も高くなるのは、育てるのが最も難しい時期である。そこで、なぜその時期にその作物を育てるのが難しいのか、どうすればその難しさを克服できるのかを知る必要がある。もし、近所に給料のいい工場があるのなら、集中的な農作業に必要な労働力が集められないかもしれない。

本書で述べるほぼすべての内容は、三〇〇〇人の貧しい農民にインタビューした結果が基になっている。彼らの話を注意深く聞き、彼らが暮らし、働いている状況について、できる限りすべてのことを知ろうとした結果である。

④ 大きく考え、大きく行動する

現実の状況のなかで、問題を抱えている人たちから話を聞き、基本的な質問をし、当たり前のことが見えるよう目を見開けば、世界をも変えられる大きなアイデアを思いつく。それはワクワクするだけでなく、恐ろしいような感じもする。そして、このワクワク感に踊らされて、できそこないのビジネスプランをつくってしまう場合がある。

一方で、大きく考えたり、行動したりできない人もいる。過去にはそんな経験がなく、慣れていない、あるいは傲慢だと思われるのがイヤだ、大きく考えすぎて失敗するのが怖い、などがその理由だ。

私は最初から、どのアイデアに関しても、地球全体での市場規模を考えるようにしてきた。たとえそれで不安な気持ちになったとしても。そして、大きく考えることにより、大げさだというレッテルを貼られることにもしだいに慣れていった。

新しい市場の創造について述べる章（第八章）では、眼鏡が必要なのに持っていない人が一〇億人もいることを考察する。そして、その解決法の一つとして、二ドルの眼鏡を買える眼鏡スタンドを展開し、視力の問題を解決することについて検討する。こうした解決策を立ち上げようとする場合、たいていの人は小さく考える。これまでにも安価な老眼鏡を貧しい人々に提供し始めた組織はいくつかあるが、すべてを合わせても、提供した眼鏡は五〇万個以下だ。つまり、そのような眼鏡を必要としている顧客の〇・一%にも満たない。

私だったら、「どうすれば、一〇億人という潜在市場の半分ほどに、一五年以内に到達できるか」から考え始める。これを達成するためには、五年以内に世界で年間五〇〇〇万個を販売する必要があり、中国から五〇セントのレンズを一度に一〇〇万個以上購入し、約二ドルの小売価格で販売する必要がある。ビジネスプランには、そのように記すだろう。

そして、自分の大半の時間を費やして、地方と都心の両方の市場に展開するための、グローバルなマーケティングと流通の計画を立てる。ビジネスプランの締めくくりには、三年間の計画を立ち上げるために必要な資金を明記し、それをどのように使うか、そして何を達成するのかをはっきりと書く。

このような計画作成は、大きな事業では当たり前のものだし、立ち上げ資金を獲得しようとする起業家も当たり前に行っている。だが、開発関連の組織で行われることはまれである。

大きく考えることは、大きく失敗するというリスクも伴う。だが、失敗のリスクをとることに耐えられずに将来を案ずるのなら、別の仕事をしたほうがいいだろう。もし、あなたが世界をより良い場所にしたいのであれば、画期的なコンセプトや技術の発見はその第一歩に過ぎない。最も難しい課題は、そのイノベーションを必要としている、世界の何億もの人々の手にそれを届けようとするとき、現実的な問題として現れてくる。

⑤ 子供のように考える

私と家族は、一九三九年にヒトラーに殺されそうになる寸前で、チェコスロバキアからようやく逃げてきた。そのとき私は五歳だった。だから、私は子供時代に対する幻想は持っていない。だが、子供には単純でまっすぐな好奇心と、無邪気な心がある。そして、大人になって問題を解決しようとする際に、それがひどく必要となるのだ。もし子供のように考えることができれば、問題をすばやく分解して、根本的な部分にたどり着くことができるだろう。

一九九六年、私はアマゾンの熱帯雨林にある村、カチョエイラにいた。ゴム樹液採取者の組合を創設し、牧場関係者に暗殺された、シコ・メンデスの故郷でもある。そのとき私が取り組んでいたのは、どうすればゴム樹液採取者たちが、村の集会場所でブラジル・ナッツの皮をむき乾燥させることができるか、という問題だった。

ナッツで彼らの収入を増やそうとしていたのだ。

私たちは、都会の工場にある大型の業務用乾燥機に代わる、村の乾燥機を設計しようとしていた。熱帯雨林の村々を歩いていたとき、二軒に一軒が「フォルノ・デ・ファリナ（粉の炉）」と呼ばれるものを持っているのに気付いた。高さ六〇センチほどの焼成粘土でできた炉の上に、長さ二・四メートル、幅三メートルほどの天板が載っているものだ。キャッサバの粉を乾かすために使われていた。これらすべてがキャッサバを乾かすのに使われているのを見たとき、私は同じものをブラジル・ナッツの乾燥機として使えることに気がついた。

何かを乾かす方法を、技術者のようにではなく、子供のように考える。

つまり、どうすれば温められ、どうすれば風を吹きかけられるかを考えるのだ。濡れたタオルを物干しにかけ、風と太陽の光で乾かすように。

そして、私たちはキャッサバ乾燥炉の上に取り外しできる覆いをつくり、その上に煙突をつけた。そして、覆いのなかに網でできた引きだし式の入れ物を設置してナッツを載せ、天板の熱を使ってブラジル・ナッツの表面に風を引きよせ、ナッツを乾かした。この設備をつくるのに、二時間しかかからなかった。

⑥ 当たり前のことを見て、実行する

当たり前のことは盲点となっていて、なかなか見えず、実行することができない。

貧困緩和の専門家が立てる計画にはほとんど含まれない、当たり前の事実を以下に示す。私も、その事実が見えるようになるまでには何年もかかり、貧しい家族に何百回も話を聞かなければならなかった。

一日一ドルで暮らす人たちの四分の三は、小さな畑で暮らしを立てている。広さが五エーカー（約二万平方メートル）未満の農場は、中国では全農場の九八％、バングラデシュでは

九六％、エチオピアでは八七％、インドでは八〇％である。一日の稼ぎが一ドル未満の人たちのうち八億人は、その稼ぎのほとんどを一エーカーの農場から得ており、その農場も四つか五つの小さな区画に分散している。

小さな組織であるIDEが一七〇〇万人を貧困から救いだせたのは、次の事実に気付いたからである。一エーカーの農民たちが新たな収入を得られるか否かは、新しい形の灌漑、農業、市場にアクセスできるどうかで決まる。

⑦ すでに誰かがやっているかどうか調べる（やっていればする必要はない）

たいていの人は、他人のアイデアを使うことに抵抗がある。私は「自社開発主義」の事例を数え切れないほど目にしてきた。取り組んでいる問題の解決策を、誰かがすでに発見していないか探すのは、新しいものを発想するよりずっと速いし簡単だ。

すでに発明されていたことに関して、私も非常に恥ずかしい経験をした。あるとき私は、水を一滴ずつ作物に供給する安価な方法を思いついた。プラスチックのパイプに穴を開けて、水がゆっくり滴り落ちるようにするのだ。私はこのすばらしいアイデアを、技術者のダン・スペアに話してみた。彼は丁寧に、その技術は三五年前にイスラエル人が開発したこと、「ドリップ灌漑」と呼ばれていることを教えてくれた。初耳だった。

そこで、私はドリップ灌漑に関する世界の文献を当たった。そして、その手法は急速に普及したが、灌漑されている面積のわずか一％にしか使われていない、ということを知った。なぜなら、ドリップ灌漑に必要な施設は非常に大きく、世界の大半の農民にとっては高価すぎたからだ。そこで私たちが始めたのは、コストを従来の五分の一にし、小さな畑にも置けるようサイズを小さくしたドリップ灌漑システムの開発だった。

⑧ 目に見えて良い影響をもたらし、大規模化できる手法を採る

ソマリアでロバの荷車プロジェクトを展開していたとき、私たちは国際労働機関（ＩＬＯ）のチームに出会った。彼らは、難民の女性たちが石けんを作って売るというプロジェクトを組織していた。だが、その石けんに値段をつけるとしたらいくらになるのか尋ねたところ、はっきりとした答えは返ってこなかった。

やがてわかった。すばらしい香りがする、最高級の石けんをパリで買ってソマリアに空輸したとしても、難民がＩＬＯの手助けで作っている粗雑な石けんよりは安いだろう、ということを。この点をどう正当化しているのか、プログラムの責任者に尋ねてみた。すると彼女は遠回しに言った。石けんをつくる過程で、グループ内に交流が生まれ、そこで女性たちは自尊心を育める。その計り知れない重要性を、私はまったく理解していない、と。

反対に私が思うのは、このプロジェクトで自尊心を育めるのは、プロジェクトを企画し、実施したＩＬＯの女性たちだけではないか、ということだ。

もし、ＩＬＯのチームが本当に難民女性の自尊心を向上させたいと思うのであれば、ＩＬＯがソマリアから去った後も利益を出して売り続けられるものをつくれるよう、力を貸すべきではないだろうか。最高級の石けんの販売価格を上回るコストで石けんをつくっても、同じ手法を他の女性グループが採用しようとはしないだろう。したがって、プロジェクトは最初の規模以上には拡大しないはずだ。

「もし、この開発プロジェクトが成功したら、そこから何人が恩恵を受けられるか」

どんなプロジェクトを考えるにしても、これが最初に検討すべき点の一つである。なぜなら、プロジェクトを実施するには多くの時間とお金がかかるからだ。だが、この点が検討されないことは非常に多い。

例をあげよう。ソマリアで、川の近くにある難民キャンプでは、数人の難民がナマズを捕まえて売っている。彼らには冷蔵庫がないので、塩漬けや燻製《くんせい》にすることができれば、もっと市場を広げられるかもしれない。一方で、安価な輸送サービスは難民全員が求めている。燻製装置とロバの荷車のどちらを選ぶべきか、答えは簡単だ。

実施する価値があるプロジェクトとは、コストが測れ、以前に比べての改善度合も測れるもので、かつ、大きく拡張できる可能性があるものだけだ。

⑨ 具体的な費用と価格目標を決める

ＩＬＯのスタッフが費用対効果の大きいプロジェクトを実施できなかったのは、その地域の市場で競争力を得るために、難民女性たちが実現すべき費用と価格の目標をはじき出さなかったからだ。他の多くの開発組織と同様に、彼らは費用や利益などの実利主義的な指標を軽蔑する。グループ活動は難民たちの意欲を高めるという自分たちの信念以外には、どんな指標も持っていなかったのだ。

⑩ 現実的な三カ年計画に基づいて実行する

あなたには、世界を変えるような計画があり、将来に向けてのすばらしいビジョンがあるかもしれない。だが、最初の三年間に関する具体的な計画を立てられなければ、何も達成することはできない。また、三年間の目標があまりに高すぎたら、長期的なビジョンを実現できる可能性が見えてくる前に、失敗してしまうだろう。反対に、三年間の目標があまりにも小さかったら、拡大展開に向けての基盤を築けないだろう。『ゴルディロックスと三匹のクマ』★の物語に出てくるように、三カ年計画の目標は、大きすぎず、小さすぎず、ちょうどいいものである必要がある。

ビル・アンド・メリンダ・ゲイツ財団に提出するために三ページのプロジェクト概要を作成

★　イギリスの童話。ゴルディロックスという名の女の子がクマの家に迷い込み、家のなかで、熱すぎるスープ、冷たすぎるスープ、ちょうどいいスープを見つけるしたとき、「長期ビジョンは、三〇〇〇万世帯の年間純収入を一年間に五〇〇ドルずつ増やすことである」と書いた。財団は気に入ってくれた。

だが、具体的な支援内容を交渉し始めると、彼らは言った。

「三〇〇〇万世帯はともかくとして、私たちが見たいのは、今後四年間で、確実に一〇万世帯で実現できるという証拠です。あなたが『できる』と言ったことを、具体的な成果として実現してみせてください。それができたら、第二ステップ、第三ステップへと、支援を続けていくことを検討します」

⑪ 顧客から学び続ける

一〇年ほど前、私たちが設計した低価格のドリップ灌漑装置が、ネパールでの実地テストを終えて市場で拡販する段階に入った。そのときすでに優れた営業部隊がおり、ネパール中部の町ポカラから三〇キロ以内に住む山間部の農民数百人に、このドリップ灌漑装置を販売していた。だが、二年目はまったく売上が伸びなかった。現地スタッフが調べてみると、この低価格の灌漑システムを買った農民の多くが、システムの四分の一しか使っていないことがわかった。スタッフは落胆した。購入した農民に尋ねたところ、彼らはトウモロコシや雑穀を育てており、シーズンオフの野菜を育てるのに必要な、集約的な農業の経験がなかった。実際、冬に作物を育てるのは不可能だと、ポカラ周辺の人たちは信じていた。その思い込みが現実となっていたのだ。

ポカラの現地スタッフは、カトマンズ・オフィスのスタッフを説得し、カトマンズのスタッフが私を説得した。すなわち「低価格の灌漑装置を使ってシーズンオフの野菜を育てる方法を農民に教えるまでは、この装置を売ることはできない」と。そこで、私たちは集約的な農業の実地トレーニングを導入した。すると売上はすぐに伸び始めた。もし、現地スタッフが顧客である農民と対話し続けていなかったら、こうはいかなかっただろう。

私は過去二五年のあいだ、ＩＤＥの顧客である小規模耕地の農民たち、少なくとも一〇〇人以上と毎年話をしてきた。うまくいったプロジェクトのすべてが、また失敗したプロジェクトのいくつかも、こうした農民との対話から発想したものである。ＩＤＥで働くすべてのスタッフが、今も毎日農民と話し、彼らから学んでいる。

⑫ 他の人の考えに流されず、前向きでいる

一二年前、私は二つの低価格な灌漑技術を実現するために奮闘していた。一つ目の技術は、動物の力を利用した足踏みポンプで、小さなディーゼル・ポンプと同程度の水を汲みだせるものだった。しかし、多くの人がこう言った。「もし、動物の力を使った足踏みポンプで、一秒間に五リットルを汲みだすものが必要とされているならば、何年も前に開発されているはずだ」。私は彼らの言葉を無視した。五馬力のディーゼル・ポンプは、当時五〇〇ドルした。去

勢牛のポンプは、一二五ドルでつくれるとわかっていた。ディーゼルではなく、〔餌である〕草を「燃焼する」ポンプだ。だから、市場に出せる信頼性のあるポンプができるまで、開発を続けた。

同時に、小規模耕地用のドリップ灌漑システムで、一般的な商品の五分の一の価格のものがあれば、地球規模で大きな需要があるだろうと信じていた。周囲の人々は、「そんな製品に対する需要があるなら、とっくの昔に売り出されているはずだ」と言った。だが私は、ドリップ灌漑システムで野菜を育てれば、何百万人もの小規模耕地の農民が大金を稼げるはずだと信じていた。最初の製品を売り出すまでに七年かかった。

去勢牛のポンプを発売する寸前に、中国製のディーゼル・ポンプが一五〇ドルで売られるようになった。二年前には、農民が五〇〇ドル出して買っていた品物である。去勢牛のポンプは、価格面での競争力を失ってしまった。だが、私に後悔はなかった。去勢牛のポンプは開発すべき理由があったし、その時点ではお蔵入りさせるべき理由があった。しかし、低価格のドリップ灌漑に関しては、巨大なグローバル市場があると思う。少なくとも、一〇〇〇万の貧しい世帯が、このシステムを購入すると見ている。

重要な問題を解決するブレークスルーとなったもの、たとえばヘンリー・フォードによる五〇〇ドルの自動車や、ジョブズとウォズニアックによる二〇〇〇ドルのコンピュータなどが世に出たのはなぜか。それは、一人か二人の頑固な起業家が、昔からの問題に対する新しい解決策を見つけ、夢が実現するまであきらめなかったからである。貧困問題を解決するのも、これとまったく同じであるはずだ。

ＩＤＥの目標は、これまでに述べた一二の方針をもとに、二〇二〇年までに、三〇〇〇万人を貧困から救い出すことである。必ず実現できると信じている。

子供でも足踏みポンプで水汲みができる

第2章 3つの誤解

なぜ、貧困をなくすことができないのか？

THE THREE GREAT POVERTY ERADICATION MYTHS

低価格のドリップ灌漑システム（ジンバブエ）

貧困を理解したいという私の強い好奇心をかなえるには、貧しい人たちとじっくり話をするのが最善の方法だとわかった。彼らが暮らし、働き、夢見ている場所で、彼らの話に耳を傾ける。一日一ドル未満で生活している一エーカーの農民と話し、彼らの畑を一緒に歩くのだ。

私は二〇〇一年の秋に、ジープでカトマンズを出発した。このとき初めて、クリシュナ・バハドゥ・タパと、彼の二人の妻、そして子供たちに、ネパールの小さな山村、イクリファント村で出会った。

くすんだ緑色の軍服に身を包んだ、まだ産毛が生えていそうな二人の若者が、カラシニコフ★

★ ロシア製のライフル

を肩から下げ、私たちの運転免許証をパラパラとめくって見ていた。そのあいだ、ボブ・ネインズとディーパク・アディカリと私は、非常に些細なことで言い争っていた。あまりにも些細なことだったので、議論が終わるころには何について言い争ったのか忘れていた。私たちは、カトマンズを出たばかりのところで検問を受けたのだ。毛沢東主義者の反政府活動が活発化していたために、検問所が多数設けられていた。

ボブ・ネインズは、典型的なあまのじゃくだった。誰かが「黒」と言えば、彼は「白」と言う。どうでもいいことで言い争ったのも、無理はない。いずれにせよ、彼をネパールのＩＤＥプログラムのディレクターに起用したのは、このあまのじゃくな性格があったからだ。私は貧しい人たちの収入を増やすために、ＩＤＥを設立した。今日までずっと、それが目標であることに変わりはない。

ディーパク・アディカリはロシア語を流暢に話す。工学の学位を取るために、奨学金を受けて五年間モスクワで過ごしたからだ。ディーパクは話をさえぎらなければ、アブについて、あるいは、聞き手が関心を持っているテーマなら何に関してでも、一時間はクリエイティブな講義をしてくれる。彼は画期的で安価な灌漑装置をつくりだす責任者だ。すなわち、ネパールの農民たちが最も関心を持っているテーマを担当している。

私たちはネパールの山間部に住む一エーカー農場の農民、三〇人から四〇人に話を聞く予定だった。ＩＤＥの安価な灌漑装置を一八カ月前に購入して、シーズンオフのカリフラワーやキュウリを育てている人たちだ。彼らがいくら稼いだのか、私はとても知りたかったし、どんな問題に出会ったかも知りたかった。

二時間半ほど、ジープが落ちてしまいそうな深いくぼみを避けながら、骨もきしむようなドライブを続けた。ムグリンからは西へ向かい、トリスリ川の激流にかかる橋を渡った。その数分後、イクリファント村の小さな空き地に到着した。そこでは、私たちを迎えるために、八～九人の農民たちが木陰で恥ずかしそうに立って、待っていてくれた。農民たちは、私がたくさん不躾な質問をするだろうということを、あらかじめ知らされていた。だから、彼らはクリシュナ・バハドゥ・タパを、私の好奇心に対する生贄として差し出したのだ。彼は五六歳の屈強な男で、その顔は日焼けしていた。まるで、片手を背中で縛られても、もう片方の手でネパール軍全体と笑顔で戦いそうに見えた。

バハドゥとその隣人二人が、なだらかな丘をゆっくりと歩きながら、私たちをバハドゥの家に案内してくれた。三部屋の感じのいい家で、石と漆喰でつくられた典型的な山の家だった。一人目の妻で四六歳のパダム・マヤ・メイガーが迎えてくれ、銅のポットで熱いお茶を淹れてくれた。しばらく後まで、私はバハドゥに二人目の妻がいることを知らなかった。最初の妻の妹である、デビ・マヤ・メイガーだ（ネパールの山岳地帯では、最初の妻に子供ができなかった場合、二人目の妻を持つことが慣習的に認められている）。バハドゥと二人目の妻のあいだには、二人の息子がいた。二五歳のデューと、二一歳のプスパだ。

私はお茶に息を吹きかけて、ひと口飲んだ。田舎の村を訪れる人には、病気になりたくないからと言って食べ物を拒否する人が多い。だが、湯気が上がっているものは食べても安全な場合が多いと、私は早くから気付いた。もっと現実的な問題は、どうすれば五杯、あるいは一〇杯のお茶を体外に排出できるかだ。男性であれば、グループが話を続けているあいだに席をはずして、トウモロコシ畑で用を足すのはまったく問題がないとされている。だが、女性はそれを見られてはならない。だから、事情に詳しい女性の訪問者は、何杯までお茶を飲んでいいかを自分で決めて、しっかりと守っている。

バハドゥは、分散した土地を合計二エーカー相続していた。そのうち、家から八〇〇メートルほどのところにある、川のそばの一エーカーの土地では、ほとんどの年は、雨を利用してモンスーン期に米を育て、従来型の米を一二五〇キロ産出する。その米で家族の食事をまかない、余った米を売って五〇ドル～一〇〇ドル稼ぐ。もっと高いところにある、家のそばの分散した土地では、価値の低いマメ科の植物、ブラック・グラムと、トウモロコシ、モンスーン期の野菜を順番に、自家用につくっている。米が不作だった年には、次のモンスーン期の作物がとれるまで、何カ月か食料を切らすことになる。帳尻を合わせるため、バハドゥと二人の息子はムグリンか、ときにはカトマンズに仕事を探しに行く。そうすると一〇〇ドル稼ぐことができ、十分な食料が買える。

小さな農家と話をするなかで最も嬉しく感じるのは、彼らが打ち解けて夢を語ってくれるときだ。バハドゥと家族のお気に入りの夢は、彼らの小さな農場から、もっと多くのお金を稼ぐ方法を見つけることだ。もっと収入があれば、必要な食料が買える。子供たちにもっと良い教育を受けさせられる。薬も買えるし、土地も買える。乳牛か水牛を買って、ミルクを売れるかもしれない。

問題は、どうすれば自分たちの農場からもっとお金を得られるのか、まったく考えつかないことだ。販売に回せるよう、米やブラック・グラムの生産量を増やす方法を彼らは知らない。また、たとえ生産量を二倍にできたとしても、余った米やトウモロコシや豆を売って得られるのは、年間二〇〇ドルほどだ。生存ギリギリの状況にいることに、あまり変わりはない。

バハドゥが投げかけた大きな疑問に、私たちは答えられなかった。そして、私はその同じ疑問に、何年ものあいだ悩まされ続けてきた。「バハドゥとその家族が貧困から抜け出すためには、彼らは何をすればよいだろうか?」　彼らは二エーカーの土地を持っている——イクリファントの世帯のなかでは広いほうだ。彼らは一生懸命に働き、何にでも取り組む意欲がある。彼らを助けるために、私たちは何ができるだろうか。

これが、本書の中心になっているテーマだ。

世界には、バハドゥ一家のように、開発途上国の農村に住み、小さな農場で生計を立てている人々が八億人いる。生活の糧を稼ぎだす四分の一エーカーほどの区画は、土地が痩せていて、灌漑設備もない場合が多い。主に育てているのは米や麦、トウモロコシなどだが、飢えることのない十分な量を生産できないのがふつうだ。育てた米や麦やトウモロコシを売ったとしても、価格が非常に低いので、一エーカー当たり二〇〇ドル以上は稼げず、貧困から抜け出すことはできない。

この問題には簡単な解決策がある。残念なことに、世界の貧困対策プログラムに携わる人々は、この簡単な解決策にめったに目を向けない。そして、貧困撲滅のための活動に巨額の投資が行われる。しかし、それがうまくいったとしても、ほんのわずかな成果が上がるだけだ。「私たちは、五六八〇億ドルという目まいがしそうな金額を、アフリカの開発援助プログラムに過去四二年間で投資してきました。でも、目に見えた成果はほとんどありませんでした」。こう語ったのは、かつて世界銀行にシニア・エコノミストとして勤務していたウィリアム・イースタリーだ。この四二年間、アフリカの平均的な国の人口一人当たりの成長率は、ほぼゼロである。(2)(3)

サハラ砂漠以南のアフリカほど厳しくはないにしろ、世界の他の開発途上国に対する援助もきらびやかな成果を上げたとは言いがたい。一九五〇年から一九七〇年までのあいだ、開発途上国に対する投資は、ダムや学校や道路などインフラ整備が中心だった。これらも貧困の改善にある程度の効果はあった。しかし、巨大プロジェクトのＲＯＩ（投資対効果）が貧弱だったことが、一九八〇年代の累積債務危機や債権放棄につながった。(4)開発投資が次々と行われたのは、韓国や東アジアの虎と呼ばれる国々★の経済面での成功を再現しようとしたからだ。だが、構造調整融資★で求められた価格の歪みの是正や、貿易の自由化、財政赤字の是正などにより、返済不可能な借入が増加し、最終的には二〇〇六年の多国間債務救済で、完全な債務免除が実施されることになった。(5)

現在の「貧困に対する答え」は、国連が主導している「ミレニアム開発目標」だ。ジェフリー・サックスがディレクターを務め、一八九の政府が賛同している。この大々的に報じられ

★ 香港、台湾、シンガポール、韓国

★ 世界銀行やＩＭＦが実施した融資。自由主義経済への移行に向けての措置をとることが融資の条件となった

た活動では、二〇一五年までに次の分野において大幅な改善を実現することを目標としている。貧困と飢餓の撲滅、水と衛生施設の確保、子供と妊産婦の死亡率低減、性別間の平等の推進、マラリア・結核・HIV／エイズの蔓延防止、環境悪化の阻止、債務救済、情報技術へのアクセス、内陸国および島嶼《とうしょ》国の状況の改善である。以上のすべての目標を、基本的には現在まで行ってきたのと同じ手法で達成しようとしている。

一九九〇年から二〇一五年までの実施期間のなかで、およそ中間地点にあたる二〇〇四年、ダボスで開かれた世界経済フォーラムでは、国連のミレニアム開発目標はひどく勢いを失っていると評された。[6]一年間の調査の後、同フォーラムのグローバル・ガバナンス・イニシアティブは、各目標の進捗度合いを一から一〇までの数値で評価した。貧困の撲滅は四だったが、その成果は主に国内政策と民間の力によるものと評された。飢餓の低減は三、教育の改善は三、環境の改善は三、健康は四、人権は三との評価だった。

貧困と飢餓を半減するという目標への中間地点での到達度合いは、ミレニアム開発目標の重要性に照らして考えると、さらに残念な結果となっている。一日一ドル未満で暮らす人たちの割合を半分にするという目標に関して、サハラ砂漠以南のアフリカの状況を二〇〇六年の報告書[7]で見ると、「アフリカの開発援助における莫大な投資では、目に見えた成果はほとんどなかった」というイースタリーの主張がはっきりと裏付けられている。

一九九〇年から二〇〇二年までのあいだ、サハラ砂漠以南のアフリカでは――アフリカの人口の大半がここに居住している――、一日一ドル未満で生活する人の割合は四四％近辺にとどまったままだ（図1を参照）。そして、極度の貧困にある人の絶対数は、一億四〇〇〇万人増えている。サハラ砂漠以南のアフリカでは、貧困を撲滅するという目標に対して、後退をしているのである。

　他の発展途上国では、一日一ドル未満の貧困の改善状況はアフリカより少し良いようだ。一九九〇年から二〇〇二年までのあいだに、開発途上地域において一日一ドル未満で暮らす人の割合は、二七・九％から一九・四％に低下した。[10] この減少のかなりの部分は、中国の十数億人のなかで実現されたものだ。中国では一日一ドル未満で暮らす人の割合が、一九九〇年の三三％から、二〇〇一年には一七％に減少した。[11] つまり、極度の貧困にある人の割合が半分になったのだ。だが、中国における貧困の減少は、ミレニアム開発目標で実施された援助によって成しとげられたのではない。毛沢東の下で実施され、四〇〇〇万人を飢え死にさせた悲惨な農業政策を、中国政府が転換したためである。悲惨な状況の後では、どんな変化であっても改善につながる。鄧小平ほか、多数の政治家が行った自由主義化により、小規模耕地の農民が市場に出荷できる作物をつくるようになった。その結果、貧しい小規模農民が生計を立てている農村部で、経済成長が促されたのである。自由主義化は、輸出を中心とした沿岸部の開発地域の基盤ともなり、その地域が中国の継続的な経済成長の大部分を担っている。しかし、この中国で起こっている経済成長は、地理的に見ると驚くほどムラがある。

図1　サハラ以南のアフリカにおける開発援助の影響力 (8) (9)

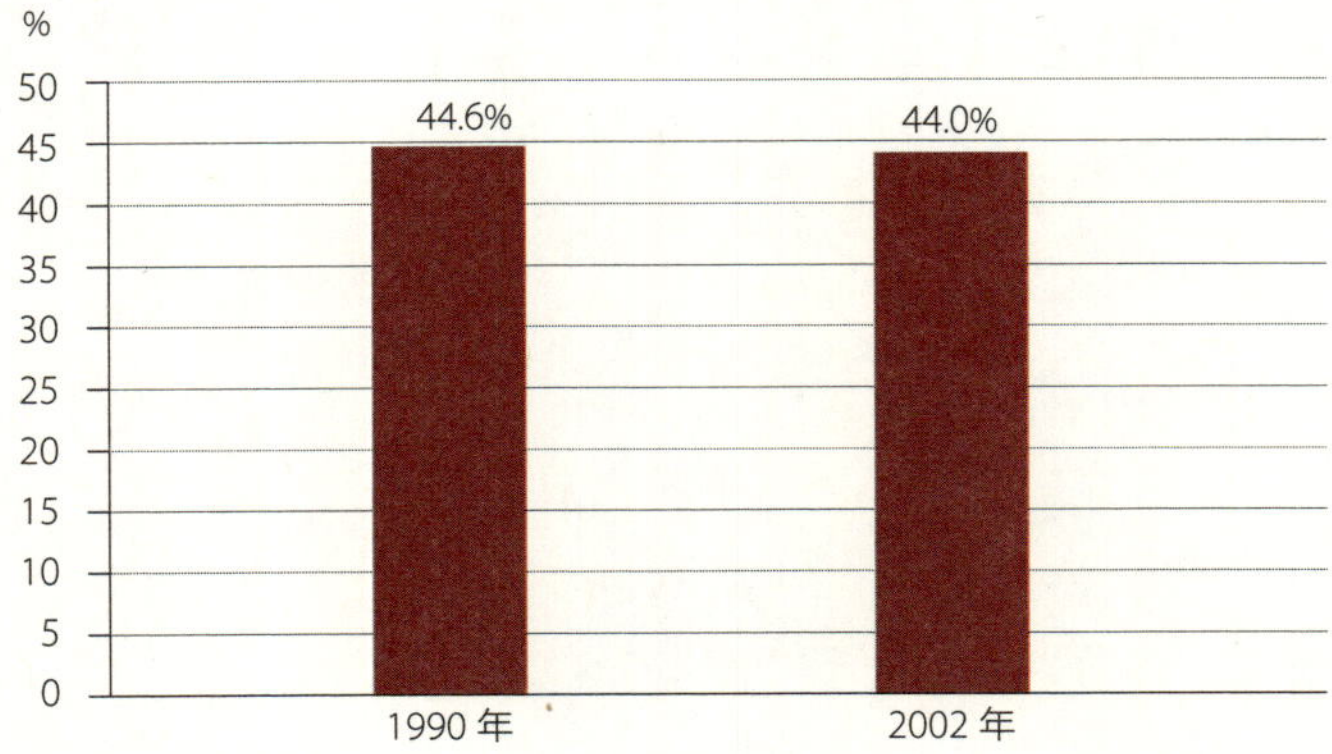

サハラ以南のアフリカで、１日１ドルで暮らしている人の割合

中国は本当のところ、別々の国が少なくとも二つ集まった国だと言える。一つ目は沿岸地域で、理想的な気候と土壌、水と流通システムを備えている。ここでは、豊かな農業基盤があり、低コストの労働力を利用して、輸出を中心とした奇跡のような経済発展を成しとげた。

二つ目は、中国の北西部、遠く離れた黄河の谷の地域で、貧困がはびこり続ける最適な条件を持っている。すなわち、人口過多、痩せた土壌、土地の侵食、少ない雨量、流通・貿易・コミュニケーションシステムの貧弱さ、そして極度に低い農業生産性である。この地域には、何百万もの世帯が暮らしており、中国政府から借り受けた二分の一エーカーの土地で、なんとか生計を立てている。一年の最も厳しい時期には、甘粛省などの僻地では、国が多大なコストをかけて食料や水を輸送し、それでやっと生き延びる家族もある。一つ目の国の豊かさは、この二つ目の国の貧困に対してほとんど影響がない。

もちろん、中国の奇跡的成長は、北西部の貧しい農村部にもいくらかプラスの影響を与えている。私は上海から西へ向かって二時間ほどのところにある、景気の良い野菜加工・冷凍工場を訪問した。北西部の貧しい地域の女性一〇〇〇人が、三カ月ごとにバスでやってきてその地に住み、カリフラワーなどの野菜を細かく刻んで賃金を得る。刻まれた野菜は冷凍され、日本やアメリカへピザのトッピングとして輸出される。彼女たちは、一カ月に四〇ドルの賃金と交通費、日々の生活費を支給される。貧しい村に住む家族にとっては、この収入は貴重なものだ。だが、このレベルの所得では、貧困から抜け出すうえでは少ししか役に立たない。中国でのさらなる貧困削減は、中国北西部やその他の貧しい地域で、経済的成長を実現できるか否かにかかっている。

この先一二年間において、サハラ以南のアフリカにおける貧しい人々の増加率は、東アジアや他の開発途上地域における貧困の削減率とほぼ同じか、それを上回りそうだ。そうすると、一日一ドル未満の貧困を半分にするという目標は、達成できる可能性が非常に少ないだろう。

ミレニアム開発目標でならべて掲げられた、飢餓に関する目標は、さらに達成できる可能性が低い。一九九〇年から二〇〇二年のあいだで、つねに食料が足りない人の割合は、二〇%から一七%へとわずかに減っただけだ。絶対数で見ると、一九九五年から二〇〇〇年までのあいだは毎年四〇〇万人ずつ増え、[12] 二〇〇二年には八億二四〇〇万人に達した。[13] 飢餓を引き起こす要因は貧困だから、貧しい人たちがお金を手に入れたら、何よりもまず必要な食料を買い、空腹を満たす。それなのに、極度の貧困がある程度減っている割には、飢餓の割合がほぼ変わらないのはなぜなのだろうか?

二〇〇六年の報告書では、衛生設備を利用できる人の割合を倍増させるという目標は達成できそうにない、とも述べている。[14]

このまま何も変わらなければ、ミレニアム開発目標の大半は達成できないだろうと、私は考えている。

おそらく最大の問題は、貧困撲滅について三つの大きな誤解があり、それが貧困についての考え方と、その終結のために行うべき行動を妨げていることだ。

誤解1　寄付によって人々を貧困から救いだせる

貧困撲滅に関する誤解のうちで最も大きなものは、寄付によって人々を貧困から救いだせる、というものだ。信じがたいことだが、国連のミレニアム開発目標を主導するジェフリー・サックスは、一日一ドル未満で暮らす人々はあまりにも貧しいため、貧困から抜け出すために自分のお金を投資できないと考えているようだ。だから、彼とその周囲の開発専門家たちは、豊かな国から貧しい国への寄付として、毎年一六〇〇億ドルを一〇年間にわたり求めている。そのお金で欠けているインフラを整備し、貧しい農村部での経済成長を促し、その結果として、一日一ドル未満の貧困をなくそうというのだ。これは単純に、一九五〇年から一九七〇年のあいだに実施され、一九八〇年代に債務救済が必要となった、巨額投資の別バージョンに過ぎない。

ミレニアム開発目標自体は称賛に値するものだしインパクトも大きいが、その達成に向けての手法には致命的な欠陥がある。巨額のインフラ投資、大型農業プロジェクト、大規模な灌漑、開発途上国政府が管理する大型予算などが実施されるが、これらはすべて、一エーカーの農場で生計を立てようとする貧しい人々を素通りしていく。過去において何度も失敗してきたやり方と、まったく同じである。

現実に起こるのは、こんなことだろう。当該の村にまったく行ったことがない西側の「専門家」が、どのようにお金を使うべきかを決める。数百万ドルのお金がもらえるとの話が広まると、スイスの銀行に口座を持つ開発途上国の政治家や、一攫千金を狙うビジネスマンたちが、灯りに集まる蛾のように群がってくる。彼らは、祝賀セレモニーのテープカットに参加する。最初の一～二年は、豊富な資金が提供された大型プロジェクトで、作物の収穫量が増えるなど、すばらしい成果が上がるだろう。賃金の高い西側のコンサルタントが監督し、原材料や近代的な機械などに大金が使われる結果である。大々的に報道もされる。だが、プロジェクトの資金がなくなると、産出量は通常に戻ってしまう。プロジェクトが引き起こした腐敗や賄賂により市場がゆがみ、真の市場の創造が阻まれ、その村における投資の効果はいずれも打ち消される。貧しい人々は、しばらくは恩恵を受けるかもしれないが、それも長くはつづかないことを全員が知っている。援助の期間が終わると、メディアの沈黙が村にも伝わり、最も貧しい村人たちは以前よりも貧しくなる。こうした失敗により、貧困には現実的な解決手段などないと信じる人たちに、さらなる論拠を与えてしまう。そして、本当に機能するプロジェクトに対しても、資金を集めるのがますます困難になる。

このシナリオは新しいものではない。ジェフリー・サックスとその同僚が提唱するほど大規模ではなかったかもしれないが、これまでも貧しい村々で何千回も演じられてきた。多くの組織が、村民に清潔な飲料水を提供するために、村に手押しポンプを寄付した。二年後に訪れてみると、その八〇％が使われていない。所有者が明確でないために、故障しても誰も修理しないからだ。

世界銀行は一九七〇年代に、ディーゼル・ポンプを使った灌漑用管井戸《くだいど》を設置するというバングラデシュのプロジェクトに対して、アメリカからの資金、三五〇〇万ドルを投資した。井戸には浅いものと、深いものがあった。当時は独立戦争が終結した直後で、バングラデシュは国の食料生産を増加させる必要があった。そこで灌漑された土地を大幅に増やすことになったのである。世界銀行は非常に低い利率でバングラデシュ政府に資金を貸したので、実質的には八五％が助成金となった。この気前の良さを、今度はバングラデシュ政府が、賄賂を払える金持ちの農民に対して示した。

このプロジェクトでつくられた浅い管井戸は、一五エーカーを灌漑することができた。農民たちは、この井戸を買う資金を地元の銀行から借りた。井戸を買った農民たちは、井戸の提供を担当する政府の役人に賄賂を送った。そして、バングラデシュ政府が保証したローンをお決まりのように不履行とした。当然のことながら、世界銀行にも資金は返済されなかった。そして、これにかかわった人たちは全員が、こうなることを最初から知っていたのである。

深い管井戸は、一〇〇エーカーを灌漑することができた。この井戸は農民に対して名目上は無償で提供された。だがその裏では、この井戸がほしければ多くの賄賂を払わなければならなかった。

世界銀行と政府の専門家がまったく予想しなかった問題は、バングラデシュの農場が非常に細分化されているために、浅い管井戸が灌漑する一二～一五エーカーの土地には一五以上の農場があり、深い管井戸が灌漑する一〇〇エーカーの土地には、一〇〇以上の農場があるということだった。この事実により、水の供給の問題は非常に複雑になった。

当然の結果ではあるのだが、浅い管井戸は一五エーカーを灌漑できるのに、実際に灌漑したのは四～五エーカーだけだった。深い管井戸は一〇〇エーカーを灌漑できるのに、四〇エーカー灌漑することはまれだった。もっとひどい問題も起こった。機械式のポンプを手に入れた金持ちの農民が水の支配者のようになり、法外な価格で貧しい農民に水を売るようになったのだ。借金の対価として、貧しい農民の土地を差し押さえることもあった。金持ちはさらに金持ちとなり、貧しい人はより貧しくなった。深い管井戸は、維持するだけの資金がなかったため、助成金がなくなった後は放置された。浅い井戸は小さく安価だったため、最初から利益が出て農民を豊かにした。もちろん、国の灌漑耕地面積を拡大するという目標は達成された。だが、灌漑された土地の面積は、専門家の予想よりもずっと少なかった。

貧しい農民たちはほぼ同時期に、ずっと小型で安価な足踏みポンプを買い始めた。ランプール・ディナージプール・ルーラル・サービス（RDRS）★が開発し、IDEが販売にあたったものだ。バングラデシュの開発と灌漑のリーダーたちは、この小型で低価格のポンプのほうが、貧困の緩和と社会正義を実現するうえで、ずっと役に立つと考えた。しかし、一つのポンプが半エーカーしか灌漑できなかったため、灌漑の専門家は「国が必要とする米を育てるには、もっと大きなポンプを使って灌漑を行わなければならない」とした。

それから一二年のあいだに、一五〇万人の貧しい農民が二五ドルの市場価格で足踏みポンプを購入し、バングラデシュでは七五万エーカーが新たに灌漑されるようになった。これに対して、大規模耕地の農民に管井戸を無料で（政府の役人に払った賄賂を除いて）提供した世界銀行のプロジェクトでは、公的な（アメリカの）資金が三五〇〇万ドル使われた。

★ Rangpur Dinajpur Rural Service：バングラデシュの開発NGO

一九八〇年代の終盤、足踏みポンプの人気が高まってきたのを見て、当時のバングラデシュの大統領、フセイン・モハマッド・エルシャドは、二万台の足踏みポンプを出身県に寄付することを選挙の数カ月前に発表した。その県の農民はとたんにポンプを買うのをやめて、無料の足踏みポンプがやってくるのを待った。政府は、政治的につながりのあった大手メーカーと、足踏みポンプ製造の契約を結んだ。その企業はそれまで足踏みポンプをつくったことがなく、同社は非常に品質の低いポンプを二〇〇〇台ほど製造した。約束された二万台のポンプがやってくることはなく、二五ドルのポンプに投資すれば年間一〇〇ドル稼げたはずの農民は、大きく損をすることになった。

なお、寄付や助成金は、グローバルな貧困対策プログラムに限ったものではない。大企業も熱心に、この手法を取り入れている。

数年前、私はイスラエルで一週間過ごした。世界最大のドリップ灌漑装置メーカーであるネタフィムと、提携関係が結べないかと考えたのだ。IDEとネタフィムが協業して、非常に安価なドリップ灌漑の装置を開発し、小規模農民数千万人に提供できればと思った。

だが、うまくいかなかった。

ネタフィムのディレクターたちは、同社が世界最高のドリップ灌漑装置をつくっていると自負していた。たとえ低価格の製品に大きな市場があったとしても、同社は利益率の高い製品の市場にとどまっていたかったのだ。低価格の製品をつくり始めたら、同社の評判が傷つくのではないかと恐れていた。そして、次のように言った。

「貧しい農民たちは、最高の灌漑装置を持つべきです。協力しあって、アフリカでの大きな契約を世界銀行から勝ち取りましょう。世界銀行に助成してもらって、私たちのドリップ灌漑装置を貧しい農民でも買える価格にするのです。そうすれば、貧しい農民も金持ちの農民とまったく同じように、世界最高のドリップ灌漑装置が使えるようになります。ネタフィムの売上は増え、ＩＤＥも世界銀行の資金にアクセスできるようになって、貧困緩和活動を拡大できると思います」

魅力的な話ではないか？　ネタフィムの売上は少し増える。ＩＤＥは世界銀行の資金にアクセスできる。コネのある農民は、高品質のドリップ灌漑装置を低価格で手に入れられる。ただ一つ問題なのは、貧しい小規模耕地の農民にとってはひどい話だ、ということだ。低価格のドリップ灌漑装置に対する需要はとても大きいので、それを必要とするすべての人に行き渡るほどの助成金は提供されないだろう。すると、高品質のドリップ灌漑装置を手に入れられるのは、政府の役人にコネがあり、賄賂を支払える農民だけとなる。そして、この気楽なゲームから締め出されるのは、一日一ドル未満の小規模耕地の農民だ。さらに、世界銀行が価格を助成することにより、低価格の灌漑装置をつくって農民に販売しようとしている、小規模な起業家の足元をすくうことにもなる。それでも最終的には、貧困対策プログラムが成功したとして報じられる。

ご想像の通り、私はネタフィムとは契約せずに、イスラエルを離れた。

こうした助成金による問題解決手法は、開発の世界に蔓延している。政府も世界銀行も、ユニセフも、国連も、政治家も、開発に携わるリーダーたちも、この手法を用いる。彼らは、援助の様子を写真に収められるような機会を探しはするが、実質的な成果を上げられるかどうかはあまり気にしない。製品やサービスに対する価格助成は、ほとんどすべての場合、状況を悪化させる。

飢えている人に食料を与えることでさえ、問題を引き起こすことがある。一九八一年に、IDEはソマリアの難民キャンプで、鍛冶屋がロバの荷車をつくるのに協力した。五〇〇台つくり、現地のお金にして四五〇ドルほどで他の難民に割賦販売した。荷車を買った難民は水や薪や食料を運ぶ仕事をし、コストを差し引いても月に二〇〇ドルの利益をすぐに手にするようになった。寄付された食料が届くときが、キャンプの一日の山場だ。配給される食料のなかには粉ミルクがあった。多くの難民が粉ミルクの袋を開けて、ヤギに食べさせていた。ソマリアの難民たちは、ラクダの乳は大好物だったが、粉ミルクはどう使っていいかわからなかったのだ。難民救援にあたる人は、粉ミルクに水を加えて飲んだらどうかと、提案もしなかったようだ。一方で調理用の油は、難民キャンプの市場では高値で販売されていた。油が入っているプラスチックの容器も同様だった。なぜなら、水を運ぶ容器としてちょうどよかったからだ。

ロバのカートは平均で月二〇〇ドル稼いだから、利息も含めて二カ月半で代金を支払うことができた。そこで私たちはUNHCR（国連難民高等弁務官事務所）に対して、ロバのカートを三〇％の頭金で、残金をクレジットで販売することを提案した。彼らは激怒した。国連の難民プログラムは、ものを無料で与えるようにしか、できていなかったのだ。国連のある担当者は、

「難民が返済したお金が、腐敗した投資家にでも盗まれたらどうする」と憤慨して言った。私は、「お金が二〜三回まわってから盗まれるのであれば、一回しか回らないより二〜三倍良い」と答えた。最後には彼らを説得することができたが、それも辛うじて、だった。私たちは代金未納により二台のカートを回収したが、その後はローンの不履行は一件もなかった。ロバの荷車の所有者は、ソマリアの水準では大金持ちになった。なぜなら、月に二〇〇ドルの利益は、平均収入の約一五倍だったからだ。

助成金に対する反感で我を忘れてしまう前に、一点だけはっきりさせておこう。教育や道路建設、医療サービスなど、公的な投資が必要な分野もある。貧しい農村での市場の創造もその一つだ。だが、それはそれとして、どんな問題であっても、その解決方法を見つける最初のステップは、市場の力を開放しそれを活用することだと私は考える。もし、貧困撲滅に対して助成金以上に障害となっているものがあるとしたら、それは「寄付によって人々を貧困から救いだせる」という、一般に信じられている概念だと思う。

貧困から抜け出すには、人は自分自身のお金と時間を投資しなければならない。貧困からの出口は、第三世界の起業家の力を解放することによって見えてくる。一日一ドル未満で暮らす人々の大半を占めるのは小規模耕地の農民だが、幸いなことに彼らはすでに起業家だ。そしてその周囲には、工房や商店、修理工場などを営む、他の小規模な起業家がいる。こうした起業家たちは誰もが、費用が手ごろで、利益がでるような機会があれば、富を創造するために進んで投資しようと思うし、そうする力もある。

しかし、「貧しい人たちに無料でものを与えるのではなく、彼らに適正な市場価格で製品を売るべきだし、彼らもそれを購入できる」という私の考え方は、ＩＤＥを立ち上げてから最初の二〇年は、開発関連のリーダーたちの怒りを買った。「ビジネス」は開発関連の組織では汚い言葉だったのだ。

「あなたが言うところのビジネス的な手法は、まさに多国籍企業のやり方です。そもそも、貧困の問題を引き起こしたのは、そうした企業なのです」と、彼らは言った。「貧しい人たちは単純に必要なものが買えません。そして、いろいろなものを本当に必要としています。真の変化を起こす唯一の方法は、彼らにものを寄付することです」

そして、開発組織は山のような食料を寄付し続けた。無料で村に手押しポンプも設置したが、それは一年以内に壊れて修理されなかった。何千台ものトラクターも寄付し続けたが、アフリカの太陽の下でただ錆びていった。

嬉しいことに、この状況は変わりつつある。社会主義国で中央指令型経済がみじめに失敗したことから、開発の世界にも新しい考え方が出てきたのだ。それは、市場のエネルギーを解放することが、貧困から永遠に逃れようと努力する貧しい人たちを助けるうえで、最も有効であるという考え方だ。今では、開発分野の人々は、ＩＤＥが足踏みポンプをバングラデシュの貧しい農民一五〇万人に販売したことを、先駆的な業績として見るようになった。突然、灌漑や農業、経済やデザインなどの分野のリーダーが、私の言うことに非常に興味を持つようになり、基調講演の依頼が対応しきれないほど舞い込むようになった。

非常に貧しい人たちが、自分の時間とお金を、魅力的で手ごろな機会に投資し収入を増加させること。これこそが、人々が貧困から抜け出す唯一の現実的な道なのである。この点を認識する人が増えていることは、非常に重要である。

誤解2　国家の経済成長が貧困をなくす

二番目の誤解は、国の一人当たりの経済成長にともなって貧困は去っていくだろうというものだ。二五〇年ほど前、世界の八〇％の人々は、現在一日一ドル未満で暮らす一一億人と同じくらい貧しかった。やがて、蒸気エンジンが登場し、石炭が活用されるようになり、産業革命を生んだ市場の力も伸びてきた。これが二五〇年間つづく経済成長の引き金となって、世界の大部分の人々の貧困を解消した。しかし、この事実を前提にして考えると、第二の誤解の犠牲となる可能性が出てくる。第二の誤解とは、発展途上国の一人当たりGDPをつねに高い水準で維持することにより、一日一ドル未満の貧困はなくなるだろう、という考え方だ。

しかし、アメリカは何世代にもわたって持続的に経済成長を続けているが、アメリカ国勢調査局によると、二〇〇五年の時点でアメリカ全人口の一二・六％にあたる三七〇〇万人が貧困状態にあるという。インドは何年にもわたって六％の経済成長率を維持しているが、一九九九年の時点で全人口の三六％、すなわち約三億六〇〇〇万人が一日一ドル未満で生活している。中国の一人当たりGDPの伸びはさらに大きく、年間八％の成長を続けているが、二〇〇一年

ている。[15]持続的な経済成長が本当に貧困を終わらせるのだとしたら、見事な成長率を維持しているインドと中国が、なぜいまだに極度の貧困状態にある人々を五億七五〇〇万人も抱えているのだろうか。その人たちの大半は、飢餓も経験している。

その理由は、貧しい人々の大半が僻地の農村部に住んでおり、都市を中心とした産業の成長の波が及んでこないからだ。都市部における産業の成長が、国の一人当たりGDPの成長につながる。しかし、都市部の成長は通常、一日一ドルの人々のうちの七五%、すなわち都市部から離れた村の小さな農場で生活の糧を稼いでいる人々を素通りする。もちろん、農村部で生計を立てられない人は都市に移り住んで仕事を探す。なかには仕事を見つけられる人もいる。だが、良い仕事が見つからなければ、多くの人がスラムに行き着き、大半がすぐに農村に戻ってくる。

貧困をなくすには経済成長が必要だ、ということは真実だ。だが、ここで必要な経済成長とは、一エーカーの農場が存在し貧しい人々が暮らす、僻地の農村部の経済成長なのである。主に都市部の工業化によって実現する、国全体としての一人当たりGDPの成長ではない。都市部での貧困をなくすには、スラム地域の成長が必要だ。それを実現するには、スラムを基盤とした事業のための新たな市場をつくり、職を求めてスラムに来た人が、そうした事業で働けるようにすることである。本書では、貧しい農民たちが一エーカーの農場で得る収入を増やすための、さまざまな新しい方法を示す。また、貧しい人々を雇うスラムの事業が利益を増やすための、新たな方法も示す。

僻地の農村部や都市のスラムにおいて経済成長を実現しない限り、都市部の産業が成長し国の一人当たりGDPが増えても、それは貧しい人々の大半を素通りしていくのである。

誤解3　大企業が貧困をなくす

ある人は鎌《かま》を、革命を始めるための武器として見る。別の人は、実りを収穫する道具として見る。だが、本質的には鎌はそのどちらでもない。カーブして、縁が尖った金属片に、木の柄がついているものである。

私がIDEを創設した二五年前、貧しい労働者は多国籍企業を悪者の暴君として見た。ビジネスは敵だった。今では、多くの人々が多国籍企業を白馬に乗った騎士と見なし、貧困という悪者を退治してくれると考える。だが、本質的にはそのどちらでもない。多国籍企業はビジネスを行うための組織構造である。もし、多国籍企業の多くが今と同じやり方で経営を続けるのであれば、大企業が貧困をなくすという考え方は、信じてしまいがちな誤解以上の何ものでもない。

信じてしまうのは、大企業が貧困撲滅のきっかけになると考えられる理由が十分にあるからだ。もし、貧しい人たちの収入を増やす必要があるならば、多国籍企業ほどお金儲けについて詳しい組織は他にない、というわけだ。しかし、一日一ドル未満で暮らし、字も読めないかもしれず、マスメディアにも接しない人々を顧客として、利益を上げている多国籍企業はほとんどない。一日四ドル～五ドル稼ぐ人々を顧客にしようとしている企業は増えている。だが、発展途上国では、そうした人々は中流に属する。大企業が貧困問題にインパクトを与えたいのであれば、極度に貧しい人々の収入を増やすような製品やサービスを手ごろな価格で提供し、その事業を大規模に展開し、そこから利益をあげる必要がある。

C・K・プラハラードは『ネクスト・マーケット』★を著したことで、既存の多国籍企業が貧困をなくすために行動を起こしているという、最近人気の考え方を象徴する人となった。「簡単な提案から始めよう」と、彼は書く。「貧しい人たちを犠牲者やお荷物と考えず、不屈でクリエイティブな起業家であり、価値に敏感な顧客であると考えよう。そうすれば、まったく新しいチャンスが広がるはずだ(16)」

まったく、その通りだと思う。

だが、そのまったく新しいチャンスを活用するためにプラハラードが提示する実際的な手法は、彼が掲げる斬新なビジョンと比べるとかなり見劣りがする。ジェフリー・サックスと同様に、プラハラードも貧困緩和のための活動に関して、詳しく評価をしていない。取り上げた九つの事業すべてを、貧困撲滅の模範となるモデルとして、同様に褒めたたえている。実際、そのほとんどのプログラムが称賛に値する。だが、事業の収益性や貧しい人たちへのインパクトは、それぞれに大きく異なっている。ミシガン大学ビジネススクールの教授であるプラハラードは、取り上げた企業の最終的な利益を比較分析せず、貧しい人たちの生活に対する各プログ

★「経済ピラミッドの底辺にいる一日二ドル未満で生活している」貧困層をBOP（Bottom of the Pyramid）と定義し、彼らのニーズを汲み取った市場を企業と貧困層がともにつくり上げることが貧困解決につながると主張した。英治出版、二〇〇五年（二〇一〇年に増補改訂版刊）

ラムの直接的な影響を分析していない。

プラハラードが取り上げた九つの模範的な組織のうち、一つは企業ではなく優れた慈善団体だ。三社は中流かそれ以上の顧客を対象とし、一社は有用な疫学の情報を提供するが、その業績に関するデータは掲載されていない。そして四社が展開する活動は、財務業績も、貧しい人々へのインパクトもさまざまに異なっている。

バグワン・マハビール・ビクラング・サハヤタ・サミティ（BMVSS）★はインドの優れた非営利団体で、三〇ドルの義足、ジャイプール・フットを発展途上国の貧しい人々に無料で提供している。だが、BMVSSは慈善団体であり、企業ではない。セメックスはすばらしいビジネスモデルをつくり、建築材料の販売とクレジット（信用販売）を提供している。カサス・バイアもセメックスと同様のビジネスを、テレビや冷蔵庫などの家電製品で行っている。だが両社とも、一日当たりの収入が少なくとも五〜六ドルはある中流クラスの人々を顧客としており、一日一ドル未満の人々を顧客対象としているのではない。ヒンドゥスタン・ユニリーバ・リミテッド（HUL）は、ヨード欠乏による病気を防ぐための製品★を製造しているが、極度に貧しい人々には手の届かない価格で売っている。ボクシーバは、公共衛生に関する大量の情報を取得するための優れた事業モデルを持っている。この事業モデルは、特に感染症の流行に素早く対応するうえで有効だ。同社は企業の形態をとっているが、助成金を活用するなど、どちらかといえば非営利団体のように活動している。プラハラードの著作にもボクシーバのウェブサイトにも、ボクシーバの業績情報は掲載されておらず、事業としての業績を評価することはでき

★ Bhagwan Mahaveer Viklang Sahayata Samiti

★ アンナプルナ・ヨード添加塩

ない。

残る四社に関しては、貧しい人たちを顧客とした事業の例として役に立つ可能性がある。

インドの大手銀行であるＩＣＩＣＩ銀行は、同行の貯蓄・貸付プログラムに参加する女性たちの自助グループを八〇〇〇以上も組織するという、コスト効率の高い事業モデルを構築した。これらのグループは、すでに自助グループのメンバーであるプロモーターによって組織され、プロモーターは業績に応じて報酬を得る。つまりは、グラミン銀行の手法を拡張したものであるとも言える。損益のデータは公表されていないが、残念ながら事業としての利益は出ていないようだ。

インドの大企業、ＩＴＣの一部門として運営されているｅチョーパルは、インターネットの情報センターを通じて、タイムリーに市場の価格情報を提供する。それによって、貧しい農民たちはより高い価格で作物を売ることができ、また農業のやり方を改善するような情報も得られるので、収入の増加につなげられる。ただし、この事業モデルに関する収益情報は掲載されていない。

ユニリーバのインドにおける子会社であるヒンドゥスタン・ユニリーバは、ライフブイ・ブランドの石けんの販売で大規模なマーケティング活動を実施し、手洗いの効果を強調した。それによって、ライフブイの売上が三〇％伸びるとともに、農村部の貧しい人たちの下痢や他の病気が減少したようだ。

アラビンド・アイ・ケア・システムは、イギリスの患者と、料金を支払えるインドの患者に対して白内障の手術を行い、利益を上げる。その利益を使って、貧しくて料金が払えない人たちにも、同じ手術を行う。アラビンドは、白内障の手術と人工水晶体の挿入を八四ドル～三三一ドルで行う。これは、アメリカで同様の治療を受ける費用の約一〇分の一である。一九九七年から二〇〇二年までのあいだに、アラビンドは一〇〇万回以上の手術を行った。貧しい人たちの大半の治療費が、支払う能力がある患者たちから得られた利益で賄われた。[17] この手術の恩恵を受けられるのは、一日一ドル未満の人たちの〇・五%以下だと思われるが、掲載されているアラビンドの業績を見ても、貧しい人たちに対するインパクトを見ても、この事業モデルは、貧しい人たちに良い影響を与える優れたモデルだとわかる。

ジャイプール・フットの組織を慈善事業でなくビジネスとして展開するためには、たとえば、先進諸国の顧客に二〇〇〇ドルで義足を販売するというビジネスモデルをつくる。八〇〇〇ドルの義足を買うほどのお金がない人に売るのである。そして、その利益を使って、貧しい人たちに対して義足の料金を助成し、事業を拡大する。

残念なことにプラハラードは、一日当たり一ドル稼ぐ人も、二ドル、三ドル、四ドル稼ぐ人も、ピラミッドの底辺の人たちとして同様に扱っている。そして、取り上げた模範的な事業は——たとえば、中流クラスを対象とする、ブラジルのカサス・バイアやメキシコのセメックスは——、大企業が貧困をなくすうえで果たせる役割のモデルとしている。これはある意味で、アメリカにおいて、ホームレスの人たちと生活保護を受けている人たち、ソーシャルワーカー、学校教師、看護師らをひとまとめにして、ピラミッドの底辺にいる人たちと考え、ヒュンダイ車のディーラーを、ピラミッドの底辺の顧客を対象とした模範的な事業モデルと見なすようなものだ。

たしかに大企業は、貧困をなくすうえで多大なインパクトを与えられる可能性があるし、そこから多くの利益を得ることもできるだろう。しかし、この注目すべきチャンスをつかむには、多国籍企業はまったく新たな方法で取り組むべきだ。具体的には、製品の設計、価格設定、流通、サービスの方法を、貧しい人たち向けに大きく変える必要がある。こうした、まったく新しく、かつ経済的に持続可能なビジネスモデルをつくり、極度に貧しい人たちの生活に良い影響を与えるには、以下に述べる点をビジネスモデルに織り込む必要がある。

❶ 一日一ドル未満で生活する人を顧客とするモデルをつくることを、第一に優先する。
❷ 価格に助成をせずに公正な市場価格で売る場合は、一日一ドル未満で暮らす人が買える価格になるように、製品やサービスを設計する。
❸ 最初に開発し市場に提供すべきなのは、収入を稼ぎだせる道具や手法であり、それを買った人が遅くとも一年以内に元がとれるようにする。
❹ ビジネスモデルは、事業に出資する投資家が許容する期間内に黒字化するものでなければならない。
❺ 貧困の改善に対して目に見えて良い影響があること。
❻ 何百万人もの貧しい人たちに事業を拡大できる可能性があること。

五ドルのトランジスタラジオがｉＰｏｄへの展開につながったように、一日一ドルの顧客を引き付ける手ごろな製品やサービスを設計し届けることは、より豊かな顧客への大きな展開につながる場合が多い。ＩＤＥやキックスタート★などの組織が経験してきたように、極度に貧しい顧客が投資した金額に対して、三〇〇％以上のリターンをあげる製品はたくさんある。顧客の収入が一日一ドルから一日三ドル以上に増えたら、彼らはより幅広い製品の顧客となる。彼らをすでに顧客としている企業にとっては、これは非常に大きな事業機会となる。

一日一ドル未満で暮らす人々の賃金は世界で最も低く、アメリカの最低賃金の約一六分の一だ。グローバル経済では、アメリカやヨーロッパの病院のカルテがインドでタイプされ、ヨーロッパで販売されるデザイナージーンズが中国で製造される。そうした経済のなかでの大企業の課題は、一日一ドルの人々の一時間五セントの労働力をどう活用して、利益をあげるかだ。これを実現したモデルは、すでに存在している。

グジャラート・コーポラティブ・ミルク・マーケティング・フェデレーション（ＧＣＭＭＦ）は急速に成長し、インド最大の食品マーケティング組織となった。二〇〇五年〜二〇〇六年には、同組織は一日に九九一万リットルのミルクを扱い、年間売上は八億五〇〇〇万ドルだった。ミルクは小規模農家二五〇万世帯から集めているが、そのほとんどが一日一ドル以下の稼ぎからスタートした。アムールとも呼ばれるこのクリエイティブな組織は、一頭〜三頭の水牛を飼う農家からミルクを集め、冷蔵し、牛乳やバターやチーズ、アイスクリームなどに加工し

★ KickStart：貧困問題に取り組む組織。主にケニアやタンザニアなど、アフリカで活動。ＩＤＥと同様のアプローチで、貧しい人々の収入を増やす方法を考える

て、それらを買える人たちに売る。アムールにミルクを供給している小規模農家と同じような、一日一ドルで暮らす農民は八億人いる。彼らは自分たちの労働コストが非常に低いことを生かして、労働集約的で高価格の、シーズンオフの野菜や果物、ハーブなどをつくることができる。シャネルの五番の香水や、高級化粧品の材料として重要な、精油などもつくることができる。ただし、大手企業がそれらの作物を集め、販売できればの話である。ちょうど、アムールが行ったように。

私が創設したＩＤＥでは、一日一ドルの農家に対して、すでに二〇〇万台以上の足踏みポンプを販売した。購入した農家の年間純収入は合計で二億ドル以上増加し、貧しい村に少なくとも年間五億ドル以上の乗数効果が生まれた。初期の市場での需要から考えると、低価格の灌漑システムに対する需要は、世界では少なくとも一〇〇〇万世帯にはなるだろうと思われる。その需要に応えられれば、貧しい農家の純収入は年間二〇億ドル以上増えるのである。

今日の開発専門家の手法は、「寄付によって人々を貧困から救い出せる」などの誤解にとらわれたものだ。だが、一日一ドルの人たち自身は、不十分な収入がつづく理由がはっきりとわかっている。どうすれば収入を増やせるかについても、はっきりとした考えがある。ＩＤＥでは彼らの見方を生かして、高付加価値で労働集約的で、お金が稼げる多様な作物、具体的にはさまざまな果物や野菜、ハーブなどを生産するよう促してきた。また、民間の流通網の台頭を促進することで、手ごろな灌漑装置や種子や肥料も手に入るようにした。ＩＤＥやテクノサーブ★など多くの組織が、作物を市場で販売するよう小規模農家を促し、彼らは民間の流通網を通

★ TechnoServe：貧困問題に取り組む組織。ガーナで設立され、現在はインドや南アメリカなどにも展開

じて作物を売れるようになった。こうした手法により、ＩＤＥは一日一ドルで暮らす二五〇万〜三〇〇万世帯が、年間の純収入を大きく増加させるのに力を貸してきた。各世帯は、貧困から抜け出すために、自身の時間とお金をたくさん投資したのである。

農村での貧困をなくす活動に対してＩＤＥとその支援者が投資した金額は、二五年間で七八〇〇万ドルである。同じ期間に、一日一ドルの農民が投資した金額は一億三九〇〇万ドルだ。ＩＤＥが紹介した、収入を増やすための道具を購入したのである。こうした投資をすることにより、純収入が継続的に年間二億八八〇〇万ドル増えることとなった。総投資額はＩＤＥ側と農民側を合わせて二億一七〇〇万ドルだったが、それに対して一日一ドルの農民が手にしたリターンは七年余りの累計で二〇億ドル以上となった。多くの農民が高付加価値の農業への投資を増やし、そこから得る収入を増やすという、はっきりとしたパターンが見られた。

世界には一日一ドル未満で暮らす人たちが一一億人いることを考えると、これはバケツのなかの一滴に過ぎない。だが、この手法は、一日一ドルの人々を五億人以上、貧困から救い出す規模までに拡大できる可能性を持っている。

図2　IDEの25年間の活動の効果

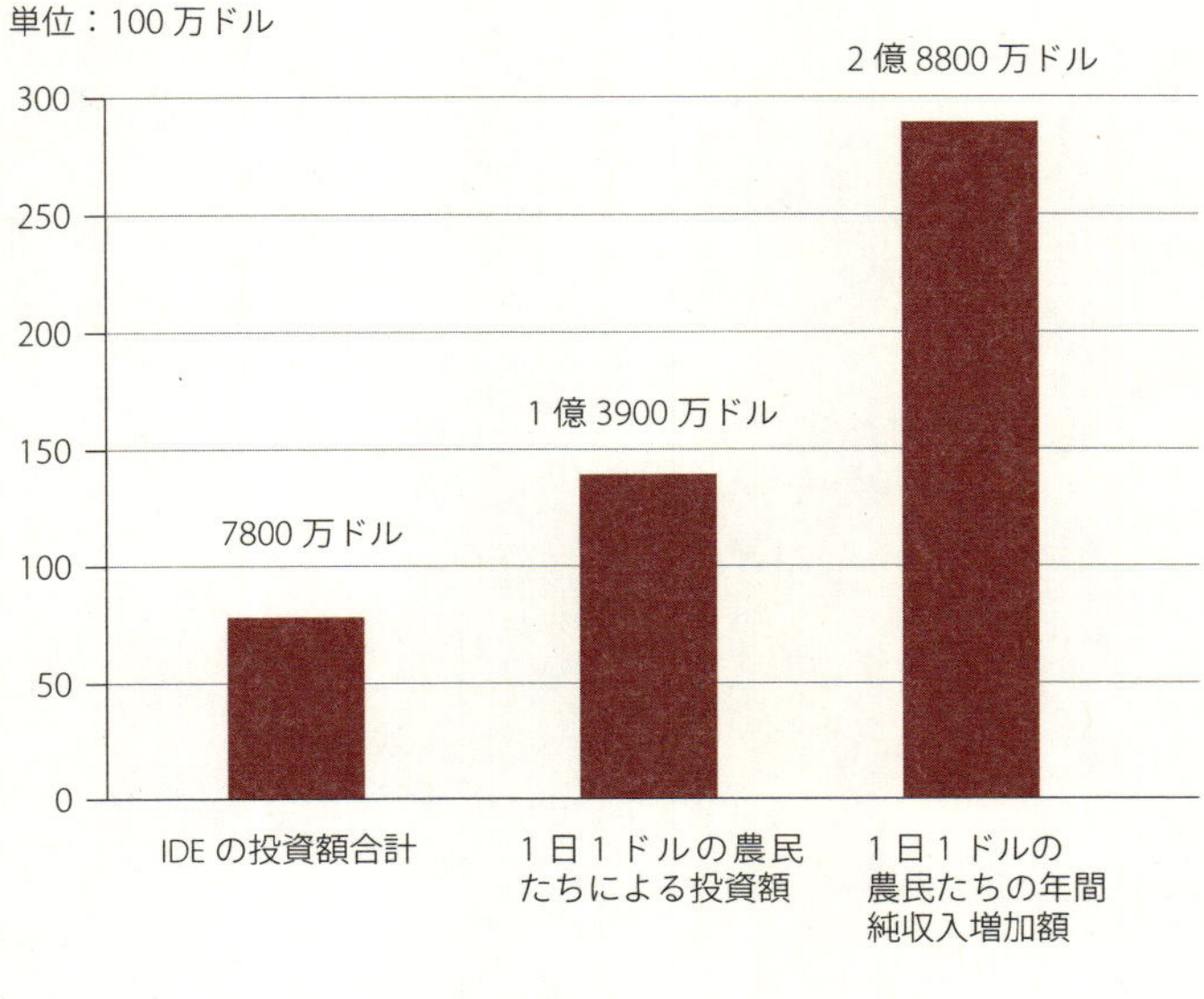

開発の世界と企業社会、そして貧しい人たち自身の考え方と手法を変革しなければ、貧困を撲滅することができないのは明らかだ。だが、貧しい人たちの話を聞き、彼らが暮らし働く場所に特有な条件を理解し、収入を増加させたいという彼らの起業家精神を活用しよう。そうすれば、今は一日一ドルで暮らしている人たちのうち少なくとも五億人が、一世代のうちに現実的な方法を見つけて貧困から抜け出せる。私はそう信じている。

野菜の収穫を喜ぶ農民たち

1日1ドルで暮らす小規模農家の土地

第3章 すべては「もっと稼ぐこと」から
ネパール農家は訴える

IT ALL STARTS WITH MAKING MORE MONEY

小規模耕地の農民が、ドリップ灌漑装置で育てたキュウリを誇らしげに見せている

私とクリシュナ・バハドゥ・タパは出会ってから休まずに語り合い、イクリファント村のあちこちに散らばった彼の二エーカーの農場をともに歩いた。そうするうちにお互いをわかり始め信頼感も生まれてきた。そこで私は尋ねた。

「バハドゥ、どうしてあなたは貧しいのですか？　どうすれば、貧しくなくなると思いますか？」

バハドゥははにかんで微笑み、目尻にしわが寄った。まるで、彼がとても礼儀正しいので、面と向かって私に「わからないのか」とは言えず、「もしかしたら目が見えないのか」と尋ねられないかのように。

「私が貧しいのは、もっとお金を稼ぐ方法を見つけ出せないからですよ」。バハドゥは言った。「もちろん、うちは近所の家と比べたら幸運なほうです。とてもいい土地を二エーカー持っているし、三年のうち二年は、お腹が空かないだけの十分な米を収穫しています。雨季の野菜とブラック・グラム、それにときには余った米を売って、一年に二五〇〇ルピー（三五ドル）ほどの収入もあります。息子のデュー・バハドゥと私はムグリンに働きにも行くので、そこで五〇〇〇ルピーくらいは稼げるし。仕事を探しに、バスに乗ってカトマンズまで行くこともありますよ。でも、それだけでは十分ではないんです」

「うちが貧しいのは、農場でまともな収入を得られないからで、仕事を探すのも大変だからです。仕事があったとしても長く続けられるものではないし、十分なお金はもらえない。もし土地がなかったとしたら、どうやって生きていけるのか見当もつきません。農場でもっとお金を稼ぐ方法があったら……。そうすれば、すぐに貧しくなくなるのに」

専門家に届かない貧しい人たちの声

これまでの二五年間、私はバハドゥのような世界中の貧しい家族、約三〇〇〇世帯と話をしてきた。彼らはみな、同じことを言った。貧困から抜け出すために最も大切なただ一つのこと、それはもっとお金を稼ぐ方法を見つけることだ、と。これがあまりに当たり前のことなので、典型的な堂々巡りの議論だとよく言われる。だが残念なことに、世界の貧困問題専門家にとっては、これは当たり前のことではない。

「貧しい人たちは、力がないから貧しいのです」。こう言うのは、ある影響力の強い団体だ。「彼らは腐敗した政治体制の犠牲者です。貧しい人たちに力を持たせないことで、そうした政治体制は権力を維持しているのです。貧しい人たちに力を与え、発言させ、生活を左右する政治体制に参加させる方法を見出せば、貧困はなくなります」

「人々が貧困から抜け出せないのは、教育を受けていないからです」。別の団体は言う。「読み書きができず、まともな仕事につける能力もないとしたら、どうやって自分の人生をコントロールできると思いますか？　何かを起こせるでしょうか？　良い教育を受けることは人間の権利です。極度の貧困状態にある家庭の子供に、教育を受けさせることです。そうすれば、最初の世代のうちに貧しくはなくなるでしょう。少なくとも、ある程度の仕事にはつけるはずです」

「そんなことをしても、役に立ちません。月に一回ひどいマラリアで倒れるような状態だったら、仕事もできませんから」。また別の団体は言う。「今ザンビアかジンバブエに住んでいるとしたら、一二歳までに孤児になる確率は非常に高いです。なぜなら、両親がＨＩＶ／エイズで亡くなってしまうからです。貧困をなくす最も効果的な方法は、ポリオやマラリア、結核、ＨＩＶ／エイズなどの大きな病気を撲滅することです。病気のせいで人々は障害を持ち、貧しいままなのです。人々の健康を維持するためのプログラムを実施しなければなりません」

「みんな間違っています！」こう言うのは、また別の貧困問題専門家だ。

「全部が大切なのです。教育だけを改革して健康問題を無視したら、豊かにはなれません。良い教育を受けても二〇歳になる前にマラリアで障害を持ったら、貧困は解消されますか？　要因の一つだけ、たとえば、交通、農業、灌漑、飲料水、健康などのうち一つだけ解決してもダメです。すべての主要な問題を、同時に解決しなければならないのです。それには多大な費用がかかります。ですが、貧困を永遠になくすには、それが唯一の方法なのです。健康状態の悪さ、貧弱な教育制度、水や衛生環境、その他すべての原因を、効果的かつ同時に解決しなければ、貧困をなくすことはできないでしょう」

果たして、いったい誰を信じればいいのだろう。バハドゥのような貧しい人たち自身か。あるいは、貧困問題の専門家か。

「貧しい人たちは十分なお金を持っていないから貧しい」という考え方には異論は出ないだろう。貧しい人たちと話し、彼らの話をよく聞けば、当たり前のことだとわかる。

だが、あまりに一生懸命に考え過ぎると、それほど当たり前のことではなくなる。例として、ポール・ハント教授、マンフレッド・ノーワク教授、シディック・オスマニ教授が、国連の貧困と人権に関する文献で書いたことを見てみよう。

「貧困が、人権の否定や侵害を構成するという見方が出てきている。だが、これは貧困が人権の否定、または人権の侵害と同じ意味だということだろうか？　つまり、どんな種類の人権侵害も、貧困の構成要素であるということか？　あるいは、人権のある部分だけが貧困に関係するのか？　そうであるならば、どの部分だろうか？　また、それ以外の部分は、貧困についての論説とは無関係なのか？　こうした問題について、解明していかなければならない」[18]

このような種類の議論が、貧困問題の分野では繰り返されているのである。

いったい、なぜここまで複雑になってしまうのか。

これまでの歴史を少し見てみると、参考になるかもしれない。豊かな国が貧しい国の貧困撲滅に力を貸せるという考え方は、第二次大戦後、ヨーロッパ経済の復興を成功させたマーシャルプランに端を発している。実は、世界銀行は当時、復興開発銀行★として知られていた。だが、同銀行がマーシャルプランのような戦略を非常に貧しい国々に適用すると、手痛い失敗をした。失敗の原因として発表されたのは、貧困問題は非常に複雑で、経済戦略だけでは解決できない、ということだった。そして、貧しい人々の収入を増やすための活動は、どうしようもなく複雑だと考えられるようになった。

たとえば、一九八〇年代の農村総合開発の活動では、貧困の要因の一つだけを解決しようとする努力は、必ず失敗すると言われた。貧困は多面的なので、貧困をなくすための活動では、貧困の原因すべてを同時に解決しなければ効果はないとされた。私はこの考え方は非常に愚かだと思い、「農村分割開発」★という論文を書いたが、誰も注意を払わなかった。当然のことながら、一つの組織が、健康問題、教育、交通、飲料水、住宅、農業、女性の権利、食料の安全などのすべての問題を同時に解決するのは不可能だということが、やがて明らかになった。そして、農村総合開発の活動は失敗に終わった。

★ the Bank for Reconstruction Development

★ Segregated Rural Development

「てこ」を見つける

もちろん、大きな問題のほとんどは複雑だ。そして、複雑な問題を理解するには、原因の一つひとつを深く理解し、それらが相互にどうかかわりあうのかを理解する必要がある。しかし、問題の現実的な解決方法を見出すには、別の戦略が必要だ。最大の結果を生み出すことができる「てこ」となるようなもの、それも非常にシンプルなものを一つ、見つける必要がある。

マラリアは複雑な問題の完璧な例となる。ハマダラ蚊★や人間などの宿主の体のなかでの、マラリアのライフサイクルは複雑だ。マラリアの治療薬に対して抵抗力がある株をマラリアが育てていくプロセスも複雑で、すべてのプロセスは寄生している蚊と人間の環境の変化にも大きく影響される。しかし、比較的簡単で低コストの処置を一つだけ実施することで、マラリアの発生と流行を抑えることができる。殺虫剤をつけた低価格の蚊帳を、広く普及させるのである。

マラリアという病気は複雑だ。しかし、簡単なバリアを設けることで、感染したハマダラ蚊が人間を刺してマラリアをうつすのを防ぎ、マラリアの発生をその進路の途中で止めることができる。そして、マラリアに感染した人が少なければ、人を刺してマラリアに感染する蚊も減る。こうして、マラリアの発生率はやがて減少していき、蚊帳を持っていない人のあいだでも発生率は下がるのである。

このように、簡単だが強力な「てこ」となる方法は、多方面で大きな、良い影響を生み出す。蚊帳の普及が、マラリアという複雑な問題に対して、あまりにも単純な解決方法だと批判する

★ マラリアを媒介する蚊

人はほとんどいないだろう。また、ペニシリンの使用が、肺炎球菌性肺炎という複雑な問題に対して、あまりにも単純な解決方法だと批判する人もほとんどいないだろう。だが、開発分野のリーダーの多くは、貧困という複雑な問題に対して、比較的簡単で、低コストで強力な「てこ」となる解決方法を探すことを依然として見下すのである。

貧困という複雑な問題に対する、最も重要で低コストで強力な解決方法とは、貧しい人々が収入を増やそうとするのに力を貸すことだ。私はこう信じて疑わない。これは、貧しい人々の収入が増えれば、貧困の複雑な原因がすべて解決されるということだろうか？　もちろん違う。では、貧しい人たちの収入を増やすことが、教育や、健康問題や、農業などの貧困の原因にどんな影響を与えるだろうか？　この問いに答える最善の方法は、収入を増やした人自身に語ってもらうことだろう。

稼いだお金をどう使うか

私がジョン・ムビングエに会ったのは、二〇〇一年、ザンビアでのことだった。ひょろっとした男で、オーバーオールを着ていた。彼は私たちを案内して、でこぼこの泥道から、トウモロコシの実の屋台を通り過ぎ、自分の一エーカーの野菜畑まで、ゆっくりと歩いた。ジョンは育てた野菜を、二五キロ離れたリビングストンの市場で売っていた。何年ものあいだ、野菜を育てるための水は、ジョンと妻とがシャベルで掘った、深さ一・五メートルほどの井戸からバケツで運んでいた。井戸はダンボと呼ばれる、畑のなかの沼地にあった。だが、バケツで水を運ぶのは重労働で、当時野菜を育てていた八分の一エーカーの土地を灌漑するのに、長時間働く必要があった。そこで夫妻は、必要なお金を借りて足踏みポンプを地元の販売業者から買った。その結果、バケツで水をやっていたころよりも労働量が減り、一エーカーの土地全部で野菜を育てられることがわかった。一年も経たないうちに彼らは借りたお金を返し、年間の純収入は三〇〇ドルから六〇〇ドルに増えた。この先も、まだ収入は増えそうだ。

「増えたお金は、何に使うのですか？」私は尋ねた。

「まずは、二人の息子に良い教育を受けさせようと、妻と話しました。政府の学校は六年生までは無料なのですが、それ以降は学校の制服代や、教科書代や、授業料を払わなければなりません。収入が増えるまでは、そのお金を払うのはまず無理でした。以前は、子供たちに洋服を買ってやるのは年に一度がやっとで、制服を買うなんて問題外でした。食べるものさえ十分でないこともあったのですから」

「今では、私たちはある程度の服を買い、三度の食事が一年中食べられ、子供たちは高校にも通う予定です。妻と私はもっと仕事をしなければならなくなりますが、学校に行く前と帰ったあと、子供たちが暗くなるまで野菜の仕事を手伝ってくれます」

「今は、もっと土地を灌漑できるように、中古のディーゼル・ポンプを買おうかと考えているところです。そして来年は、パプリカと、マリーゴールドあたりを育てるんです。一つ問題なのは、一エーカー分の野菜の草取りやらいろいろな仕事で、すでに手いっぱいだということ。

何か労働量を減らせるような道具が、ＩＤＥにありませんか？」

ジョンの話は典型的なものだ。貧しい人々のほとんどが、子供の教育を最優先する。なお、インドやバングラデシュなど、新婦の結婚持参金がしきたりとなっている国では、息子には教育を受けさせるが、娘には受けさせないこともある。娘への最も大切な投資は、結婚持参金用にお金を貯めることだからだ。娘を一生養えるような夫と結婚させるためには、まとまった持参金が必要となる。およそ一年分の賃金に相当するような金額だ。

図3は、ネパールの農民たちのあるグループが、新たに増えた収入をどう使ったかを示したものだ。ＩＤＥのドリップ灌漑装置を使ってシーズンオフの野菜を育てて得た収入である。

収入がもたらす生活改善

では、非常に多くの貧困問題専門家が、貧困の最大の原因としている「貧しい人々の力のなさ」に対して、収入の増加はどう影響するだろうか。極度に貧しい人たちは、日常的に権利を踏みにじられる。だが、力のない貧しい人たちが力を手に入れるうえで、最も直接的に効果がある方法は何だろうか？　収入の増加だ！　増えた収入をどう使うか尋ねると、力について話す人はあまりいない。だ

図3　ネパールのヒル村に住む小規模耕地の農民が、野菜を育てて増えた収入をどのように使ったか

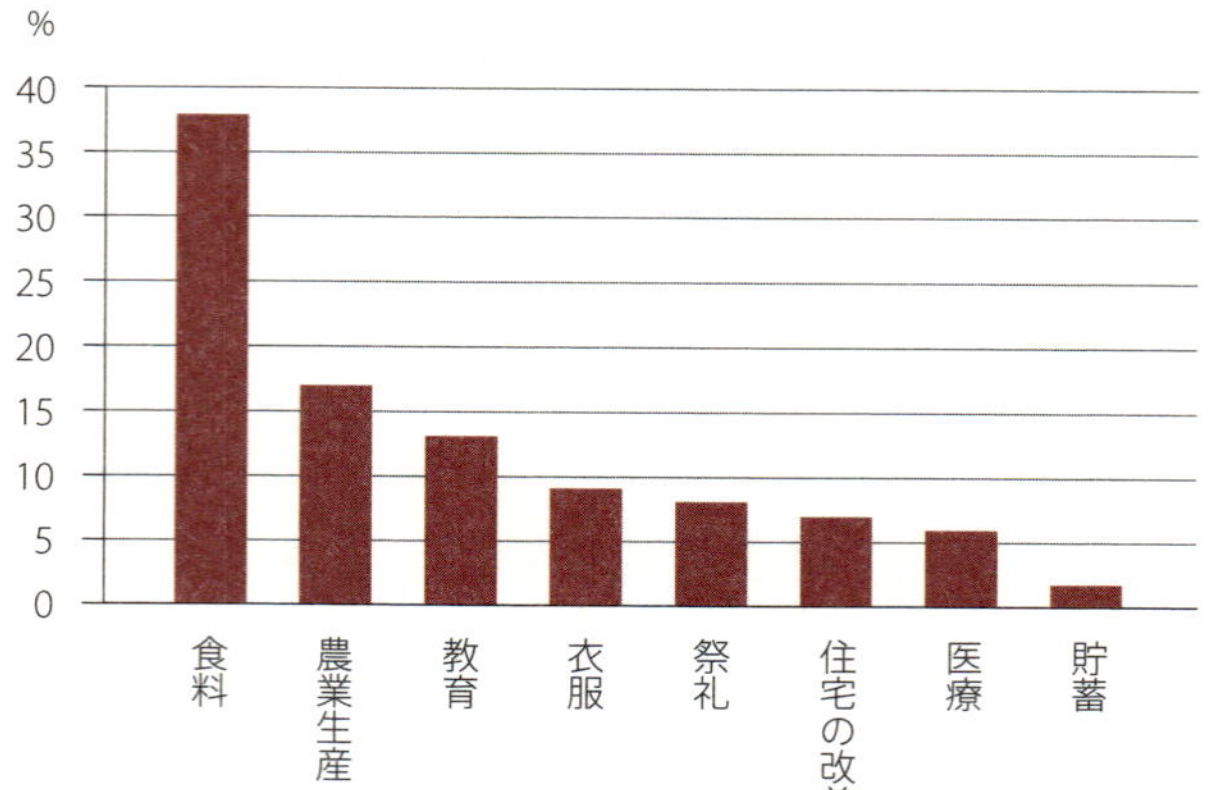

が、控えめではあるが、プライドや積極性や政治的な影響力が、その人のなかに増しているのは、はっきりとわかる。

多くの農村部では、水が力となる。IDEが仕事をしたインド東部やバングラデシュの貧しい農村では、広い土地を持った豊かな農民が大型で高価な井戸を持っており、その井戸からの水が唯一の灌漑用水だという場合があった。土地の人々は、彼らを「水の主」と呼んだ。なぜなら、水を支配しているがために、小規模耕地の農民も支配でき、非常に低い賃金で貧しい農民を雇っていたからだ。だが、灌漑に使える水は、地下三・七メートルほどのところにあった。IDEが八ドルで足踏みポンプを提供すると、小規模耕地の農民は自分自身の灌漑用水を手に入れられるようになった。水の主の独裁的な力はなくなった。水の主は今でも小規模耕地の農民を雇っているが、農民たちは今では公正な賃金を求めて交渉できるようになった。

住宅

住宅はどうだろうか。

バングラデシュの農民、アブドゥル・ラーマンは、自身の灌漑用水を使って野菜を育てて売り、年間収入を一〇〇ドル増加させた。そのお金で彼と家族が最初にしたことの一つは、屋根をブリキでできた波型の板に換えることだった。九月のある日、私はアブドゥル一家と、彼らの家の前の小さな中庭でお茶を飲んでいた。家は二部屋で、広さは二八平方メートルほど、土と編み枝でできている。その横にある小さな小屋が台所だ。突然、激しい雨が降ってきたので、私たちは家に入った。ブリキの波板に降る雨は、マシンガン一六丁を同時に発射したような音がした。会話はできなくなった。だが、以前の草ぶきの屋根はザルのように雨漏りがした。ブリキの波板の下では、土と牛の糞でできた床は乾いたままだ。それだけでなく、ブリキの波板の屋根のおかげで、近所の人たちから尊敬され、感心されるようになった。

健康状態

貧しい家族の健康状態に対しては、増えた収入は何か影響するだろうか。

ビハール州★の農村部に住む三〇歳の農民は、三年前に妻がかかった重い病気のことを話しながら涙を流した。

「妻はたくさん咳をしました。多分、肺が何かに感染していたんだと思います。薬を買ってやるお金もなかった。ひどい熱を出したんですが、二日後にはずいぶん良くなったようでした。ところが、真夜中に亡くなったんです。姉が子供たちの世話を手伝ってくれなかったら、自分は今ごろどうなっていたかわかりません」

もし、彼にもっと収入があったら、妻を病院か地元の治療家のところに連れていけただろう。病院にも薬がなかったかもしれないし、地元の治療家が助けられたかどうかはわからない。だが、病院か治療家が妻の病気を診断する知識や、適切な薬を持っていたとしたら、彼女はまだ生きていたかもしれないのだ。

医療サービスにお金を払えないほど貧しい場合、政府か寄付者が提供してくれるものを受け

★ インド東北部の州

取るしかない。だが、支払う余裕があれば、適切な医療サービスを選んで依頼することができる。同様の自由が、子供を通わせる学校の選択においても手に入る。収入の増加は、より多くの力と、より多くの選択肢をもたらすのだ。

また、収入の増加は、別の面からも家族の健康を改善させる。

一日一ドル未満で暮らす人々のほとんどは、摂取する食物が非常に限られている。米や麦、トウモロコシなどの主食と、体に欠かせないアミノ酸を補給する豆類が中心だ。月に一度のご馳走として、魚か肉をひと口。野菜や果物はほとんど食べない。市場で売るために野菜を育てるようになれば、少なくとも、熟れすぎたものや虫食いがあるものはつねに食べるようになる。多くの家族が、育てた野菜の半分ほどは自分たちで食べている。すべてを市場で売ればお金を稼げるにもかかわらず、そうしている。野菜や果物は虫食いがあったとしても、体に欠かせないミネラルやビタミンを供給する。極度に貧しい農家の子供は、ビタミンAの欠乏により目が見えなくなる場合があるが、緑黄色野菜を食べればこれも防げる。一日一ドルの家族は、一年のうち二カ月か三カ月は空腹を抱えている。そのため、病気にもかかりやすくなる。新たに増えた収入で彼らが最初にすることの一つは、空腹を満たす食料を買うことだ。

極度に貧しい家庭のほとんどは、清潔な水も手に入れられない。だから、彼らは病原体がたくさん入った水を飲む。そうすることで子供たちが下痢をするのはわかっている。幼い子供は死亡するリスクもある。だが、ほかに選択肢はないのだ。ほんの少し追加収入があれば、七ドルの浄水器か低価格の手押しポンプを買える。ＩＤＥがベトナムで手押しポンプの値段を半分に下げることができたとき、ベトナム国内の売上は倍増した。ほとんどの農村の文化では、ある家庭が低価格の手押しポンプを設置したら、近所の人たちも使わせてもらえる。ベトナムでは、低価格の簡易トイレが販売され始めると、驚くほど多数の貧しい農村の世帯が、好みに合うものを買いたいという意欲を示した。

ある家族の収入が増えると、そのメンバーは以前より健康になり、病気にかかりにくくなり、病気の期間も短くなる傾向がある。もちろん、だからといって公立の病院の必要性がなくなるわけではない。マラリアや結核、ＨＩＶ／エイズなどの重い病気を封じ込めるためにも、そうした病院が必要だ。

農業

貧しい人々の収入の増加により、農業は何か変わるだろうか？　農村に住む貧しい人であれば、農業への再投資は収入を増やし続ける大きなチャンスとなる。だから、当然のことながら、新たな収入の大きな部分が、家畜の購入や農業の改良に向けられる。思いがけず大きな収入があれば、土地を買うこともある。多くの人は灌漑設備を拡張するか、より良い種子や肥料を手に入れる。それにより、次の収穫期にはもっと稼ぐことができ、政府や支援者の助けを待つ必要がなくなる。

都市のスラムに住む極度に貧しい人たちは、作物を育てることはほとんどない。ただ、小さな土地を使って販売用の作物を育てられることもまれにはある。しかし、もし幸運にも給料のいい仕事に就くことができたら、収入の一部を使って何かを育てるよりも、商売や小さな事業機会に投資するだろう。

エネルギー

貧しい世帯は、新たな収入をエネルギーの改善に使うだろうか？　貧しい人たちの最も一般的なエネルギーは、自分たちの背中だ。アフリカでは八〇〇万人以上の小規模耕地の農民が、作物に水をやるために、バケツを使って川や池から水を運んでいる。彼らは自分の体というエネルギーをもっと有効に活用するために、ためらいなく足踏みポンプや低価格のドリップ灌漑装置にお金を使う。灌漑装置を使えば、井戸から人力で運ぶ水の量が減るので、エネルギーを節約できる。

一日一ドルの農民たちの多くは、鋤《すき》を使って畑を耕す。トラクターは遠い夢の話だ。一五〇ドル出して、耕作に使える動物を買うこともできない。お金を払って隣人から水牛を借り、田植えに備えて水田を整える世帯はいくらかある。

極度に貧しい農村の世帯には、ほとんど電気が通っていない。たいていは、月に二ドルから五ドル使って、ロウソクやランプに使う灯油、懐中電灯用の電池を買う。だから、彼らは暗くなったら眠り、夜が明けたら起きる。都市のスラムの住民たちは、電線にワイヤーを投げかけて、不法に電気を手に入れる。だが、農村ではこの方法はとれない。収入が増えると、貧しい世帯は都市でも農村でも、安価でより良いエネルギーにお金を使う。たとえば、三ドルの充電式の懐中電灯や、一二ドルの太陽発電のランプなどだ。

　貧しい村では、驚くほど多様なものが人の背中で運ばれている。極度に貧しい人は自転車を持つことを夢に見て、お金を稼げるようになると中古の自転車を買う。人が運べる以上のものを、自転車に乗せて運ぶのだ。だが、最も一般的な交通手段は自分の二本の足だ。バスやリキシャは安いので、ときには使うこともある。ロバや去勢牛、ラクダは、荷車を引くのに使われるが、極度に貧しい人には高価すぎて買えない。スラムの住民は、リキシャを引いて収入を得ることもある。だが、リキシャ引きのほとんどは、リキシャをまとめて所有しているオーナーに、お金を払ってリキシャを借りている。

　以上をまとめると、こういうことだ。貧しい人たちの力のなさや、健康状態の悪さ、不十分な教育、交通インフラの欠如などは、もちろん貧困の大きな原因となる。だが、貧困から抜け出すには、貧しい人たちが収入を増やす方法を見つけることが最も直接的でコスト効率の良い方法となる。そうすることで彼らは、貧困の原因のうちのどれを解決するか、自分で選ぶことができる。

　では、貧しい人たちが収入を増やすのに力を貸すうえで、最も効果のある方法は何か。それは、草の根事業、つまり小さな農場や、スラムでの数え切れないほどの小さな事業に、新たな息吹を吹き込み、収益力をもたらすことだ。

地をはうドリップ灌漑のパイプ

第4章

残りの九〇%の人たちのためのデザイン

現場からニーズを掘り起こす

DESIGN FOR THE OTHER 90 PERCENT

牛馬の糞と編み枝でできた、草ぶき屋根の家。市場価値も、担保としての価値もない

バハドゥはヘルベタス★の援助を受け、直径一・五センチのパイプで家に水を引いた。その水を利用すれば野菜の一部に水やりができると、バハドゥはすぐに気付いた。パイプを持ち上げて、水が野菜にかかるようにすればいいのだ。だが、畑の野菜全部の水やりに、そのパイプをどう使えばいいのかはわからなかった。ドリップ灌漑については聞いたこともなかったし、知っていたとしても、いちばん小さなものでも二〇〇〇ドルした。バハドゥ一家に手が届くものではなかった。

世界的な灌漑の権威、ジャック・ケラーであれば、この問題の現実的な解決方法を、一〇分

★ スイスのNGO。発展途上国での開発協力にあたる

間で三つくらいは思いつくだろう。だが、バハドゥのそばにはジャック・ケラーはいなかった。また、バハドゥ一家は現代のプラスチックについては何も知らなかった。もし知識があれば、自分たちで低コストのドリップ灌漑システムをつくれたかもしれない。タイではある農民たちがドリップ灌漑システムを自分たちでつくったそうだ。使用済みの点滴用チューブを病院で手に入れ、プラスチックの送水管に差し込み、水が滴り落ちるようにしたという。だが、そのような情報や手助けもなく、バハドゥ一家は行き詰まった。バハドゥのような小規模耕地の農民は、このような大きな問題を何百と抱えている。世界中の情報にアクセスできる現代の製品デザイナーだったら、そんな問題は瞬時に解決してしまうだろう。

問題は、製品デザイナーの九〇%が、世界の顧客のなかで最も裕福な一〇%の人々のために、彼らが抱える問題の解決策の発見に全力をあげているということだ。

車の技術者が優雅な形の最新型自動車をつくろうとする一方で、世界のほとんどの人たちは、中古の自転車を買うことを夢見ている。デザイナーが製品をよりカッコよく、効率的かつ頑丈にすると価格は上がる。だが、お金を持っている人はそれを買えるし、買おうとする。反対に、開発途上国の貧しい人たちは——金持ちよりもはるかに多数派で、都市部では二〇対一の割合で存在する——、何百ものどうしても必要なものに対して、使えるお金が数セントしかない。貧しい人たちは、手に入れられるならば、品質はかなり妥協できると思っている。だが、彼らのニーズに合うようなものが、市場にはまったく存在しないのだ。

現代の製品デザイナーの仕事のほとんどが、世界の大半の人々に影響しないという事実。デザインの世界に入ろうとする人たちが、このことを知らないわけではない。コロラド大学ボルダー校の工学教授、バーナード・アマディによると、カナダやアメリカの工学専攻の学生たちが、国境なき技師団★などの呼びかけに殺到しているという。たとえば、貧困国の農村部で、低価格の水の供給システムを設計・開発する、といった問題に取り組んでいる。

貧しい顧客向けの製品デザインで学生たちが貢献できるのに、なぜプロの製品デザイナーたちは無視し続けるのだろうか。金持ち向けのデザインよりも難しいからだろうか。そうとは思えない。

貧しい人たち向けのデザインは、どのくらい複雑なのか

貧しい人たちを顧客と考えて彼らと話をするのに、工学や農学の学位は必要ない。私は二五年間、これをやってきた。貧しい人たちが必要としているものは、とてもシンプルで当たり前のものだ。だから、収入を生み出すための新しい製品で、かつ喜んでお金を払ってもらえるものを思いつくのも比較的簡単だ。だが、そうした製品は貧しい人たちの手が届くよう、十分に安くなければならない。

二五年前、ＩＤＥはソマリアで最初のプロジェクトを行った。難民となった鍛冶屋に協力してロバの荷車を五〇〇台つくり、他の難民に販売するというものだ。ソマリアの泥道にはとげの生えた植物が多かったが、パンクを修理する道具は売られていなかった。そこで私はナイロ

★ Engineers Without Borders：技術者たちが開発の問題に取り組むＮＰＯ

ビに行き、タイヤチューブを補修する道具を買ってきた。大量に買ったのは、高品質で一二ドルするイギリス製のスパナで、永久保証もついていた。そして、六ドルの中国製のスパナもいくつか買った。それは六カ月ももてば運がいいような品質のものだった。私はこの両方を、ロバの荷車の所有者に原価で売った。

非常に驚いたのだが、中国製のスパナは飛ぶように売れた。一方で、イギリス製はひとつも売れなかった。なぜこうなったのか。何人ものロバの荷車の持ち主に話を聞いてわかった。イギリス製のスパナを一〇個買える金額は、一カ月で稼げる。だが、今日パンクしたタイヤを直すスパナがなかったら、まったく稼げないし、最後には荷車を失ってしまうかもしれない。だから、今日も仕事を続けるため、そして明日ももっと稼ぐために、今日買えるスパナを買ったのだ。何百人もの貧しい人たちが、同様のことを語った。一日の稼ぎが二ドル未満の、世界の二七億人にとっては、買える値段かどうかが購入の決め手なのだ。

低価格を徹底的に追求する

グリーンベイ・パッカーズ★の有名なコーチ、ヴィンス・ロンバルディは選手たちによくこう言っていた。「勝利がすべてではない。勝利あるのみだ」

言葉を一つ変えると、この言い回しが貧しい顧客向けの製品をデザインするプロセスに当てはまる。「低価格がすべてではない。低価格あるのみだ」

★ アメリカンフットボールのチーム

実を言うと、私は生まれながらの節約家なので、低価格を最優先するという考え方は私にとって自然なものだ。傘が必要なときには、デパートに行って三八ドルのデザイナー・ブランドの傘を買うのではなく、一ドルショップのダラーラマ★で、実用的な黒の傘を買う。三八ドルの傘のほうがずっと長持ちするだろうが、一カ月くらいのうちに、どこかに置き忘れると思う。一度の夕立のあいだ、あるいは失くすまでの二～三カ月、一ドルの傘で濡れずに済むのであれば、私は三七ドルを節約できたことになる。

農村の貧しい人たちも、同じように考える。ただし、一つ重大な違いがある。彼らは一ドルの傘を七年間良い状態に保つということだ。七年目の終わりにはエノキグサ★よりも多くのつぎはぎがあり、持ち手には三～四本添え木がしてあるかもしれないが、それでもまだ使える。

もう一つ、大きな違いがある。一ドルを稼ぐためには、アメリカでは熟練していない労働者でも一〇分間働けば済むが、同じような労働者がバングラデシュやジンバブエで一ドル稼ぐには、丸々二日働かなければならない。ダラーラマ（Dollarama）は、開発途上国ではペニーラマ（Pennyrama）となるだろう。開発途上国の貧しい顧客を対象とした安価な製品のアイデアを出す練習として、先進国のデザイナーは一〇セントの実用的な傘を開発するというテーマでブレインストーミングをやってみるといいのではないか。だが、彼らは依然として、三八ドルの傘にあたるものを世界の貧しい農民に向けてつくり続けているのである。

★カナダの一ドル均一ショップ。実際の価格帯は二ドルまである

★葉にまだら模様が入っている植物

馬一頭に匹敵するには、アリが何匹必要か

ザンビアの農民、ピーター・ムクラの立場に立って考えてみよう。ピーターは、ザンビア南部のリビングストンから二五キロ離れた、埃っぽい道のそばに住んでいる。もしピーターが荷馬を買えたなら、リビングストンに野菜を運ぶ仕事をして年間六〇〇ドル稼げる。だが、今荷馬を買うために必要な五〇〇ドルを、乞うことも、借りることも、盗むこともできない。これを頭のトレーニングとして考えてみよう。ピーターのジレンマに対して、現実的な解決方法を見つけることができるだろうか。

私から少し変わった提案をしよう。もしピーターが、四分の一の馬を買えたとしたらどうだろうか。純血種として小型の種類の馬ではなく、一般的な荷馬を四分の一の大きさにした馬だ。この四分の一の馬の値段が一五〇ドルで、一頭が一日に六〇キロの荷物を運べるとする。野菜を運んで稼げるお金は一般的な荷馬より少なくなるが、稼ぎ続ければ小型の馬をもっと買える。そして、四頭の馬を使えば、通常の荷馬と同じ二四〇キロの荷物を運べるようになる。

だが、たとえ小型の荷馬が存在したとしても、一五〇ドルではまだピーターには高すぎる。でも、一二分の一の大きさの、超小型の馬なら買えるかもしれない。それなら一頭が五〇ドルで、二〇キロの荷物を運べる。五年のうちにピーターは事業を拡大し、一二頭の超小型の馬を使って年間六〇〇ドルを稼ぐようになる。一般的な荷馬で稼げるのと同じ金額だ。

もっと変わった提案をしよう。一般的なヤマアリはその体重と比較して驚くほどの強さがあ

るが、彼らの力を活用する方法を編み出せないだろうか。ドイツのある工学部のクラスでは、アリの背中に付けられる小さな重りを開発し、アリは自分の体重の三〇倍まで運べるということを調べた（人間は、せいぜい二倍までだ）。荷馬と同じだけの荷物を運ぶには、アリが何匹必要だろうか？

計算してみた。ピーターの二四〇キロの荷物を運ぶには、一二五万匹のアリが必要だ。一二五万匹のアリの値段はとても安いだろう。問題は、どうやってアリ用の引き具をつくるかだ。

ここまでで記したのが、製品デザインの想像上のシナリオだ。貧しい顧客のための製品を開発する場合、こうしたプロセスが中心となる。すなわち、小型化と低価格化の両面で、ブレークスルーとなるようなことを考えるのだ。ヘンリー・フォードや、ジョブズとウォズニアックがたどったのと、まったく同じプロセスである。その次のステップは、新製品を無限に拡張性があるものにすることだ。たとえば、ある農民は半エーカー（二〇〇〇平方メートル）の土地をドリップ灌漑する必要があるが、その分のドリップ灌漑システムを買えるお金はないとする。だが、一六分の一エーカー分のドリップ灌漑システムなら買える。その場合、そこから生じる二五〇ドルの純収入を使って、二年目に半エーカーまで灌漑システムを拡張できるのである。

ヤマアリからアスワン・ダムへ

一頭の馬を安価な一二頭の馬に分割するというプロセスがややこしいと思うなら、次の問題を考えてみよう。アスワン・ダム★の貯水量を何百万ものごく小さな部分に分け、それぞれが小さな農場を表すと考える。農場は全長五〇〇キロのナセル湖★からの水で潤される。アスワン・ダムのような大型のダムは、洪水と水不足という二つの世界的な問題を解決するためにつくられる。だが、貧しい一エーカーの農場に灌漑用水を提供するという面では、大型ダムの貯水システムは、通常ほぼ役に立たない。

アスワン・ダム（Aswan Dam）を反対から綴ると、「ナウサ・マッド（Nawsa Mad）」となる。この未来的なシステムは、アスワン・ダムと同様の方法で、年間の洪水と干ばつのあいだの水量の山谷をなだらかにする。だが、大きさは四〇〇万分の一となり、二エーカーの農場と、小規模耕地の農民の財力にぴったり合うものとなる。いわば、アスワン・ダムが馬なら、ナウサ・マッドはアリというわけだ。

二〇〇三年五月、私はインドのマハラストラに住む農民たちに話を聞いた。彼らは低価格のドリップ灌漑システムを使って開放井戸の水を引き、以前利用していた湛水灌漑《たんすい》★よりも遠くまで灌漑することができるようになったという。しかし、乾期には唯一の水源となる、この深さ一八メートル、直径七・五メートルの井戸は、建設に一〇万ルピー（二〇〇〇ドル）が必要だった。非常に高価だったので、マハラストラの農民のうち、井戸を所有しているのは二五〜四〇％ほ

★エジプトのナイル川につくられた巨大なダム

★アスワン・ダムの建設に伴ってできた人造湖

★川からあふれ出た水を利用するか、重力を使って高地から低地に水を流すなどして、地表全体を水で満たす灌漑法

どだった。残りの人々は、雨水で作物を育てることでわずかな収入を得て、農場の外で仕事を探して生き延びていた。

だが、六月から八月にかけてのモンスーンの季節には、雨水が大量に農場から流れ出る。この雨水を捕えて、三月から五月にかけての乾期まで貯水しておく、簡単で安価な方法があったらどうだろうか。乾期には野菜や果物の値段は一年で最も高くなる。その時期に、貯めた水をドリップ灌漑システムで作物に与えて育てるのだ。

超小型で、農場に設置する形のアスワン・ダムをつくるには、以下の点を実現する方法を考えなければならない。

❶ それぞれの農場でモンスーンの雨水を集める。
❷ 貯水する前に、砂や泥を沈殿させる。
❸ 蒸発させることなく、六カ月間貯めておく。
❹ 一滴も無駄にせずに、貯水場所から作物まで水を運ぶ。
❺ 年間三〇〇ドルで暮らす貧しい世帯が買える程度に低価格で、一年で元が取れるくらいの利益が出せ、そしてその利益を使って無限に拡張できる（これが最も重要な要件だ）。

上記のうち、❶、❷、❹の実現方法を見つけるのは簡単だった。雨水をため、沈殿させ、貯水する農業用のシステムは、すでにさまざまなものが開発されていた。また、ＩＤＥが設計した低価格のドリップ灌漑システムを使えば、水を作物まで効率的に運ぶことができる。残る重大な課題は、密封できて水が蒸発しない貯水装置を、個々の農家に配置することだ。しかも、最初の収穫期で元が取れるくらい、安価なものでなければならない。

私たちの計算によれば、一〇〇平方メートルの農地で、一万リットルの貯水を使って、付加価値の高い作物を乾期に育てれば、一世帯で五〇ドルは十分稼げることがわかった。そこで、密封できる一万リットルの貯水タンクの価格目標を四〇ドルとした。これはとても厳しい目標だった。というのも、一万リットルのフェロセメント製★のタンクは、インドでは最低でも二五〇ドルしたからだ。そこで私たちは、二重のビニールでできた長さ一〇メートルのソーセージ型のタンクを、地面に掘った溝に置くことを考えた。周囲を地面で支えることにより、一万リットルのタンクでも四〇ドルの価格目標に手が届いた。これにより、農民たちはモンスーンの雨水を集め、蒸発させることなく六カ月ほど貯水し、低価格のドリップ灌漑システムを使って乾期に作物を育て、通常の二倍から三倍の価格で売ることができるようになった。

ナウサ・マッドのコンセプトでは、新しい、低価格の小規模耕地用の灌漑技術を三つ用いた。いずれも、小規模耕地の農民が何世紀にもわたってノドから手が出るほど必要としていたものだ。一つ目は、モンスーンの雨を入れておくための、非常に安価な密封貯水システム。次に、貯水場から農場へ水を汲み出すための、低価格で効率的な道具。そして、高付加価値の乾期の作物に水をやるための、低価格のドリップ灌漑システム。以上の三つである。同様の考え方で、二〇万リットルの池をつくることもできる。この場合、池をプラスチックで裏打ちし、浮き蓋

★ セメント板の内部を金属で補強したもの

を用いる。これには四〇〇ドルかかるが、一エーカー分の野菜や果物を乾期に十分ドリップ灌漑できるだけの水を貯めておける。そしてその作物で、費用差し引き後で五〇〇ドルを稼げるのだ。

これ以外にも、必要性が高く、かつ低価格な小規模農家向けの灌漑用具がある。IDEや他の組織がデザインし、実地テストし、販売しているものだ。

●改良型足踏みポンプ。より低価格で、より深くから汲み上げられるもの

スタンフォード大学のデザイン学部で、複数の分野横断的なチームが、より安価な足踏みポンプをミャンマー向けに製作した。キックスタートも最近、ヒップ・ポンプと呼ばれる低価格版の足踏みポンプを、ケニア向けに開発した。

●ロープとワッシャーのモーター式灌漑用ポンプ

ロープとワッシャー★のポンプは、足踏みポンプで対応できる以上の深さから、水を低コストで汲み上げることができる。灌漑に必要な量の水を人間の力だけで持ち上げるのは難しい。ロープとワッシャーのポンプを小型のディーゼルエンジンと組み合わせると、より深いところにある水を汲み上げられ、高付加価値の作物に水をやることができる。

★　円形の金属板で、中心に穴が開いているもの

●低価格の風力・太陽光ポンプ・システム

光や風のエネルギーは、小規模農家にとっては高価すぎるものだった。だが、太陽光を集める方法や、より低価格で風車をつくる方法の開発などにより、小規模農家も活用できる可能性が出てきている。

●改良型の低価格井戸掘削ツール

ドイツのプラクティカなど複数の開発組織が、小規模農家向けにさまざまな井戸掘削技術を低価格で提供しようと取り組んでいる。

●容量一〇〇〇リットルから三〇万リットルの、さまざまな密封型貯水システム

本書の第六章では、小規模農家向けのさまざまな灌漑装置を紹介するが、これらの貯水システムについても取り上げている。第六章では、小型ディーゼルエンジンの開発についても書いている。

●小型ディーゼル・ポンプ・セット。価格一〇〇ドル、四分の一馬力

●エミッター導入済みの低価格のドリップ灌漑システム。比較的大型のもの

劇的な価格低減により、小規模耕地の農家はより付加価値の低い作物にドリップ灌漑システムを使っても、利益が出せるようになった。たとえば、綿やサトウキビなどの作物、乳牛用のアルファルファも灌漑している人がいる。ＩＤＥが開発したような低価格のドリップ灌漑システムは、今後一〇年ほどでドリップ灌漑の世界市場の大部分を占めるようになるだろう。

●**低価格、低水圧のスプリンクラー**

低価格のドリップ灌漑システムは、列にならべて植え付けられている作物には効果的に使える。一方で、列に並んでいない作物、たとえば麦やカラシ、クローバーなどは、低価格・低水圧スプリンクラーのほうが適している。ジャック・ケラーとインドのＩＤＥがこうしたスプリンクラーを開発し、湛水《たんすい》灌漑よりもずっと効率的に水を供給している。

●**表面灌漑システム。小規模耕地用のパイプで水を引いたもの**

管の厚みが少ないチューブを用いたシステムで自家製の小型貯水池に水を引くという手法により、ジャック・ケラーとインドのＩＤＥは、小規模耕地に適した、効率的かつ低価格の表面灌漑システムを開発中である。

以上で、小規模耕地向けの低価格な灌漑システムを開発する試みについて紹介した。同様の試みは、植え付けや収穫、収穫後の処理などに用いる道具でも行われている。以下に、いくつか例をあげる。

●米・トウモロコシ・麦を収穫するための一五ドルの大鎌

驚く人もいるかと思うが、今でも世界の小規模耕地の農民の大半は、小鎌を使って米や麦を収穫している。収穫には通常何日もかかり、次の作物を植えるのが遅れて、三番目の作物を植えられなくなることもある。ヨーロッパでは、小鎌から大鎌、そして木の指のようなものが付いた「枠付き鎌」へと進化した。枠付き鎌は、刈り取りと同時に収穫物を束ねられるものだ。やがて、これらの道具は馬が引く刈り取り機に代わり、現代ではコンバインが使われる。一日一ドルの農民の四分の一エーカーの耕地で、米や麦を収穫するのに最も効率的な道具を歴史の中から探すとしたら、答えはおそらく大鎌であろう。現代には、たとえばグラスファイバーのような、安価で丈夫で軽い素材がある。そうした素材を使って、大鎌や枠付き鎌の木の柄や刃の部分を改良する。一五ドルの大鎌は、何百万人もの小規模農民の収穫効率を劇的に改善するだろう。

収穫後の処理

農場や村全体において作物の価値を高めるために、小規模耕地の農民には収穫後の処理を行うためのさまざまな道具が必要となる。これらは灌漑や収穫の道具と同様に必要なものだ。以下にその例をあげる。

●エッセンシャルオイル用の蒸気蒸留ユニット。一五〇〇ドルと五〇〇〇ドル

詳しくは第八章で説明する。

●熱を発生させるための五〇ドルのガス化装置

小規模農場で生産された作物に付加価値をつける工程では、均一的な熱が必要となる場合が多い。たとえば、絹糸を巻き取るためには、水に入れた繭《まゆ》を熱することで糸がほぐれるようにする。ガス化装置は燃料となる木片を空気のないところで熱し、可燃ガスをつくりだす。このガスはプロパンのような働きをし、燃焼器で使われて均一的な熱を生み出す。インドではタタ・エネルギー・リサーチ・インスティチュートがスイス政府の援助を受けて、二〇〇〇ドルのガス化装置を開発した。この装置は、絹糸の巻き取り工程における木片の使用料を半分に減らしただけでなく、最上級の絹糸が生産される割合も高めた。五〇ドルを価格目標とする市販のガス化装置を開発できれば、村全体や個々の農場で、染色などのさまざまな工程に利用できるだろう。

●高級市場向けに乾燥トマトやバナナをつくるための、低価格の太陽熱乾燥機

以上で紹介したのは代表的な例である。付加価値を付けるための後処理用の道具で、農場で使える安価なものは、低価格の小規模耕地用灌漑よりも多様なものが求められている。

また、一日一ドルの人たちが買いたいと思い、二ドルから六ドル稼ぐ人ならすぐに買いそうな消費財にいたっては、もっとニーズが多様だ。たとえば、二ドルの眼鏡があり、それを売るための効果的でグローバルな流通と販売のシステムが築けたら、一〇億人くらいがほしがるだろう（第八章を参照）。また、電力網とは縁がないが、一〇ドルの太陽エネルギーランプがあったら買いたいと思う人は、世界に一〇億人以上いるはずだ。ＬＥＤ（発光ダイオード）のさらなる開発がそれを可能にする。さらに、水が安全に飲めるようになる四ドルの家庭用の浄水器があれば、一〇億人以上が喜んで買うだろう。

そして、魅力的な一〇〇ドルの家があれば、貧しい農民たちの暮らしは大きく変わるはずだ。

一〇〇ドルの家を建てる方法

北アメリカとヨーロッパでほとんどの若者が家を買えずにいる現状を見ると、一日一ドル未満で暮らす世界の農民たちが自分の家を持っていることは注目に値する。だが、その家を売ろうとしても対価は得られないだろうし、その家を担保に地元の銀行からお金を借りようとしても、断られるだろう。なぜなら、彼らの家は枝木や編み枝でつくられ、屋根は草ぶき、床は牛馬の糞で、現地の市場での価値はないからだ。彼らが出せる費用で、価値のあるものはつくれない。

しかしどの村にも、レンガやセメント・ブロックでできた、瓦屋根の家を持つ家族がいる。

こうした家は売ることもできるし、担保にもなる。これを建てた人たちは、お金が少し余ったときにレンガを二五個ずつ積み、一〇年か二〇年かけて完成させた。そんなに長い時間がかかるのは、住宅建設のローンが手に入らないからだ。

私はこれまで、先進諸国の建築家がデザインした、難民キャンプのシェルターをいくつも見てきた。西側諸国の人にとってはよく見えるものだが、最低でも九〇〇ドルはする。貧しい農民の住まいとして一五〇〇ドル以上のものもつくられてきた。このような価格は、一日一ドルの人たちにはまったく手が届かないものだ。

市場価値がない木と草の家は土台が安定しておらず、長持ちする骨組みもない。一方で、売ることができ、担保にもなる二〇平方メートルの家をつくるには、最初は八本の強い梁《はり》と雨漏りしない頑丈な屋根があればよい。この丈夫な骨組みを、当初は手元の材料で埋めてもよい。たとえば、壁に木の枝と土を使うなどだ。そして、お金が入ったら、木の枝の壁を一度に二五個ずつセメント・ブロックやレンガに代えていく。

もし、一〇〇ドルの家が設計されて、レゴ・ブロックのようにモジュールを追加できるようになっていたら、その家に住む家族は自分たちが払えるだけの大きさの家を手に入れられるようになるだろう。抵当権がつけられる家が完成したら、銀行からお金を借りて農業資材や道具、家畜などを買い、農業からの収入をさらに増やせる。

デザインに革命を起こす

貧しい顧客を引き付ける製品をデザインするには、デザインのプロセスにも革命が必要だ。この革命はすでに起こりつつある。二〇〇七年夏、スミソニアン博物館群の一つである、ニューヨークのクーパー・ヒューイット国立デザイン美術館は、「残りの九〇％の人たちのためのデザイン」と名付けた展覧会を開催した。(19) 展覧会では、貧しい人のためのデザイン、三六点が世界中から集められて展示された。展示品には、足踏みポンプが数点、低価格のドリップ灌漑システム、低価格の浄水システムなどがあり、サトウキビの葉を市販可能な豆炭にする技術も展示された。この展覧会はデザイン界で話題となり、その結果さらに報道されるようになった。(20) そして、最近私たちは「Ｄ－Ｒｅｖ：残りの九〇％の人たちのためのデザイン★」という組織を立ち上げた。(21) そのミッションは、デザインに革命を起こすことである。私は、次の四つの活動を同時に実現することを構想している。

❶ 先進諸国におけるデザインの教え方を変革し、世界の人口の残りの九〇％に向けたデザインをカリキュラムに組み込む。

❷ 開発途上国におけるデザインの教え方を変革し、世界の人口の残りの九〇％に向けたデザインをカリキュラムに組み込む。

❸ 世界の優れたデザイナーたち、一万人以上のプラットフォームをつくり、貧しい人たち

★ Design for the Other Ninety Percent

のための現実的な問題の解決策を考える。

❹ 国際的な営利企業を立ち上げ、二ドルの眼鏡のような重要な製品を、貧しい人たちに向けて大量に販売する。

残りの九〇％の人たちのためのデザインを成功させるには、いくつかの原則に従い、現実的なステップを踏む必要がある。その原則は一般的なデザインとは相当異なる。

デザインにおける原則

超小型化、低価格化への飽くなき追求、無限の拡張可能性の三点は、「安くデザインする」ための礎石となる。さらに、具体的に以下の点を考えてみるとよい。

▼貧しい顧客がデザインのプロセスで主役となる

貧しい人たちを、慈善の対象者ではなく顧客として考えると、デザインのプロセスは大きく変わる。貧しい人たちに製品やサービスを買ってもらうには、彼らが価値を感じるものをつくれるよう、デザイナーが貧しい人たちの好みを知らなければならない。低価格のデザインのプロセスは、貧しい人たちについて知るべきことのすべてを知ることから始まる。ニーズを満たすもののうち、彼らが何を買えて何を買おうとするかも知る必要がある。迷ったときには、

「やめておく」三カ条を参照する。

▼「やめておく」三カ条

❶ デザインを始める前に、目を大きく開けて、少なくとも二五人の貧しい人と対話したのでなければ、やめておこう。
❷ 最初の一年で元が取れるものでなければ、やめておこう。
❸ デザインのプロセスが終わった後、助成なしの価格で、少なくとも一〇〇万個以上売れると思えなければ、やめておこう。

▼小さいことは、今でもすばらしい

E・F・シューマッハー★はその著書で、価格の安さや市場可能性については十分に触れなかったが、小さいことの素晴らしさについては的を射たことを書いた。現代のコンバインは、小規模農家に典型的な四分の一エーカーの耕地では向きを変えることすらできない。ましてや収穫など不可能だ。バングラデシュとインドでは、全農家のうち七五%は、所有する耕地が五エーカー未満で、中国では半エーカー未満だ。こうした耕地のほとんどが、さらに四分の一エーカーの耕地に分割されているので、小規模耕地の農民に向けての新たな技術は、この大きさを前提として考えなければならない。

一エーカーの農場で暮らしを立てようとする人たちは、袋入りの種よりも一つまみの種のほ

★ イギリスの経済学者で『スモール イズ ビューティフル』の著者

うが使いやすい。経済学者は長い間、技術の「分割可能性」について議論してきた。トラクターを小さく切り分けることはできないから、それには「不可分投下資本」という興味深いがわかりにくい名前をつけた。だが、二〇キロの袋に入った種は、小さな包みに簡単に分けることができ、二列の家庭菜園にちょうどいい量にできる。

機械的な技術、たとえば灌漑や耕作、収穫の用具などで、種の袋と同じことを行うのが、安くデザインするうえでおそらく最も重要な課題となるだろう。センターピボット式のスプリンクラー★は非常に効率的だが巨額の費用がかかり、また六〇エーカーの農地に合うようにつくられている。低水圧のスプリンクラーで、センターピボット方式のように水を効率的に撒き、価格は二五ドル以下で、四分の一エーカーの耕地に合うようなものは、どうすればデザインできるだろうか？　イスラエルのドリップ灌漑システムは非常に効率的だがとても高価で、五エーカー以上の耕地に適するようにつくられている。ドリップ灌漑システムで、イスラエルのシステムと同じくらい効率的に灌漑でき、価格は二五ドル以下で、四分の一エーカーの耕地にぴったり合うものは、どうすればデザインできるだろうか？　ＩＤＥはこの両方の課題の解決において、大きな進歩を成しとげた。だが、解決すべき同様の問題は、ほかにも何千と存在するのである。

▼安いこともすばらしい

ドリップ灌漑システムを小さくして、一〇エーカー向けから四分の一エーカー向けにすると、

★　長い散水管の片端を固定して、散水管が円を描くように回転して灌漑する、大型のスプリンクラー

貧しい農民の耕地にちょうどいいものとなる。それだけではなく、価格も格段に安くなる。タバコ二本入りの箱は一般的な二〇本入りの箱に比べて、タバコ一本当たりの値段はおそらく高いだろう。だが、小分けにすることで、あまりお金を持っていない顧客でも買える程度に値段を下げることができる。買える値段にすることは、収入を増やすための技術を小規模耕地の農民に提供するとき、最も重要な検討課題である。以下に、安くデザインするためのガイドラインを示す。

❶ 道具の重量を厳しくダイエットさせる……重さを減らす方法を見つけられたら、コストを下げられる場合がある。良い例となるのがドリップ灌漑システムだ。その重さのほとんどが、プラスチック管の重さである。私たちは装置の圧力を八〇％削減することにより、重さと価格を下げた。圧力を下げることで、管の厚みと重さを八〇％減らすことができ、その分価格も下げることができたのだ。

❷ 余分なものは付けない……先進諸国の技術者が、一〇トンの重さに耐えられる橋を設計してくれと言われたら、おそらく三〇トンの重さを支えられる橋をつくるだろう。そうすることで、橋が壊れて訴訟を起こされるリスクを回避するのである。貧しい国々では法的なリスクは非常に低く、一方で価格の安さが非常に重要なので、一平方インチ当たり一〇ポンドの圧力の配水管を設計するのに、三〇ポンドの圧力に耐えられる厚みにす

る必要はない。一平方インチ当たり一一～一二ポンド程度で十分だ。

❸ 時代をさかのぼってデザインすることで、未来へ進む……低価格化を実現する最も効果的なやり方は、その技術が現在の形になるまでにたどった歴史をさかのぼることだ。

❹ 最先端の材料で昔のものに色を添える……流行遅れのデザインを、新しい材料を使って新しいものにしよう。低価格という点が変わらないのであれば、まったく構わない。

❺ レゴ・ブロックのように、無限に拡張できるものにする……小型化して低価格化したら、安くデザインするための三つ目の柱となるのは無限の拡張性だ。最初は一六分の一エーカー分のドリップ灌漑システムしか買えない農民でも、そこから得られた収入で次の年には灌漑装置を二倍、三倍にできるようにするのである。

低価格の製品をデザインするための現実的なステップ

どんな高価な技術や道具でも、価格を少なくとも五〇％下げられる基本的なステップがある。以下で紹介しよう。

▼具体的な価格目標を決める

設計しようとする製品やサービスの価格が、貧しい顧客でも喜んで支払える価格でなければ成功はしない。私は通常スタート時には、現在売られている価格の五分の一に小売価格の目標を設定する。インドでは、フェロセメント製のタンクが一リットル当たり最低でも一ルピーだった。したがって、私たちは貯水タンクの価格目標を、一リットル当たり五分の一ルピーとした。

▼その技術で何ができるかを分析する

その技術が、顧客となる貧しい人にどう役に立つのか、重要な機能のリストをつくろう。

▼コストを左右するものは何か見つける

現在のコストを左右するものを重要な順にならべ、貧しい顧客が許容する低価格の代替品を探すための手引きとして使う。スプリンクラー・システムで主にコストを左右するのは、水をスプリンクラーに運ぶためのプラスチック管の厚みだ。スプリンクラー・システムの水圧を弱くすることで、薄い管を使うことができるようになった。

▼コストがかかるものは代替品を探す

許容してもらえる代替品を探すには、顧客が置かれている状況をよく知る必要がある。一般的なドリップ灌漑システムでは、点滴孔の詰まりを防ぐための高品質のフィルターに大きなコストがかかっている。小規模耕地の農民に受け入れられる価格にするには、高価なフィルターを使わずに、低価格のワイヤーを網目状にしたフィルターを布切れで覆うという方法がある。農家の子供でも定期的に布切れを洗い、安全ピンで穴の詰まりを取り除くことができる。

価格と引き換えにできるものとして、主に以下のものがあげられる。

❶ お金か労働か……農村に住む貧しい人々のほとんどが、現金は不足しているが労働力には余裕があるので、お金の代わりに労働を活用できるチャンスがあればどんなものにでも飛びつく。農民のなかには、小規模のドリップ灌漑システムを買い、それを列から列へと移動させる人もいる。ネパールのトラック輸送業者は、故障を防ぐためのメンテナンスにほとんどお金を使わない。部品が壊れたあとで、何時間かかけて道路わきで修理する方が安い場合が多いからだ。

❷ 品質か価格か……西側諸国では、顧客はある用具を買ったら七年はもつことを期待する。だが、足踏みポンプを求める小規模農家の顧客は、七年使える製品よりも二年使える製品のほうを好む。価格が安いからだ。彼らはつねにお金が足りないので、七年使えるポンプがほしい場合は、二年使える足踏みポンプを使い終わったあとで、そこから生じた

年間三〇〇％のリターンを元手に購入する。

▼試作品をたくさんつくる

ＩＤＥＯなどのデザイン企業で通常行われているように、すぐに試作品をつくるというやり方は、貧しい人たち向けのデザインを考える場合にも非常に適している。地元の農村の工房を使って試作品をつくると、材料や製作工程に制約があった場合、それに対する解決策を盛り込める。のちに現地で製造を行う場合に、これが役立つのである。

▼実地テストに基づいて修正を施す

コンセプトを実現する試作品ができたらすぐに、その新しい技術を条件の異なる最低二〇戸の小規模農家で試してみる。次に、何がうまくいき、何がうまくいかなかったかを、農民に詳しく尋ねる。そして、農民の経験に基づき修正を施す。

▼ある技術を新しい場所に導入する場合、その土地に合わせる

残念ながら、技術の多くは上質のワインと同様に長旅に耐えない。だが、その土地に適合させるのは、それほど難しくない。それなのに、比較的安い実地テストやその土地へ適合させる作業を経ずに、アメリカからアフリカへトラクターを輸出しようとしたり、インドから中国へ低価格のドリップ灌漑システムを輸出しようとしたりする。私はいつも驚かざるを得ない。

多くの人が私にこう言う。デザイナーたちは、世界の顧客の九〇%を占める人たちのために、問題の解決策を見出そうとしているのではない。なぜなら、そんなことをしてもお金はもらえないからだ、と。しかし、その見方は一時的な錯覚だと私は思う。

将来お金がある場所はどこか?

なぜ、世界のデザイナーの九〇%が、世界の顧客のなかで最も裕福な一〇%の人のためだけに仕事をしているのか、私は疑問に思い続けてきた。悪名高き銀行強盗のウィリー・サットンは、なぜ銀行強盗をするのかと聞かれてこう答えた。

「そこに金があるからさ」

デザイナーたちも、答えはまったく同じなのだろう。

金持ちのためのデザインでお金を稼ぐ人たちがいることを、私はまったく構わないと思う。私の友人のマイク・カイザーは、世界一ゴルフと自然を愛するデザイナーだが、彼はゴルフ・リゾートのバンドン・デューンズを、オレゴン海岸の風光明媚な場所に計画した。バンドン・デューンズはすぐに、アメリカで二番目の人気を誇るゴルフ・リゾートとなった。このような起業家的な才能は報われるべきだ。

私が驚いてしまうのは、何十億人もの貧しい顧客という巨大な未開拓の市場を、デザイナーや彼らが勤める企業が無視し続けていることだ。だが、この点において彼らはこれまでの伝統に従っているのである。

ヘンリー・フォードが登場する前の自動車メーカーに、「なぜ大きくて高価なオーダーメードの車だけを、プレーボーイ向けに製造しているのか」と聞いてみたとする。答えはおそらく、ウィリー・サットンと同じだろう。「そこに金があるからさ」

だが、今お金があるのはそこではない。

スティーブ・ジョブズとスティーブ・ウォズニアックがパーソナル・コンピュータを携えて登場する前、IBMのCEOに「なぜ二〇〇万ドルもする、一部屋ほどの大きさのコンピュータをつくっているのか」と尋ねたら、疑いなくこう言うだろう。「そこに金があるからさ」

だがやはり、今お金があるのはそこではない。

トランジスタ・ラジオとウォークマンが登場する前、ウェスタン・エレクトリックの経営陣に「なぜ何千ドルもするハイファイ・システムだけをつくっているのか」と尋ねたら、彼らもウィリー・サットンのように、「そこに金があるからさ」と答えるだろう。

だが、今お金があるのはそこではない。

では今日、世界最大のドリップ灌漑システムメーカーであるネタフィムに、「なぜ、ネタフィムの製品の九五％が、世界の農民のなかで最も豊かな五％に売られているのか」と尋ねたら、彼らも「そこに金があるからさ」と言うだろう。

だが、よく考えてみよう。仮に、世界中の小規模耕地の農民一億人が、四分の一エーカー分のドリップ灌漑システムを五〇ドルで買ったとする。彼らの投資額は、合計で五〇億ドルになる。この金額は、現在のドリップ灌漑システムの世界全体における売上の十倍以上だ。この一億人の農民たちは、ドリップ灌漑されている耕地面積を一〇〇〇万ヘクタール増やすことができる。すると、ドリップ灌漑されている耕地面積は五倍に増える。

世界の貧しい人たちの生活を向上させたいという理由で、低価格の製品を開発するデザイナーが少数ではあるが存在し、数が増えてきているのはすばらしいことだと思う。だが、安くデザインするというプロセスを、最も強力かつ持続的に推し進める理由がある。

将来はそこにお金があるからだ。

ドリップ灌漑システムを導入する農民たち

小規模農場の様子

第5章 新たな収入源を求めて

一つの作物では解決できない貧困

FROM SUBSISTENCE TO NEW INCOME

苗床を灌漑する足踏みポンプ

「シーズンオフのキュウリとカリフラワーを育てる前は、何を育てていたんですか」。私はバハドゥに尋ねた。

「米です。米、米、そしてまた米です。私たちは米でなんとか生きているのです。川のそばに、雨水で灌漑している一エーカーの水田があります。シーズンオフの野菜を育て始める前は、雨季の六月から九月にかけて米をたくさん収穫しました。それは今でも同じです。たくさん収穫できたら貯蔵して、一年間毎日食べられるようにするのです」

「ほかに育てているものは？」

「雨季にはブラックグラムを、家のそばの一エーカーの畑で育てます」

ブラックグラムは豆類の一種で、それを食べるとたんぱく質が摂れ、土には窒素も供給される。

「そのほかには？」

「この土地では昔から、雨季に野菜を育てています。うちではヘチマやニガウリ、豆を育てます。雨季はあまりにも野菜の値段が安いので売っても何の足しにもなりませんが、食べるにはいいですからね。ヘチマとニガウリは、いい値段で売れることもあります。特に、インドが凶作でネパールにあまり入ってこないときはね。秋には少し雨が降るので、トウガラシやタマネギなどの野菜を育てます。だいたい食べてしまいますが」

「一年間の収入は平均してどのくらいですか？」と、私は尋ねた。

これはデリケートな問題なので、しばらく話した後でなければ聞かないようにしている。だが、なんとか正直な答えを聞くことができる。それは、ＩＤＥのスタッフがその地域に住んで農民の信頼を得ており、私がそのスタッフとともに現地に赴くからだ。

「七〇〇〇ルピーから一万五〇〇〇ルピー（一〇〇ドルから二〇〇ドル）のあいだです。どのくらい米を売れるか、どのくらい仕事を見つけられるかで変わってきます」

ここで重要な点は、バハドゥ一家がどんなに一生懸命働いても、状況は一向に変わらないということだ。農業についての彼らの知識では、その場で走り続けることしかできない。一家は生きていくために必要な食料を栽培する。そうした従来からのやり方は、村の文化として根付いているだけでなく、たまに現れる政府の農業相談員も推奨している。農業相談員を育成するのは先進諸国の大学で学位をとった人たちだが、そこで教えられるのは、「農民自身の食料を十分に確保するために、米や麦やトウモロコシを育てることが、小規模耕地の農民にとって最も良い」ということだ。こうしたアドバイスが、世界の農業コミュニティでは標準的に行われてきた。専門家たちは言う。

「緑の革命★の手法を採用することで収穫量を増やす方法を教えられたら、農民の生活は劇的に向上するはずです。高収量の米や麦やトウモロコシを育て、肥料の量を増やし、水を与える。そうすれば、家族が食べるのに十分な食料を栽培でき、市場で売る分も少し残るでしょう。こうすることで、穀物が不足している地域で供給量が増えるだけでなく、余った分を売ることで貧しい農民たちの収入も増えるのです」

だが、このアドバイスは基本的な情報を一つ無視している。緑の革命が十分に進んでいる先進諸国でも、米や麦やトウモロコシの栽培で一エーカー当たり二〇〇ドル以上稼げるのは、わずかな大規模耕地の農民だけなのだ。一エーカー当たり二〇〇ドルという金額は、トウモロコシを二〇〇〇エーカー育てる場合には悪くない金額に思える。だが、土地を一エーカーしか持っていない農民だったらどうだろうか?

実は、農場からの生産物を穀物に限定することで、永遠の貧困に閉じ込められることになるのである。

★ 米や小麦などの生産において、多収量品種を導入したり、化学肥料、灌漑などを活用したりすることによって、生産性を飛躍的に向上させる農業改革。一九四〇年代から一九六〇年代にかけて進められた

緑の革命は貧困を解決したか

緑の革命は世界の農業を大きく変えた。五〇年前は、インドと中国では日常的に数百万人が餓死した。緑の革命により食料の供給が劇的に増えて、この状況に歯止めがかかった。インドと中国は今や穀物輸出国である。だが、緑の革命は貧困と飢えをなくすことはできず、楽観的だった緑の革命の推進者たちは落胆した。インドでは三億人が、中国では二億人が今でも極度に貧しく、その多くが飢えを経験している。世界の食料供給を増やすことは、飢えの大きな要因となっている問題を一つ解消する。だが、貧困と飢えをなくす唯一の方法は、小規模な事業で暮らしを立てている人たちが、必要な食料を買えるだけのお金を稼げるようになることなのだ。そうすれば、彼らは市場から食料を得られる。反対に、長期にわたって災害援助や寄付された食料や、政府の食料援助システムに頼っていたら、飢えはなくならない。

すぐに良い結果を出すために、緑の革命で最初に重点が置かれたのは、インドなどの食料不足の国にある農場で、土もよく、灌漑もできる大型の農場だった。多収量の種がその魔法を働かせるには灌漑が不可欠だ。だが、既存の灌漑技術は一エーカーの農場には大きすぎ、高価すぎた。したがって、貧困状態にある小規模農場は灌漑設備のないまま取り残され、収穫量が増える種は使えなかった。緑の革命によって食料供給が増加し、農村での仕事や賃金も増えたが、それらの効果も急激な人口増加によって相殺されてしまった。

ノーマン・ボーローグは、緑の革命を始めた功績によりノーベル賞を受賞した。二〇〇五年に、世界の飢餓を減らすために豊かな国は何をすべきかと尋ねられて、彼は次のように答えた。「緊急時には食料を送るべきだが、長期的に解決を図るには食料生産を革新すること。特に開発途上国で最低限の生活を送る、小規模耕地の農民のあいだでそれを行うこと。これにより食料の供給が増えるだけでなく、雇用も創出でき、余った食料を売ることで新たな所得も得られる」(22)

ポーローグ博士の緑の革命により、マルサス主義★という深淵を私たちは安全に渡ることができた。緑の革命のように成功したものと争うことは難しく、同様の試みをしてみたい衝動に駆られる。だが同じやり方では、過去にもそうだったように、農村部の貧困を撲滅することはできない。ポーローグ博士が言及した最低限の生活を送る農民たちは、今の時代はグローバル市場で効果的に戦う必要がある。そのためには、自分たちの強みを発揮しなければならない。農民たちの強みは、一エーカーの農場で余分に小麦を生産することにあるのではない。それでは、機械化され、助成を受けたカナダの二〇〇〇エーカーの小麦農民と競えない。

小規模耕地の農民ならではの強みは、一時間五セントから一〇セントという、世界でも最低の労働コストにある。一日一ドル未満で暮らす八億人の貧困をなくすうえで最も直接的な方法は、彼らの一エーカーの農場からの収入を増やすことだ。小規模耕地の農民は、労働集約的で付加価値の高いさまざまな農作物を生産することで、これを実現することができる。

こうして話はぐるっと一回りして、クリシュナ・バハドゥ・タパのところに戻ってくる。彼の一家は二エーカーの農場からの収入を増やす方法を考えあぐねて、行き詰まっていた。

バハドゥが見つけた解決方法は、次のようなものだった。

★ 人口増が貧困と犯罪の原因であるとし、食料確保のためには人口抑制の必要があるとする考え方

多様な収入源でやりくりする農民たち

「貧しくなくなるために、自分の農場からもっとお金を稼ぐとしたら、どんな方法をとりますか」。私は尋ねた。

「よくわかりません」

「じゃあ、今はどうやって農場でお金を稼いでいますか？」

「米を売ります」とバハドゥは言う。「モンスーン期の収穫で、一二〇〇キロから一三〇〇キロの米がとれます。家族が食べる分として九〇〇キロが必要なので、残りの三〇〇キロを売ります。そのお金で種と次の作物となるブラックグラムとトウモロコシの肥料を買うと少しお金が残ります」

「それでいくら稼げますか？」

「三五〇〇ルピー（約五〇ドル）ですね。すごくいい年だと米をもっと売れて、トウモロコシも少し売れるので、七〇〇〇ルピーくらいになります。雨季にはトマトやキュウリやナスを育てますが、誰もが同じようなものを育てているので、価格が下がってしまいます。売っても仕方がないくらいの値段になるんです。だから、雨季に育つ野菜はだいたい食べてしまって、売るのはごく一部ですね。九月から五月までのあいだだと、野菜の値段は三倍くらいになる。あまりに乾燥しているので、その時期に野菜を育てられる人はほとんどいないし、インドからネパールにも入って来ないからです。冬に野菜を育てられたら相当お金を稼げるけれど、灌漑用の水がないからできません」
「お金を稼ぐ方法は、ほかにありますか？」私は尋ねた。
「そうですね、息子と私は冬のあいだムグリンに行って、宿屋のどこかで仕事がないか探します。冬は農場でする仕事はあまりありませんから。ムグリンにまともな仕事がなかったら、バスでカトマンズかポカラまで行って仕事を探します。カトマンズやポカラは、賃金は少し高いけれど食料も高い。カトマンズには叔父がいるので、そこに泊まらせてもらいます。問題は、バスでカトマンズに行っても仕事がなく、ポカラまで戻って仕事を探さなければならないときです。ポカラで仕事を見つけたとしても、そのときまでのバス代やカトマンズでの食費にかなり使ってしまっています。結局、出稼ぎから稼げるのは、三五〇〇ルピーから六〇〇〇ルピーくらいです」

バハドゥと話せば話すほど、彼が生活の糧を小さな草の根事業で稼いでいることが見えてきた。しかも、かなり複雑な事業である。この事業は、来る年も来る年も、生存ギリギリのところで運営されている。だが、どうにかしてバハドゥ一家は生き延びてきた。たとえ、三年のうち一年は食べるものが十分でないとしても。現金が足りず貯金もないので、予想できない洪水や干ばつ、家族の病気などを何とかくぐり抜けなければならない。手元のわずかなお金は、必需品への支払いに消えてしまう。健全な利益を手にして一年を終えることなどは、実現し得ない夢のように思えた。

クリシュナ・バハドゥ・タパの小さな草の根事業の数字を、もう少し詳しく見てみよう。年間の総収入は一万四〇〇〇ルピー（二〇〇ドル）だ。余った農産物の売上金と、バハドゥと息子が稼ぐ賃金の合計だ。種と肥料、農薬の購入費、賃金を得るための旅費と宿泊費、食費は合計で三五〇〇ルピー。これを差し引くと、事業の純収入は一万五〇〇〇ルピー（一五〇ドル）となる。さらに、家族が生きていくための食料や衣服、住居などの費用も、事業の収入から差し引かれる。お金の問題は、一年のあいだ均等に存在しているわけではなく、収入も支払いもまとまってやってくる。支出の大きな山が来るのは米を植える時期で、水田の準備や種や肥料の購入費などがかかる。米の収穫の時期には、大きな収入の山が来る。この支出と収入の時期に、バハドゥ一家は事業について重要な決断をしなければならない。

米を植える時期に決めなければならないのは、味は良いが生産量が低い、伝統的な地元の品種を植えるべきか、あるいは種と肥料に多額の初期投資がかかる、多収量の米を植えるべきか、ということだ。多収量の米を植えれば、生産量は五〇％ほど増える。だが、不運にも洪水や害虫の被害に遭ったら、大変な損失を被るというリスクもある。仮に、高収量の米を植えるための資金を金貸しから借りたら、五カ月目の終わりに八〇％の利息を払わなければならない。もし収穫できなかったら、どうやってお金を返せばいいのだろうか？　もし、バハドゥが不運にも米の植え付けの時期に肺炎で倒れたら、薬にいくら払い、植え付けにいくら使うべきか？バハドゥ一家は何とか生き延びるために、永遠の流動性危機のなかで事業を運営するという、並はずれた経営手腕を発揮しなければならない。生きていくために彼らが学んできたのは、お金を使うのは可能な限り少なくし、徹底的にリスクを避けることが、通常は最善の選択だということだ。

　バハドゥ一家は高収量の米を植えるメリットを十分に理解していたが、つねに安全なほうの選択肢を選んだ。それは、彼らがいつも資金不足の状態にあり、お金を失う余裕がなかったからだ。私がコロラド州デンバーで投機的な株を買い、その株の価値がなくなったとしても、その分文句を言えば済む。だが、仮にバハドゥが、失くしても大丈夫な金額以上を投資して、高収量の米を植えたとする。そして、めったにない洪水がやってきて作物を洗い流したとしたら、それは家族に死刑宣告が下されたようなものだ。村の金貸しにお金が返せなかったら、一家は農場を失う。そして、カトマンズの路上で物乞いをするようになり、生き延びられる確率は小さな山の農場よりずっと低くなる。こうしたもっともな理由があるから、バハドゥ一家のような小規模農場が何かを決めるときは、極端にリスクを避けるのだ。

　一日一ドル未満の人たちのうち八億人は、バハドゥ一家と同じように、主な収入を小さな農場から得ている。農作業に従事することで賃金を得ている人もいるが、大多数は小さな土地を持っている。彼らが貧困から抜け出す最も直接的な方法は、その小さな農場から得られる純収入を増やすことだ。

　一日一ドル未満の人たちのうち三億人は、都市のスラムか路上で生活をしている。彼らは仕事を探しに街へやってきて、陶器の製造、衣料品の縫製工場、皮なめし、お菓子の製造など、本当にさまざまな草の根事業で収入を得る。スラムの住民たちも、低い労働コストを利用して労働集約的で高付加価値の製品をつくるチャンスがある。それは、小規模農場の農民たちが、労働集約的で高付加価値の作物を育てて売り、収入を増やすチャンスがあるのと同じだ。そして、都市に住む貧しい人たちには一つ大きな利点がある。彼らは密集して住んでいるので、原材料や完成品を集荷したり流通させたりするのが、農村部に比べてやりやすいのだ。

都市や農村部の貧しい人たちにチャンスをもたらす草の根事業は、今に始まったものではない。過去から一貫して、社会の末端に位置する人たちに生き延びる道を提供してきた。

草の根事業の歴史

草の根の市場はあちこちにある。さまざまな形や大きさの事業がそれを動かしている。アウシュビッツでは、ユダヤ人の医師が小さな蒸留酒製造機をタバコと交換で手に入れた。蒸留酒製造機は、ガス室で殺された人々の持ち物が入っている倉庫から盗まれたものだった。医師は命懸けでナチス親衛隊の警備員を話に巻き込み、ジャガイモを使わせてもらった。蒸留酒製造機を使って、医師は粗製のシュナップスのような酒をつくり、その酒は警備員たちの酒宴に供された。その見返りとして、医師は残り物のマッシュ・ポテトを警備員からもらい、それを油で揚げて美味しいパテをつくった。医師はパテを身近な友人に分け、残りはアウシュビッツの市場でお金の代わりとなっていたタバコと交換した。

一九八一年、ソマリアに新しい難民キャンプができて数日後に、女性たちは装身具を食料と交換し始めた。土でできたドーム型の自分の小屋の前で、装身具を地面にならべ、漆喰《しっくい》を塗っが栄えており、そこでは服役者やときには看守も、活発に麻薬の取引を行う。
財道具などを路上にできた市場で売った。アメリカではどの刑務所でも現金や物々交換の市場
た石で回りを囲んだ。ソビエト連邦が崩壊したとき、仕事をなくした科学者たちは、時計や家

精神科医として私が驚かされたのが、慢性的な統合失調症の患者であるウィリーのケースだ。ウィリーは、スコットランド南東部にあるディングルトン病院の奥の病棟で二〇年間暮らしていた。彼は丘の下に陣取り、ゴルフのプレーヤーが第一ホールでティーショットをする場所から見えないように隠れ、ゴルフボールを集めた。プレーヤーたちはボールが高い確率でなくなることを不思議に思ったが、その後のコースでプレーを続けるうちに忘れてしまった。ウィリーはボールを壊れたトースターやコーヒーメーカーと交換し、驚くべき才能で修理して、メルローズの村で売っていた。

統合失調症患者のウィリーや強制収容所の収容者、また刑務所の服役者や難民キャンプの難民が活発に市場に参加できるのであれば、エチオピアやミャンマーの小規模耕地の農民やスラムの住民が市場で暮らしを立てたとしても、驚くことはない。その日を生き延びるのに必死な状況のなかでは、起業家として生きる術を素早く身に付けなければ生き残れない。小規模耕地の農民なら、金貸しに土地を取られて都市のスラムにたどりつき、生活状況はさらにひどいものとなる。トイレ掃除の仕事さえも見つけられなければ、路上で物乞いをすることになる。だが、物乞いとして成功するには大変な能力が必要で、その能力がないとすぐに病気になって死んでしまう。

貧しい人たちが持つ強み

この下へ下へと落ちていく過程のなかにも、明るい側面はある。スラムの住民や一エーカーの農民たちの労働コストが、世界で最も低いという点だ。ここに彼らの草の根事業が育ち、繁栄していく、未開拓の大きなチャンスが存在する。

ムハマド・ユヌスと彼が取り組んだマイクロクレジットの革命により、資金の借り入れは強力な武器となることがわかった。だが、どんな事業においても、資金の借り入れは事業の成功要因のほんの一つに過ぎない。

成功するためには、草の根事業であっても、ＩＢＭやトヨタや近所の映画館と同様にビジネスを行わなければならない。顧客が進んでお金を払ってくれる製品やサービスを見出し、それを独自の方法で形にし、顧客が喜ぶ価格で提供できなければならない。成功するのに必要な資金を調達し、何よりも、効果的なマーケティングと流通の戦略を考え、実行する必要もある。そして最後には、十分な利益を手にしなければならない。

これらの原則はまったく当たり前のものだ。原則のある部分は成功するビジネスすべてに当てはまる。だが、総収入二〇〇ドルの事業にこれらの原則を適用する場合、八億ドルの事業に適用するのとは考え方もやり方も大きく変える必要がある。両者には、金づちで板に釘を打ちつけるのと、一〇〇トンのプレハブの壁をクレーンで設置するほどの違いがある。草の根事業からの収入を増やすには、その事業を行う人たちの強みと弱みを詳しく知る必要があり、その市場についてもよく知らなければならない。極度に貧しい人たちが生活の糧とする事業について見てみると、最も典型的なのは貧しい国々における小さな農場だ。ちょうど、バハドゥ・タパが家族でやっているような農場である。

バハドゥ一家は、生き延びるためにはどんな努力も惜しまない。彼らの事業は慢性的に資金が不足している。実質的な賃金は、一時間五セントから一〇セントである。耕地は二エーカーで、いくつかに分散している。作物に与える水をコントロールできず、モンスーンの季節には必要以上に雨が降る。モンスーンの季節には販売用の作物を育てられるが、だれもが同じことをするために市場での価格が非常に低くなり、売ってお金を儲けることができない。だが、その場合には食べることができる。

バハドゥ一家への答えはシンプルだった。IDEとスイスの開発組織、ヘルベタスの援助により、バハドゥ一家は冬に灌漑用の水を少量だが確実に手に入れられるようになったのだ。彼らは農業への取り組み方を変えて、シーズンオフの冬にカリフラワーやキュウリを育てる集約的な栽培の方法を学んだ。近隣の町、ムグリンで、良い価格で作物を買い取ってくれる卸売業者も見つけた。業者はその作物をカトマンズで売るのだった。二年のうちに、バハドゥ一家は純収入を三万五〇〇〇ルピー（五〇〇ドル）に増やし、実質的に貧困から抜け出して中流クラスとなった。バハドゥ一家はどうやってそれを実現したのか。それがこの話の山場である。

カンボジアに住む
小規模耕地の農民

第6章

水問題を解決するイノベーション

あらゆる場面で生産性は向上できる

AFFORDABLE
SMALL-PLOT IRRIGATION

足踏みポンプを使うカンボジアの女性

クリシュナ・バハドゥ・タパは、ポカラの近くに住む叔父がIDEのドリップ灌漑システムを導入して収入を三倍にしたと聞き、その装置を見に行った。ドリップ灌漑用の送水管は村の水道栓につながれており、そこには二キロほど離れた泉から水が引かれていた。その地域の水利用者委員会が、バハドゥの叔父に水を使うことを許可したのだ。

バハドゥはすぐに、自分のところでも同じようにできると考えた。イクリファント村の一二世帯が使う飲料水は、スイスの開発組織、ヘルベタスが引いたものだった。一九九九年に、ヘルベタスは太さ一・三センチほどのパイプを使って、各家庭に二四時間水がつねに供給されるようにした。水の供給量は各家庭で必要な量よりは多かったが、農地を湛水灌漑できるほどではなかった。だが、ドリップ灌漑システムを使えば、野菜を十分に育てられる。バハドゥは、すでに供給されている水に、ドリップ灌漑システムを組み合わせて使おうと思ったのだ。

バハドゥと私は、話をしながら彼のドリップ灌漑システムを見に行った。水は一・三センチのパイプから、五〇リットルの青色のプラスチックの桶に直接流れ込む。桶は肩の高さくらいの台に置かれており、重力タンクの役目を果たす。水はそこから、握りこぶし大の黒のプラスチック製フィルターを通り、直径約一センチの黄緑色の柔らかいプラスチック管に流れ込む。管は三本に分岐し、それぞれ一五メートルほどの管が作物の列にならぶ形で地面に置かれている。約三〇センチごとに、調節板をつけた穴から水が出てきてキュウリの蔓に水を注ぎ、その水はすぐに地中にしみ込んで植物の根に届く。

バハドゥは話を時々中断し、各家庭のパイプに水を送っている大きなタンクに向かって先に進んだ。だから、私が苦労して歩いているのを野生の馬が邪魔することもなかった。深い森の中、岩だらけの上り坂を一五分ほど歩くと、一万四〇〇〇リットルのセメント製のタンクに着いた。そこは村人の家々からは三六〇メートルほど離れており、高度では二〇メートルほど高いところにあった。水は、幅九〇センチ、深さ一五センチほどの小川から生じ、せき止められた小さな貯水池に入り、そこから簡単なフィルターを通って、太さ六・五センチほどのプラスチック製パイプでセメント・タンクに流れ込んでいた。

ヘルベタスはセメントとパイプなど、この装置のための材料を提供し、村人たちが労働力を提供して装置を設置した。村人たちは、水利用者委員会の管理の下でこの給水装置を動かし続けることとした。バハドゥは委員会の共同会長だった。

私はタンクの周りを歩いてビデオに撮った。各家庭用に個別の一・三センチの高密度ポリエチレン・パイプがあり、水はタンクから直接各家庭に流れていた。大きなパイプを一本村まで通し、そこから各家庭に分けた方が安いのに、こうした方法をとっていることに私は驚いた。バハドゥの説明によると、各家庭にそれぞれの送水管から流れているのを確認できたほうが、みんなが安心するとのことだった。

簡単に計算してみたところ、この配水システムにはおおよそ二五〇〇ドルがかかったと考えられた。この資金はヘルベタスからの寄付の代わりに、ローンでも簡単に調達できたはずだ。シーズンオフの野菜を育てれば、三年でローンと利子を返済できたはずである。

だが、この設備が導入されたときには飲料水用の設備として計画され、そこから新たな収入が生じることは考えられなかった。したがって、村人たちはそれを動かすための費用しか払えなかった。

お茶を飲もうと山を下りるとき、バハドゥは「自分の家がイクリファント村で最初に低価格のドリップ灌漑システムを導入しました」と言った。最初の年は一六分の一エーカーだけドリップ灌漑を行い、冬物のキュウリとカリフラワーを植えた。その野菜を売って得た収入は、コスト差し引き後で一五〇〇ドルだった。この成果に後押しされて、その後も拡大を続けることにした。

もう後ろは振り返らなかった。

バハドゥの農場にある小さなドリップ灌漑システムは実に簡単なものだが、私たちはそれを開発するのに六年間も試行錯誤を続けた。(23) 最大の難所は、一般的なドリップ灌漑システムと比較して価格を五分の一に引き下げ、同時に小規模農場の顧客が満足する品質を保つことだった。私が低価格のドリップ灌漑システムのアイデアを最初に思いついたのは、ネパール農業開発銀行★のクリエイティブで快活なマネジング・ディレクター、ウパディヤ氏に会ったあとだった。ネパール農業開発銀行が、重力送りの小型スプリンクラー・システムをネパールの山村に導入したことについて、ウパディヤ氏はたっぷりと話を聞かせてくれた。そこで、スプリンクラーがいくつか導入されていたタンゼンを一九九〇年に通りかかったとき、私は約束もなしにネパール農業開発銀行の支店を訪れ、あるスタッフを説得してスプリンクラーが使われている三つの村へ案内してもらった。その村は車で三〇分ほど走ったのち、四時間も急な山道を登ったところにあった。

最初の村で、このシステムには一〇〇〇ドルかかったと農民たちから聞いた。農民三人で使い、灌漑できるのは野菜や果物をつくる一エーカーほどだ。私はすぐに、この装置は高すぎると思った。金額の五〇%を銀行が援助しても、一日一ドル未満の農民には手が届かない。(比較のために言うと、IDEがこの一五年後にインドで開発したスプリンクラー・システムは、一エーカーを灌漑するもので二〇〇ドルだ)。何が原因でここまでコストが高くなっているのか、私は知りたくなった。

★ Agricultural Development Bank of Nepal

最初に私たちが見せてもらったスプリンクラーは、夜のあいだに小さな川から水をタンクに集める。タンクは三五〇ドルで、石とセメントでできており、一万リットルが入る。三人の農民が朝にたっぷりと作物に水をやることができる容量だ。タンクからの水はフィルターを通って、太さ四センチ弱、長さ二〇〇メートルほどの白いポリ塩化ビニールのパイプを流れて三つの農場に向かう。そして、金属のスタンドの上に載った、レインバード社★製のような往復振動するスプリンクラーヘッドを通じて作物に供給される。九つのスプリンクラーヘッドとスタンドで、価格は一五〇ドルだ。

このスプリンクラーを動かすには、タンクを地面から一八メートルのところに置いて十分な水圧を生じさせる必要があった。このために長い配水管で水を運ばねばならず、これがコストを高くする要因となっていた。

どうすれば、四分の一の値段で同じことを実現できるだろうか。私の最初のアイデアは、安価な黒の高密度ポリエチレンの配水管を持ってきて、金づちと釘で穴を開け、そこから水が滴り落ちてくるようにする、というものだった。小さな重力タンクを地上六〇センチ~九〇センチくらいのところに置けば、ドリップ灌漑するための十分な水圧は得られるだろうと考えた。私は大きなマッキントッシュでこの最初のアイデアを描いたが、今でもそれを持っている。二〇八リットルのドラム缶を川のなかに置き、小さな針金製の網状のフィルターをつけ、高密度ポリエチレンのパイプを畑まで一五メートルほど引き、そこからパイプは三本の穴あきパイプに分かれて、作物に水を供給する。

★ 灌漑用品のメーカー

この時点では、私はドリップ灌漑についてほとんど何も知らなかったが、それでもいい考えだと思えた。

クリシュナ・バハドゥ・タパが使っているような、簡単で小さく、安価な装置を完成させるまでには六年の歳月と、何百回もの実地テストが必要だった。バハドゥが使っているのは、低価格のドリップ灌漑システムの五世代目のもので、最後に実地テストを行った製品だ。[24]

世界の多くの場所で水不足が叫ばれている。また人間が使う水量の七〇％が灌漑用である。それを考えると、最も効率的に水を供給できるドリップ灌漑が、世界の灌漑耕地の一％でしか使われていない、という点には注目すべきであろう。

一般的なドリップ灌漑システムは大規模農場向けに設計され、一エーカー当たりの値段はバハドゥが支払った金額の五倍だ。現在、ドリップ灌漑システムを使っているのは、たとえばカリフォルニア州にある一〇〇〇エーカーのアーモンド畑や、フランスにある五〇〇エーカーのブドウ畑などだ。そういった農場では気象衛星からのデータや土のなかの湿度センサーからの情報をコンピュータに入れて、供給する水の量をコントロールしている。このような大規模農場は、世界に四億八〇〇〇万ある五エーカー未満の農場とはまったく異なっている。

信じがたいことだが、ドリップ灌漑システムの大手メーカーは一社として、世界の農民の大多数が買えるような安価で小型の装置をつくっていない。しかし、その潜在的な市場規模は、一般的な装置に比べてはるかに大きいのである。

一九九〇年には、ネパールにはドリップ灌漑の市場は存在しなかった。なぜなら、それを買

える ほど大型で、豊かな農場はほとんどなかったからだ。だが、インドではすでに五〇社の民間企業がドリップ灌漑システムを製造し、販売していた。インドには、ブドウやオレンジ、野菜などの高付加価値の作物を育てる大型農場が多数存在していたのだ。私はマハラストラにあるジャイン・イリゲーション社で、数日間を過ごした。同社はインド最大のドリップ灌漑システムメーカーである。同社製品の最大手のディーラーに、前年に導入したドリップ灌漑システムで最も小さかったものを尋ねた。

「二エーカーですね」と、彼は答えた。

当時のインドの農場の平均面積は三・五エーカーだったが、通常はそれがいくつもの耕地にバラバラに分かれていて、その一つが二分の一エーカーを超えることはまれだった。そして、九三〇〇万あるインドの五エーカー未満の農場には、ジャイン・イリゲーションのディーラーは営業活動をしていなかった。極度に貧しい一エーカーの農場は、ディーラーの視界にも入っていなかった。

ネパールにはドリップ灌漑の市場はなく、インドの市場では小規模耕地の農民は無視され続けていた。そこで、IDEは自社で低価格のドリップ灌漑システムの市場をつくることを決めた。バハドゥが低価格のドリップ灌漑システムの購入を決めたころには、プラスチックの押し出し成形機を持つネパールの起業家を何人か説得し、装置の主要な部品をつくってもらっていた。主な村で組立工が組み立てを行い、装置を販売した。また、地元の農民を訓練して、パートタイムの設置業者として雇った。バハドゥは地元のディーラーから購入し、現地にいるID

Eの農学者から野菜の生産についての訓練を受けた。

ネパールの山間部に住む小規模耕地の農民のあいだで、低価格のドリップ灌漑システムが売れるようになると、IDEは南インドのシルク業界でクワの木の栽培者に同システムを販売し、現地の状況に合わせて修正を行った。二〇〇二年以来、低価格のドリップ灌漑システムの売上は、小規模耕地向けも大型農場向けも非常に好調だったので、既存の企業も低価格市場に参入しIDEと競うようになった。私の見積もりでは、低価格のドリップ灌漑システムの潜在市場は、インドだけで少なくとも五〇〇万台はある。

バハドゥのような、やせた小さな土地で何とか命をつないでいる農民は、世界に何億人もいる。彼らの大多数はバハドゥとまったく同じように、労働集約的で高付加価値の農産物を育てて売れば、劇的に収入を増やすことができる。それなのに、なぜそれが実現できないのか。

農民たちの行く手を阻む最も大きな問題は、彼らのほとんどが作物に水をやる手段を持たず、雨水に頼っているということだ。雨水がある雨季には、自分たちが食べる食料を育てられ、販売用の野菜も育てられる。だが、誰もが同じように雨季に野菜を育てているため市場価格は非常に低くなり、売るほどの価値がない値段になる。お金を稼ぐには、市場での価格が高くなるシーズンオフに売れる作物を育てればよい。しかし、そのために欠かせない灌漑装置は、世界で一般的に供給されているものでは小さな耕地には大きすぎ、高価すぎるものばかりだ。小規模耕地の農民たちの収入をバハドゥのように増やすには、低価格の小規模耕地向けの灌漑装置が必要なのである。

では、なぜ低価格の小規模耕地向け灌漑装置は供給されていないのだろうか。

私がモザンビークで経験したことが、その答えを考えるうえで大いに参考になるはずだ。私は首都のマプトで青果市場をいくつか訪問したが、そのすべてが巨大な市場だった。私は市場に来るといつも、それぞれの野菜や果物がどのくらいの面積で売られているのか測ってみる。マプトの市場ではトマトやジャガイモ、レタス、キャベツ、トウガラシ、タマネギなどが、数え切れないほどの列にならべられていた。ほしいものは何でも手に入りそうだった。だが、野菜や果物がどこで生産されたものか尋ねてみると、がっかりする答えがいつも返ってきた。南アフリカだ。そこで売られている農産物は南アフリカでトラックに積まれ、高速道路を五時間走ってモザンビークの国境でトラックから降ろされ、首都の拡大する野菜需要を満たしているのだ。

非常に不思議だった。マプトからデコボコの道路を二時間も走れば良い土地がたくさんあり、灌漑もされていたからだ。そこで私は、マプトの農業と灌漑の専門家に話を聞きに行った。そのうちの一人は海外で灌漑の博士号を取っており、数多くの著書もあった。

彼は迷うことなく、マプトの近くでは灌漑が行われていないからだ、と答えた。そこで私は、彼のオフィスを出てタクシーに乗ると、マプトの近くで灌漑が行われている場所はないか、と運転手に尋ねてみた。

「ありますよ。そちらへご案内しますか?」と、彼は答えた。

「どのくらい遠いんですか?」と、私は聞いた。

「一五分くらいですね。ビール工場のすぐ隣です」

一二分後に、タクシーは野菜がたくさん育っている五〇〇エーカーの畑に着いた。私は車から降りて、ビデオを撮った。そこは八〇〇ほどの小区画に分かれていて、どの区画でも人々が活発に働いていた。野菜がつくられている区域の近くには小さな川が流れていて、川から水を汲み上げる設備があった。かつての社会主義政権がつくったものだ。水は地上にあるいくつもの貯水槽に入れられていた。貯水槽は深さ七五センチ、幅と長さが一八〇センチほどで、ほとんどの区画には一つずつ貯水槽があった。汲み上げ装置のおかげで、貯水槽はどれも水がいっぱいだった。

農民たちは水やり用のバケツを二つ持ってきて、貯水槽に沈めて水を入れ、片手に一つずつ持って重そうに運び、野菜に水をやるのだ。水やりのために何度も往復していた。肩に載せる木の棒を使っている人もいた。そのほうが、運ぶのが楽になる。貯水槽がない世帯は、長い距離を運ぶことにはなるのだが、川から水を直接汲んでいた。

農民たちはタマネギやトマトなど、あらゆる種類の野菜を育てていた。だが、彼らはその野菜を地元の小さな市場で売っており、私が訪問した巨大市場では売っていなかった。私は感心して、このようなシステムをつくるにはいくらかかるのか、それは重力送りで水を満たすのと比べてどうなのかを計算した。

その日のうちに、私は例の灌漑専門家を再度訪問した。

「たしか、マプトの近くでは灌漑は行われていないとおっしゃいましたね」

私は少し憤慨しながら言った。

「その通りです」と、彼は答えた。

「ここから一五分ほどのところに、五〇〇エーカーもの灌漑された土地があって、今見てきました」。私はきっぱりと言った。

「どこのことですか?」

「ビール工場の隣です」

「ああ、あの野菜畑なら知っています。でも、あれは灌漑ではありませんよ」

「なぜですか?」

「だって、バケツを使っているでしょう」。これで話は終わりだ、と専門家は言わんばかりだった。

「灌漑とは、作物に水をやることだと思っていたのですがね」。私はこう言って、話は本当に終わった。

こうした会話が実際に行われたということよりも、さらにひどい事実がある。それは、灌漑の専門家と認められている人たちや、開発組織のリーダーのあいだで、彼と同じ見方が一般的だということだ。

一九九五年に、イギリスの優れた水関連のコンサルティング会社、HRウォーリングフォードのジェズ・コーニッシュらが、三年間かけた調査を発表した。彼らはガーナのクマシ(人口七〇万人の都市)で、野菜にバケツで水をやる灌漑方法について調べた。調査によると、クマシでは少なくとも一万二七〇〇世帯が野菜を育てており、世帯の所得では野菜からの収入が最大の部分を占めているということだった。クマシ周辺では、少なくとも一万一九〇〇ヘクタール（二万九七五〇エーカー）がバケツで灌漑されていると報告されていた。[25]

しかし、食糧農業機関（FAO、ローマを本拠地とした、国連の農業機関）がガーナの灌漑について公式な報告書を発表すると、ガーナ政府はそれが絶対に正しいと受け止めた。そこには、ガーナ全体では六四〇〇ヘクタールが、灌漑されていると書かれていた。その数字は、ガーナの一都市であるクマシで、バケツで灌漑されている面積の約半分でしかない。

聞き覚えのある話ではないか。

ガーナの専門家のあいだでは、モザンビークで私が話した専門家と同様に、バケツによる灌漑というものは単純に存在しないのだ。こうした考え方が主流になっているのは、非常に残念なことだ。

政府の役人たちは、バングラデシュのリキシャに対しても同様の態度をとる。バングラデシュが現代的な国家であることを他の国々に示そうとしているときに、リキシャは原始的で時代遅れで、恥ずべき輸送方法だと見なされるのである。それでも、この小さな乗り物は一日にロンドンの地下鉄よりも多くの人と荷物を運んでいる。[26]

なぜ世界は、一エーカーの農場と小耕地の灌漑という二つの現実から目をそらそうとするのか。なぜなら、生存ギリギリの農場と、そこでよく用いられるバケツによる灌漑は、時代遅れで原始的であると見なされ、じきに現代的な農業と灌漑に代わると考えられているからだ。

私は自分の目で何千回も見てきたが、アフリカや中国やベトナムでは、たくさんの人がバケツで灌漑を行っている。このテーマに関しては、公的な統計は何もない。そこで非公式な推計を示そう。農村部をよく訪問している一〇人に、「アフリカにはバケツで灌漑している人がどのくらいいると思うか」と尋ねてみた。最も少なかった答えで八〇〇万人だった。

世界中の小規模耕地の農民たちはつねに、貧困から抜け出すために唯一重要なものは、作物にやる水だと言う。私が一九八一年にＩＤＥを立ち上げたとき、最初に焦点を当てたのも、小規模耕地向けの低価格の灌漑装置をつくり、大量に販売することだった。

水を手に入れる

「小規模耕地の農民たちが貧困から抜け出すうえで最も重要なのは、小規模耕地向けの低価格な灌漑装置を手に入れることです」と私が言うと、聞いていた人たちはたいてい「それは成功しない」と言う。貧しい農民たちは水自体を手に入れられないはずだと、彼らは言うのだ。「そんなことはありません」と、私は言う。「世界にいる誰もが、水を手に入れています。水がまったく手に入らなければ、人間は五日間で死んでしまいます。世界で生きている人たちは全員が、水を手に入れているのです。汚れた水かもしれないし、バクテリアで汚染されているかもしれない。それでも、飲み水がなければ人は死ぬのです。灌漑を始めるのに必要なのは、一日バケツ二杯分の水だけです。飲み水を得ているのと同じ水源から持ってくればいいのです。

それだけの水と三ドルのドリップ装置があれば、小さな野菜畑がつくれて、余った野菜を売って九ドル稼げます。もちろん、水が非常に少なくて、全部を飲料用にしなければならない場所もあります。でも、一世帯当たりバケツ二杯、作物に与えられる余分な水があれば、灌漑を始められるチャンスはあります」

ほかにも、小規模耕地の農民が灌漑用の水を手に入れるうえで、まだ開拓されていない大きなチャンスがたくさんある。水の入手に関する問題を解決する現実的な方法も存在する。

大規模であれ小規模であれ、灌漑用の設備は次の技術に分類される。水を汲み上げる、貯水する、作物に水を与えるの三つだ。

水を汲み上げる

灌漑装置のなかには、モンスーン期の雨水を巨大なダムに貯めて、その水を解き放って重力に任せて運河に流しているものもある。これだと、水を汲み上げる必要はない。一方で、地下水は灌漑用の水として重要度を増しており、大型のディーゼルエンジンか電気エンジンがポンプを動かして、地下の水を地上に汲み上げている。汲み上げられた水は、さまざまな方法で作物に与えられる。

だが、世界に四億八五〇〇万ある五エーカー未満の農場では、地下水は農民が自分の力で持ち上げている。ロープにバケツを結んで使う人もいる。横に伸ばした棒にバケツを下げ、棒の反対側に重りをつけてバランスをとり、バケツを持ち上げる作業と下げる作業が同じになるようにしている人もいる。水を入れる袋をロープに下げ、ロープを巻き上げ機にかけて、一〇〇リットル近くの水を開放井戸から力ずくで持ち上げる人もいる。

バケツも、重りでバランスさせたバケツも、じょうろも、つるべも、安価ではあるが強い筋力が必要だ。もちろん、筋力は再生エネルギーではある。

足踏みポンプが開発され、販売されるまで、小規模耕地の農民が水を汲み上げるために使える道具はとても限られていた。安いが小さすぎるバケツが一方にあり、もう一方は非常に高価で大きすぎる、五馬力のディーゼルポンプだった。

八分の一エーカーの野菜に水をやるため、ロープを結んだバケツで水を汲み上げるのには、健康な男性でも一日かかる。それをじょうろで野菜に与えるのには二日かかる。もし、五馬力のディーゼルポンプに五〇〇ドル払え、年間の燃料代として二〇〇ドル払え、修理費も出せるならば、五エーカーの野菜畑をほぼ問題なく灌漑することができる。だが、年間収入が三〇〇ドルではそれは難しい。

▼足踏みポンプ

一九八〇年代に、ノルウェーの技術者、ガナー・バーンズが足踏みポンプを開発した。バーンズはバングラデシュの農村開発組織であるランプール・ディナプール・ルーラル・サービス（RDRS）で働いており、同組織はルースラン・ワールド・サービスの援助を受けていた。開発された足踏みポンプは人力で水を汲み上げるためのもので、小規模耕地の農民が米一袋で買えるものだった。竹でできたペダルが二つ付いていて、人がそれを踏んで動かす。ペダルは六センチほどのシリンダーを動かし、そのシリンダーが管井戸から水を吸い上げる。対応する井戸の深さは一・八メートルから七・六メートルだ。バングラデシュでは、地下水はたいてい浅い場所にあるので、この足踏みポンプで乾期に水を汲み上げられる。

ポンプ自体の小売価格は八ドルで、村の井戸掘り業者がポンプを井戸に設置するコストまで含めると、合計で二五ドルだ。この費用と一日二時間から六時間の作業で、乾期に半エーカーの野菜畑を灌漑できる。野菜から得られる収入は、コスト差し引き後で少なくとも一〇〇ドルにはなる。なによりも良かったのは、小規模耕地の農民のなかでも市場に敏感な人たちの約五分の一が、年間五〇〇ドル以上の純収入をあげられるようになったことだ。

ＩＤＥは、ＲＤＲＳからバングラデシュ全体での足踏みポンプの販売と宣伝を引き継いだ。一二年後の成果は目覚ましいものだった（図4参照）。

このような成果はバングラデシュだけにとどまらない。ＩＤＥは、インドやネパール、カンボジア、ミャンマー、ザンビアで、足踏みポンプを助成金なしで販売してきた。他の国々でも、別の組織が販売を行っている。ケニアに本部があるキックスタートは足踏みポンプをバングラデシュからケニアまで運び、現地の状

図4　バングラデシュにおける足踏みポンプのインパクト

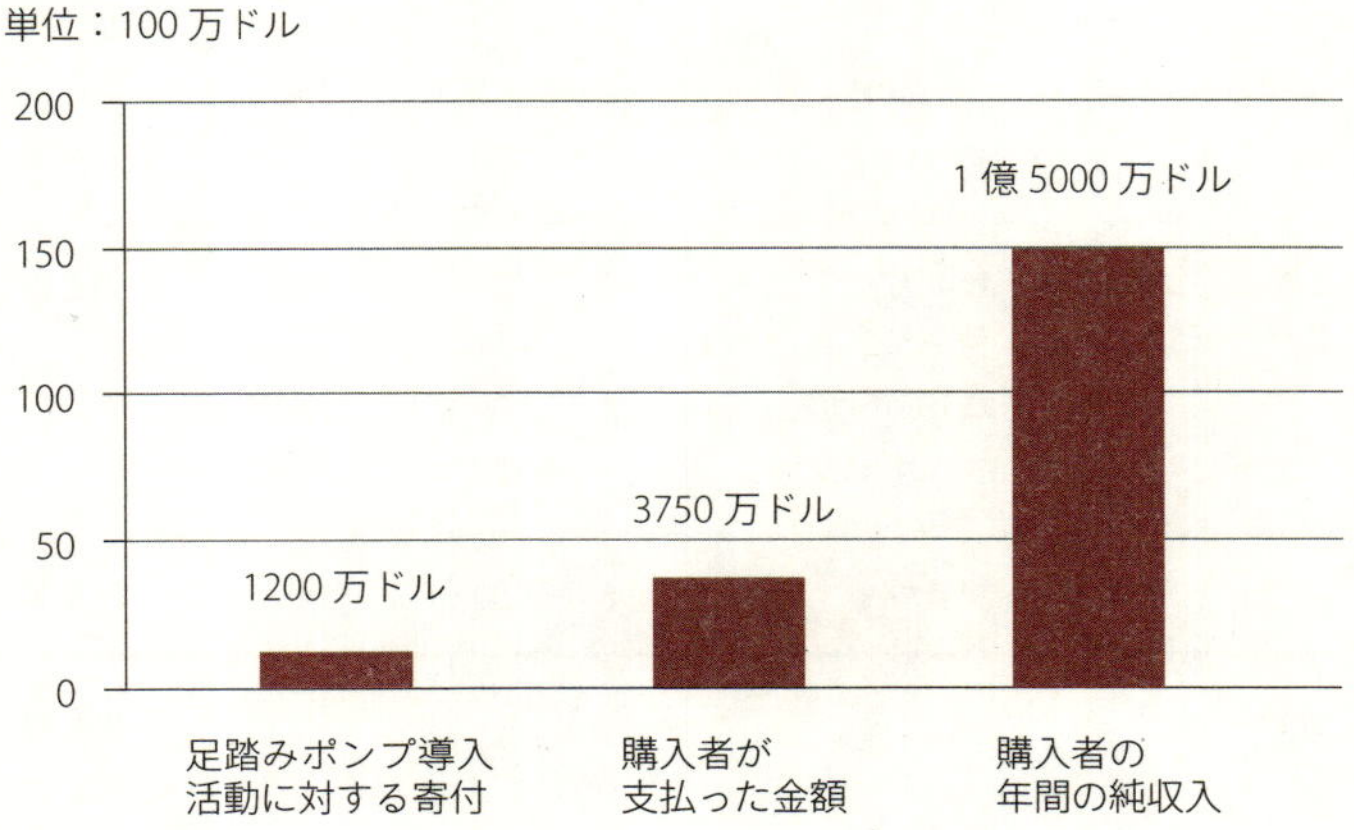

況に合うように設計しなおして、ケニアとタンザニアで六万台販売した。開発組織のエンタープライズ・ワークス・ワールドワイドは、ナイジェリアなど西アフリカの国々で足踏みポンプを製造販売している。

こうして販売された約二二五万台の足踏みポンプを使って、一日一ドル未満の農民は合計で二億ドル以上の純収入を一年間に生み出している。村の経済に対する乗数効果も生まれ、その規模は年間六億ドルほどになっている。

バングラデシュやインドの一部では、農民に新たな収入が生じたことと、中国から輸入されるディーゼルポンプが二〇〇ドル以下に値下がりしたことにより、ディーゼルポンプが急に売れ始めた。そして、ディーゼルポンプの所有者が余った灌漑用水を売る、効率的な水市場もできてきた。

水市場は足踏みポンプと健全に競争しながら、低価格の灌漑用水をバングラデシュとインドの小規模耕地の農民に提供している。

表1　世界の足踏みポンプ販売台数

組織	国	これまでの販売台数	現在の年間販売台数	販売台数総計
IDE	バングラデシュ	1,567,987	40,000	2,071,763
	インド	353,542	15,000	
	ネパール	100,000	10,000	
	カンボジア	38,578	1,200	
	ミャンマー	7,000	7,000	
	ザンビア	4,656	800	
キックスタート	ケニアとタンザニア	59,000	N/A	59,250
	マリ	250	N/A	
エンタープライズ・ワークス	セネガル	600	N/A	17,181
	タンザニア	131	N/A	
	ニジェール	1,200	N/A	
	ブルキナファソ	15,250	N/A	
マラウィ政府	マラウィ	75,000	N/A	75,000
合計				**2,223,194**

▼ロープとワッシャーを使ったポンプ

足踏みポンプに部品を一つ加えることで、圧力足踏みポンプをつくることができ、一八メートルの深さから水を汲み上げられるようになる。だが、その価格は足踏みポンプの倍になり、より深いところから汲み上げる分労力もかかるので、汲み上げられる水の量も減ってしまう。

しかし、ニカラグアで開発されたロープとワッシャーのポンプを使うと、三〇メートルもの深さから水を汲み上げられる。これはワッシャーをロープにつなぎ、井戸のなかのパイプに入っているロープを引き上げるものだ。地上にいる人が回旋盤を回すと、パイプのなかのロープが引き上げられ、水が上まで運ばれてくる。ニカラグアでは、これまでに六万台ほどのロープとワッシャーのポンプが販売され、主に家庭用の水を得るために使われている。現在、これを低価格のドリップ灌漑システムと組み合わせて使うテストが行われている。地下深くから人間の力で汲みだした比較的少量の水で作物を灌漑し、それが経済的に見合うかどうかをテストしている。

▼超小型のディーゼルポンプ

電気以外のモーターで動くポンプでは、ディーゼルがガソリンに勝る。長時間使用でき、燃料の使用量も少ないからだ。

一エーカーの農場にちょうどいいサイズは四分の三馬力だが、今のところ最小のディーゼルポンプは、中国で販売されている二馬力のものである。第二次世界大戦の直後には、四分の三馬力の空冷式の超小型ディーゼルがあった。自転車の前輪の摩擦を利用したもので、ヨーロッパで自転車の走力を高めるために使われていた。ＩＤＥとオランダの開発組織、プラクティカは、この自転車の力を利用した四分の三馬力の超小型ディーゼルを改良し、ポンプの動力として使えるよう試作品をつくっている。もし現実に使えるものがつくれたら、世界で数百万台の需要があるだろう。機械化された汲み上げ装置を買えるだけの収入をすでに得た、一エーカーの農民が買うのである。

貯水する

世界のほとんどの場所では、乾燥した地域であっても、雨は一年のうち二カ月から四カ月間のモンスーンの季節に降る。たとえば、暑く乾燥したインドのマハラストラ州でも、夏の終わりには小規模耕地は沼のようになる。そのあとは暑く乾燥した時期が続き、気温は日陰でも五〇度近くになる。

この時期こそ、野菜や果物の値段が最も高くなる時期なのだが、灌漑ができなければ作物を育てられる望みはない。

ＩＤＥは現在、プラスチックで裏打ちし、プラスチックの蓋をつけた四〇〇ドルの池をデザインしている。縦横それぞれ一〇・五メートルで、深さは二メートルだ。この小規模農家用の貯水池には、モンスーン期の雨水を二〇万リットル貯めることができる。それだけあれば、四分の一エーカーの高付加価値の野菜を、最も乾燥した時期でも一〇〇日間灌漑できる。それによって、五〇〇ドルの新たな収入が得られるのである。

規模の面で対極にあるのは、アスワン・ダムの背後にあるナセル湖だ。長さ五三〇キロ、幅三四キロで、水面の面積は四〇〇万エーカー以上もある。こうした大型ダムの背後にある貯水池からは、人間が使う水の七％が蒸発してしまう。なお、ダムの世界では、高さ一五メートルを超えるものはすべて大型ダムだ。高さ一五メートル未満のものは小型ダムと定義される。一日一ドルの農民は、ダムを見ることがあっても、高さ二メートル以上のダムはめったに目にしない。

もちろん、バハドゥのような小規模耕地の農民にはダムは必要ない。幸運なことに、バハドゥの家の近くには川があり、一日二四時間、三六五日、一・三センチのパイプでたっぷり水を手に入れられる。バングラデシュの一エーカーの農地では、乾期でも地下三メートルから四・五メートルのところに地下水があるところが多く、あとは足踏みポンプなどの道具を使って水を汲み上げればよい。

だが、川もなく、地表近くに地下水もない農民は、モンスーンの雨水を集めて貯水し、六カ月間とっておく必要がある。野菜の値段が最も高くなる、一年で最も乾燥した季節が来るまで貯めておくのだ。その場合、重要なのは「五〇〇ドルを稼ぐには、どのくらいの水を貯めておけばいいのか」という点だ。

答えは簡単だ。五〇〇ドルを稼ぐには、いちばん暑い季節に四分の一エーカー（一〇〇〇平方メートル）の土地で野菜や果物を育てればよい。四分の一エーカーの畑に、乾期に一〇〇日のあいだ水をやるには、二〇万リットルくらいの水を密閉したタンクに入れておく。

聖書の時代以前でさえも、雨水をとらえ、集め、貯めておき、後で利用していた。中国の黄河付近の盆地には、粘土で裏打ちした手掘りの地下貯水槽があり、一〇〇〇年以上も使われている。水路からあふれ出したモンスーン期の雨水を集めて、貯水しているのだ。こうした何百万もの「吸い込み井戸」が今でも使われており、現代では道路にあふれた水も集め、貯めた水の一部を灌漑に使っている。一万リットルの貯水槽で、価格は一五〇ドルほどだ。だが、この中国の貯水槽を除いては、密閉タンクに灌漑用水を二〇万リットル貯めておけるもので、小規模耕地の農民が買えるほど安価なものは何もなかった。

プラスチックで裏打ちした密閉式の貯水装置は、価格が四〇〇ドルであれば、世界の小規模耕地の農民、何百万人もが購入するはずだと私は考えている。

そのほかの選択肢もある。以下にあげたのがその例だ。川や泉や湖の水、あるいは地表に近い部分の地下水を乾期に使えない場合、これらの方法が使える。

▼地下に水を貯める

貯水に優れた場所として、「帯水層」と呼ばれる地層があげられる。一九八〇年代にヒンズー教の活動として「スワディヤーヤ・パリバー」★が起こり、グジャラート州の農民数千人が、あふれた雨水を開放井戸に集めるための水路をつくった。この活動では地下の帯水層を活用し、

★自己を探求する・教育するなどの意味

そこに貯めた水をポンプで地上に汲み上げ、作物の価格が最も高くなる乾期に活用した。モンスーンの雨水を地下の帯水層に導くという方法には、まだ開発されていない大きな可能性が潜んでいる。帯水層では水が蒸発したり失われたりせず、野菜や果物の価格がピークを迎えるときに、ポンプで汲み出すことができるのだ。

▼地上に水を貯める

❶池をつくる……誇りある小規模耕地の農民ならだれでも、深さ二メートル、面積一〇〇平方メートルの池をつくる方法を知っている。その貯水効果を高め、安価につくるポイントは、プラスチックで裏打ちすることだ。そうすれば水漏れを防ぐことができ、少なくとも二～三年は使える。水を数カ月貯めておけるようになったら、次は蒸発を防ぐ方法を探す必要がある。木陰をつくる、あるいは竹の棒を渡してバナナなどの大きな葉を乗せるなどの方法も効果があるだろう。ＩＤＥは現在、蒸発を防ぐための安価なプラスチックの蓋を開発中である。

❷低価格のタンクをつくる……巨大チューブ型ソリューション：蒸発を防ぐうえで理想的な形は、密閉式のタンクである。だが、フェロセメントのタンクは、最も安いものでも一リットル当たり一ルピー（二セントより若干高い）だ。値段をもっと下げようと、インドのＩＤＥは長さ一〇メートル、直径一メートルの二重のビニール・チューブをデザイ

ンし、地面に掘った溝に置いて、実地テストを行った（下の写真参照）。チューブの価格は四〇ドルで、一万リットルを貯水できる。この分量で、五人家族の一年分の飲料水をまかなえ、残りの水を小さな家庭菜園のドリップ灌漑にも使える。この密閉式ビニール・チューブの市場テストは、二〇〇七年にインドで行われている。

子供用プール型ソリューション：スタンフォードの学生のチームが、地上に置く密閉式の低価格貯水システムとして、さらにシンプルなものを考案した。子供用のビニールプールを真似ることからデザインをスタートし、山高帽を逆さまにしたような、プラスチックの容器をつくった。容器が水で満たされると、水圧で横の壁が押されて形ができる。深さによって横の壁に働く力が決まるので、大きさに限界はない。深さ六〇センチ×一二〇センチのプールの横壁に働く力は、大きさが九〇センチ×一二〇センチから、二・七メートル×三・六メートルに増えても変わらない。

川から重力パイプを引いているのであれば、ビニール

低コストで貯水する：長さ10メートル、直径1メートルの二重ビニールのチューブは、地面に掘った溝で支えられ、約1万リットルを貯水する

プールを寝袋のように丸めて、畑の耕したい部分に持っていけばいい。一〇〇〇リットルのビニールプールがあれば、川からのパイプでプールに水を満たし、別のパイプをプールから伸ばして畑をドリップ灌漑できる。

ビニールプールは、実際に機能するかどうかはまだわからない。現在、学生のチームとミャンマーのＩＤＥが実地テストを進めている。

水を与える

人間が使う水の七〇％が灌漑に使われていることを考えると、その灌漑用水の九〇％が、非効率な表面灌漑で畑や作物に与えられているという事実には驚かされる。表面灌漑は過去八〇〇〇年間、変わらずに行われてきた灌漑法だ。

運河では、水源から畑までのあいだで浸出により大量の水が失われている。その結果、意図せずに起こるのは、浸出した水が浅い帯水層に溜まり、小規模農民が浅井戸を掘って灌漑に必要な水をポンプで汲み出せるようになる、ということだ。だが、これを作物に与える段になると、誰もが行っている非効率なやり方を選ぶ。

小規模耕地の農民が、苦労して二〇〇立方メートルの池に水を集めたら、次は作物に効率的に水を与える必要がある。灌漑の初日に水を使い切るようなことは避けなければならない。低価格のドリップ灌漑システムは、貴重な水の八〇％から九〇％を作物の根まで届けられる。このような効率的なものを使う必要がある。低価格・低水圧のスプリンクラーも、ドリップ灌漑ほどではないにしろ、表面灌漑よりはずっと効率的に灌漑できる。だが、これまで述べてきたとおり、一般的なドリップ灌漑やスプリンクラーの装置は、一日一ドル未満の農民が買えるような値段ではない。また、一つの区画が四分の一エーカーという、典型的な農地にも合う大きさではない。

▼低価格のドリップ灌漑

低価格のドリップ灌漑システムについては、これまで説明してきたとおりである。今後一〇年から一五年のあいだに、一〇〇〇万人以上の一エーカー農民に行き渡る可能性がある（図5参照）。

▼低価格のスプリンクラー

小規模耕地の農民は、低価格のドリップ灌漑システムではなく、低価格・低水圧のスプリンクラーを使う場合がある。作物が列にならべて植えられていない場合や、互いに接近して植え

図5　1990年代に製作した、IDEの低価格ドリップ灌漑システムの概略図

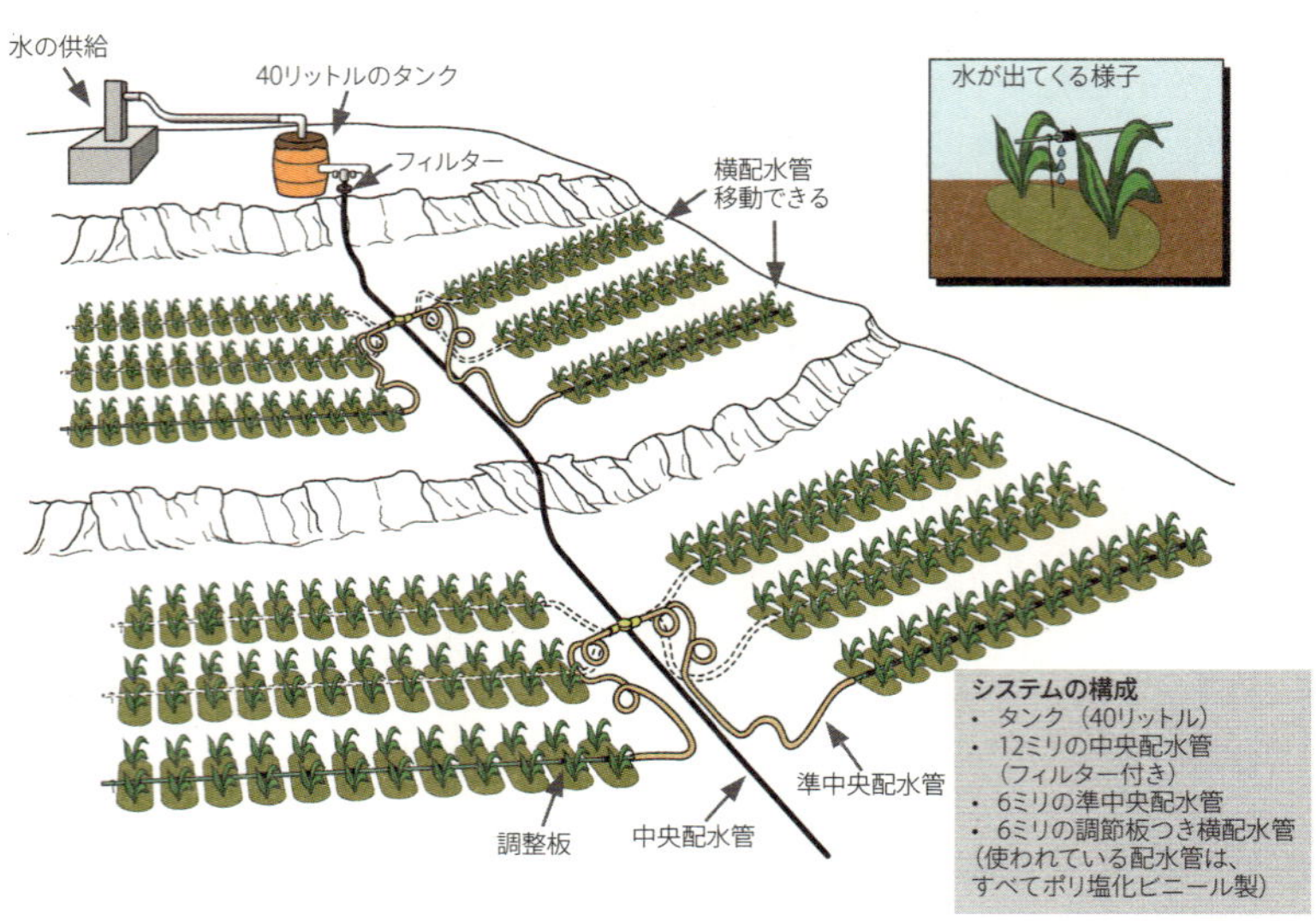

られていない場合、また畑に起伏があったり、水にミネラル分が多くドリップ灌漑システムを詰まらせてしまうような場合だ。

ジャック・ケラーが小規模耕地向けの低価格のスプリンクラーをデザインし始めたとき、最初に取り組んだのは、五メートルの水圧で水を均一に散布できるスプリンクラーヘッドを見つけることだった。五メートルの水圧とは、地上五メートルに設置されたタンクから流れ出る水により生じる水圧である。その当時は、一般的なスプリンクラーヘッドに必要な水圧は二〇メートルだった。ＩＤＥのスプリンクラーはインドでの実地テストを終えたところである。二分の一エーカー用で、価格は八〇ドルになる見込みだ。

▼さまざまな小規模耕地向け・低価格の灌漑用具

ここまでで、開発が進められている低価格・小規模耕地向けの灌漑用具をいくつか紹介した。紹介したのは全体のほんの一部である。ほかにも、たとえば低価格の井戸掘り・建設技術や、低価格で効率的な表面灌漑装置などがある。また、雨水を集め、貯水し、作物に与える総合的なシステムなどの開発が待たれている。

灌漑の次に必要なもの

一年中流れている川と、その水をキュウリに与えられる低価格のドリップ灌漑システムがなかったら、バハドゥは貧困から脱出できなかっただろう。しかし、低価格の小規模耕地向け灌漑装置だけで、十分な条件が整ったわけではなかった。

貧困から抜け出せるだけの十分な収入を稼ぐには、販売用作物の集約的な栽培という新たな分野について学び、作物を利益の出る価格で販売する必要もあったのである。

足踏みポンプで
野菜を育てる

ドリップ灌漑システムを
活用する女性

低価格・低水圧の
スプリンクラー

第7章

一エーカー農家から世界が変わる

冬にキュウリが育てられる！

A NEW AGRICULTURE FOR ONE-ACRE FARMS

重力タンクで灌漑し、ネパールでシーズンオフのキュウリを育てている。女性はパイプでタンクに水を満たしている。水は畑の上手にある川から引いている

「大きくて、丸々としたキュウリ！」クリシュナ・バハドゥ・タパは、腕いっぱいのキュウリを愛おしそうに抱えながら、力強く言った。

最初に大きく収入が増えたきっかけは何だったのかと尋ねると、彼は大切な畑につれて行ってくれた。バハドゥは食べきれないほどのキュウリを切り取り、一つひとつを大事そうに眺めた。私たちは次々と薄切りのキュウリを食べなければならなかった。食べる前には、バハドゥが一切れずつ塩を振ってくれるのだった。

塩味の付いたキュウリの薄切りはみずみずしく、少し苦みがあったが、私にとってはそれほ

ど特別なものではなかった。ただの新鮮なキュウリだ。だが、ネパール人にとっては、暑く乾燥した冬のさなか、キュウリは特別な力を持つ食べもののようだ。キュウリのみずみずしさは干からびた大地と対極をなし、病気を防ぎ、癒す力があるとネパール人は考えていた。一月から五月までのあいだ、ムグリンの市場ではキュウリは一キロ当たり三〇ルピーから四〇ルピー（約四五セント）で売られている。通常価格では一キロ当たり一〇ルピーなので、約三倍だ。冬のあいだインドの農場ではキュウリを育てられず、ネパールの農民も乾期に使える灌漑用の水を持たない人が多いため、値段が高くなる。バス停では、ボロボロの服を着た八歳から一〇歳くらいの子供たちが、キュウリの薄切りを売り歩いていた。カトマンズへ行く道の途中には泉があり、道行く人は冷たい水を飲みに立ち寄るのだが、そこには竹とバナナの葉でできた小さな店があり、キュウリの薄切りを通常の三倍の値段で売っていた。

だから、バハドゥが一六分の一エーカー分のドリップ灌漑システムの導入を決め、その費用である三六ドルの半分を借り、一月に何を植えるか選ぶ段になると、彼に迷いはなかった。

キュウリだ！

バハドゥが最初にしたのは、近所の人から斧を借りて家の上手にある山に登ることだった。そして、高さ三メートルほどのふしくれだった木や枝を切っては、次々に肩に載せて下りてきた。切ってきた木は、九〇センチくらいずつあいだを開けて深く埋め、一・二メートル間隔の列をつくっていった。この枯れ木の森は、ずっと使われることになった。まず、一月に植えるキュウリの蔓を巻きつけるのに使い、五月にキュウリの季節が終わってもそのままにしておいた。六月から九月にかけてのモンスーン期には、ヘチマやニガウリ、豆などが巻きつく場所となり、バハドゥ一家にまずまずの利益をもたらした。

バハドゥがドリップ灌漑で育てた最初のキュウリを収穫してから二年後、私はバハドゥ一家と話をした。そのとき彼らは、シーズンオフのドリップ灌漑による野菜栽培の事業を、一〇〇〇平方メートル（四分の一エーカー）に拡大したところだった。農場からの収入は年間五〇〇ドルから六〇〇ドル程度で安定し、それ以前の年間五〇ドルから一五〇ドルの不安定な収入状況から一変した。彼らは依然として、川のそばの一エーカーの土地で、モンスーン期には雨水を利用して米を育てていた。そして、米のあとにはブラックグラムとトウモロコシを植えた。高い場所にある畑でも、ブラックグラムとトウモロコシと他の作物を順番に育てていた。バハドゥ一家は、付加価値の高い販売用の作物を育てる面積を増やすことに対して、不安は感じないようだった。米やブラックグラムやトウモロコシなど、家族の食料にはなるものの、ほとんど収入にはならない作物の代わりに新しい作物を植えるのである。

ドリップ灌漑を行う四分の一エーカーの畑では、次のようなスケジュールで作物が育てられていた。

一月から五月までは、キュウリを育てる。キュウリからの純収入は一万七〇〇〇ルピー（約二〇〇ドル）だ。モンスーン期が来たら、ニガウリとヘチマと豆を植え、キュウリで使ったのと同じ木々に蔓を巻きつける。驚いたことに、モンスーン期にもたまに、

デュー・バハドゥ・タパが、蔓を木々に巻きつけたモンスーン期の作物の前に立つ。数年前、父親のバハドゥも同じようにしていた

雨が降らないときにドリップ灌漑システムを使うことがあるという。ニガウリとヘチマと豆の売上で、さらに一万七〇〇〇ルピーを稼ぐ。

九月から一二月までは断続的に雨が降るが、その期間にはシーズンオフのカリフラワーを育て、農場にやってくる業者に売って四〇〇〇ルピー（約六〇ドル）を稼ぐ。トウガラシやタマネギなどの野菜も育てるが、少なくとも半分は自分の家で食べる。

このようにしてバハドゥ一家は、小規模農場という一家の事業の焦点を、生きていくための作物から高付加価値の販売用作物に変えた。その結果、ほとんど一夜にして、生きるのがやっとという暮らしから、急成長中の中流クラスに入るまでになったのだ。彼らはこれからも新しいことを学び続けようと、心を決めている。

シーズンオフのキュウリやカリフラワーを育てるためには、三カ月の訓練を受ける必要があり、ＩＤＥの農学者が二週間ごとに村に自転車でやってきて指導を行った。床土を消毒したあと、高さ六〇センチの低価格のビニールハウスでキュウリの種を育てる方法を、農学者はバハドゥに教えた。栄養素や微量栄養素★を作物の成長の段階によってどう与えていくかも指導した。

小規模農場の大きな役割

バハドゥのような小規模農家が世界の農業において果たしている役割は、大半の人が

ネパールで、キュウリが蔓の上に育っている

★ビタミンなど、成長には欠かせないが少量で足りるもの

考えるよりもはるかに大きい。私は小規模耕地の農民と二五年間ともに働いてきたが、そのうちの二〇年間は、世界の農業における彼らの重要性をよく認識していなかった。貧困問題において小規模農場が重要であることはよくわかっていたのだが、農地全体に占める割合は一〇%か一五%くらいだろうと思い込んでいた。

　そう考えていたのは、私だけではなかった。農業を教えている大学も、農業活動を計画・実施し、資金を提供している団体も同じだった。二エーカー未満の農場が貧困とどんな関係があるか、また五エーカー未満の農場が世界の農業の生産性においてどんな役割を果たすか、よく認識していなかった。

　国際食料研究所（IFPRI）★の調査官であるオクサナ・ナガエッツが、小規模農場に関する二〇〇五年の概要報告書[27]をまとめた際に発見した事実は、注目すべきものだった。

世界に存在する五億二五〇〇万の農場のうち、約八五%にあたる四億四五〇〇万の農場は五エーカー未満だったのだ。バングラデシュでは、五エーカー（二ヘクタール）未満の農場は全体の九六%にも上り、全耕作地の六九%を占めていた。エチオピアでは、全農場の八七%、全耕作地の六〇%が五エーカー未満で、中国では全農場の九八%が五エーカー未満だった（表2参照）[28]。

　アジアとアフリカの農場の平均面積は、現在一・六ヘクタール（三・七五エーカー）である（図6参照）[29]。一日一ドルの世帯が耕している農場は、平均よりずっと小さい。アメリカとヨーロッパの農場は、世界の農業調査機関の発祥の場所でもあるが、その面積は非常に大きく現在も拡

★ International Food Policy Research Institute

表2　小規模農場が多い国、地域別上位5カ国

地域	国	調査年	2ヘクタール未満の農場の数	2ヘクタール未満の農場の割合
アジア	中国	1997	189,394,000	98
	インド	1995-96	92,822,000	80
	インドネシア	1993	17,268,123	88
	バングラデシュ	1996	16,991,032	96
	ベトナム	2001	9,690,506	95
アフリカ	エチオピア	2001-02	9,374,455	87
	ナイジェリア	2000	6,252,235	74
	コンゴ民主共和国	1990	4,351,000	97
	タンザニア	1994-95	2,904,241	75
	エジプト	1990	2,616,991	90
中南米	メキシコ	1991	2,174,931	49
	ペルー	1994	1,004,668	58
	ブラジル	1996	983,330	21
	エクアドル	1999-2000	366,058	43
	ベネズエラ	1996-97	133,421	23
ヨーロッパ	ロシア★	2002	16,000,000	98
	ウクライナ	2003	6,214,800	99
	ルーマニア	1998	2,279,297	58
	ブルガリア	1998	1,691,696	95
	ポーランド	2002	1,494,100	51

出典：FAO (2001, 2004) と各国の統計局のデータを基に、ナガエッツが算出。
国際食料研究所の許可を得て掲載（巻末脚注参照）
★　ロシアのデータは1ヘクタール未満のもの

図6　地域別農場面積

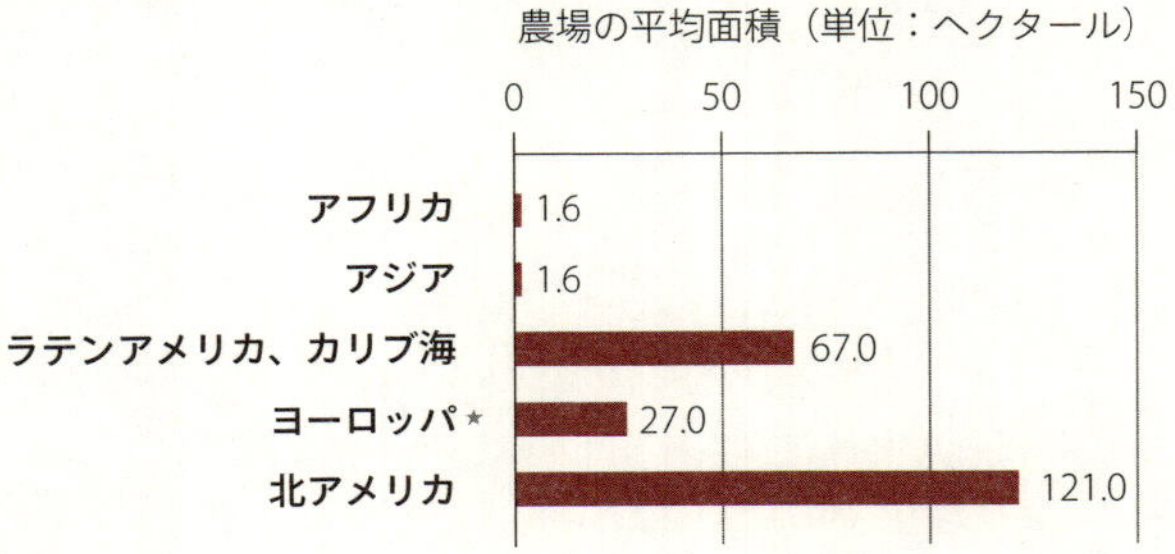

出典：von Braun (2005)
国際食料研究所の許可を得て掲載（巻末脚注参照）
★　データは西ヨーロッパのみ

大し続けている。一方で、開発途上国の農場の面積は縮小し続けている（表3参照）[30]。

経済学者たちの予想に反して、開発途上国の農場の平均面積は安定的に縮小している（表3参照）[31]。おそらく、急激な人口増加のためであろう。ヨーロッパのほぼすべての国とアメリカの農場の平均面積は、安定的に増加している。これは経済学者が予想した通りだ。

開発途上国では、小規模農場が全耕作地のなかで非常に高い割合を占めていることは明らかだ（表4参照）[32]。

インドの一九九〇年～一九九一年の統計では、五エーカー未満の農場は食用穀物全体の四〇％を生産し、乳製品ではそのほとんどを生産した。一九八五年のケニアでは、全農業生産のうち、五エーカー未満の農場によるものが四九％であった。マラウィにおける二〇〇五年の全農業生産のうち、八五％が小規模耕地の農民によるもので、同年エチオピアでは、ミルクの九七％が小規模農場から産出された。二〇〇一年のロシアの統計では、五エーカー未満の農場がミルクの五一％、食肉の五七％、野菜の八〇％、ジャガイモの九三％、卵の二八％を生産した。[33]

一日一ドルの農場の大きさ

小規模農場の数が四億四五〇〇万で、それぞれに五人の家族が暮らしているとしたら、世界の人口の六二億人のうち二二億人は、小規模農場に暮らし、働いていることになる。だが、一日一ドルで生きる八億人が暮らす農場は、五エーカーよりもずっと小さい。通常一エーカーほ

表3　農場の平均面積と小規模農場の数の推移

国	調査年	農場の平均面積（単位：ヘクタール）	総面積（単位：ヘクタール）	2ヘクタール未満の農場数
先進国（抜粋）				
アメリカ	1969	157.6	430,321,000	108,370
	2002	178.4	379,712,151	N/A
イギリス	1970	55.1	17,992,312	N/A
	1993	70.2	17,144,777	N/A
オーストリア	1969	20.7	7,490,463	75,840
	1990	26.7	7,217,498	38,694
ドイツ	1971	14.2	15,236,139	195,198
	1995	30.3	17,156,900	90,600
開発途上国（抜粋）				
コンゴ民主共和国	1970	1.5	3,821,916	2,026,740
	1990	0.5	2,387,700	4,351,000
エチオピア	1977	1.4	6,862,200	3,675,500
	2001-02	1.0	11,047,249	9,374,455
中国	1980	0.6	N/A	N/A
	1999	0.4	N/A	N/A
インド	1971	2.3	162,124,000	49,114,000
	1991	1.6	165,507,000	84,480,000
	1995-96	1.4	163,357,000	92,822,000
インドネシア	1973	1.1	16,394,000	12,712,791
	1993	0.9	17,145,036	17,268,123
ネパール	1992	1.0	2,598,971	2,407,169
	2002	0.8	2,654,037	3,083,241
パキスタン	1971-73	5.3	19,913,000	1,059,038
	2000	3.1	20,437,554	3,814,798

出典：FAOのデータ(2001, 2004)をもとにナガエッツが算出。中国のデータはFan, Chan-Kang (2003) が原典。国際食料研究所の許可を得て掲載（巻末脚注参照）
注：N/Aはデータがないことを示す

どで、それがいくつかの耕地に分散している。私はこれまでに数千の一日一ドルの農場を訪問したが、その大きさはさまざまだった。人口が密集した国の都市近郊の農場では、一〇〇分の一エーカーのものがあった。一方で乾燥地帯には一〇エーカーのものもあった。だが、一般的な大きさはやはり一エーカーであった。

誰のための農業研究？

世界の全農場の八五％が五エーカー未満で、開発途上国では穀物と食肉と乳製品の半分以上を五エーカー未満の農場が生産する。そうだとしたら、世界の最先端の農業研究は、小規模農場の生産性と収入の向上に焦点を当てているはずだ——。

いや、実はそうではない！

表4　全農場数と総耕作地において、小規模農場が占める割合

地域	国	調査年	全農場数に占める小規模農場の割合（%）	全耕地面積における小規模農場の耕地の割合（%）
アフリカ	エジプト [a]	1990	75	49
	エチオピア	1999-2000	87	60
	コンゴ民主共和国	1990	97	86
	ウガンダ	1991	73	27
アジア	バングラデシュ	1996	95	69
	インド	1995-96	80	36
	インドネシア	1993	88	55
	ネパール	2002	92	69
	パキスタン	2000	58	15
中南米	ブラジル	1996	20	0.3
	エクアドル	1990-2000	43	2
	パナマ [b]	2001	53	0.6
ヨーロッパ	グルジア	1998	96	33
	ポーランド	2002	51	7
	ルーマニア	1998	58	14
	ロシア [b]	2002	98	3
	ポーランド	2003	99	8

出典：FAO 2001, 2004; Tanic 2001, Goskomstat 2002, 世界銀行／OECD 2004. 国際食料研究所の許可を得て掲載（巻末脚注参照）

a. 2.1 ヘクタール未満

b. 1 ヘクタール未満

なぜ、農業分野のリーダーたちは、小規模農場の重要性を一貫して無視するのだろうか。その答えは難しいものではない。

農業を専門とした組織には、開発途上国の将来のリーダーたちが学びにやってくる。それらの組織はアメリカやヨーロッパにある。アメリカでは、二〇〇二年の平均の農場面積が四四六エーカーで、ヨーロッパでは、二〇〇五年の平均の農場面積が六八エーカーだった。西側の大学の教授たちは、西側の農場で博士号の研究を行う。したがって自然に、彼ら自身が詳しく知っている農場や場所を基準にして、すべてを考えるようになる。同時に、周囲の他の教授たちからも自然に影響を受ける。教授たちは「小規模農場やそこで使われている道具は、石器時代的な恥ずべき異常なもので、市場の力が伸びればすぐに大型の農場がとって代わるだろう」と考えている。

したがって、その教授たちの下で勉強する学生が、ネパールの山村でヤギを三頭育てる方法や、インドの部族の村でシーズンオフの野菜を四分の一エーカーの畑で育てて、お金を稼ぐ方法を学ぶことはないだろう。大型農場を中心に考えられた農業は、西側の農場の環境にはぴったり当てはまる。だが、それを無理やり開発途上国に適用したら、悲惨な結果を招く。開発途上国では農場は小さく、またどんどん小さくなっている。農場が小さく、遠隔地にあるほど、そこで暮らしているのは一日一ドル未満で生きる人々である確率が高くなる。もし、私が仮に世界の農業を一日だけ支配できるなら、農業の修士号や博士号を取ろうとしている学生全員に、一エーカーの農場における問題を解決するという、半年間の調査研究を課すだろう。そうすれば、貧困と深くかかわる農業に関して、その考え方においても実践においても、革命的な変化が起こるはずだ。

一九八〇年代半ば、私はＩＤＥの取り組みについてアメリカの名門大学であるコーネル大学でスピーチをした。私が足踏みポンプを推奨したことから、農業技術の教授二人は私を激しく非難した。厳しい労働から人間を解放する機械がある現代において、足踏みポンプは人間に下級な労働を強いるものだと言うのだ。ソマリアで、難民がロバの荷車を五〇〇台製造して売るというプロジェクトをＩＤＥが支援していたとき、ボストンで博士号を取った政府の役人も、公の場で私を非難した。

「ポラック博士。あなたは毎朝、デンバーのオフィスにロバの荷車を引いていくのですか？いったいなぜ、私たちにはロバの荷車を勧めるのですか？　わが国ではあなたが生まれる前からロバの荷車を使ってきましたが、今我が国は近代化を進めようとしているのです」

二年後に、ロバの荷車のプロジェクトが収入創出の面で最も成功したプログラムになると、彼の見方も変わった。

緑の革命は、小規模農場にとって大きな希望であった。だが、高収量の米や麦、トウモロコシを育てるには、その奇跡の作物を茂らせるための灌漑や肥料、耕作方法などが必要だった。種を小分けにするのは簡単だ。だが、一キロの穀物を育てるには一〇〇〇キロの水が必要になる。大きな運河があれば、必要な水は確保できる。しかし、灌漑設備を分割することは、一キロ分の米の種を分けることよりもずっと難しい。こうして、小規模耕地向けの低価格の灌漑設備を手に入れにくいことが、小さな耕地の農民が緑の革命の手法を取り入れるうえで、大きな壁となった。だから、その大多数がモンスーン期には従来型の米を育てるのである。

そして、もう一つ大きな壁がある。一日一ドルの農民は慢性的な資金不足の状態にある。だから、緑の革命の種子と肥料、農薬を手に入れる費用、五〇ドルほどを調達できない。仮に調達できたとしても、一〇年に一度の大規模洪水のリスクがあるために、そこで失っても問題ない金額以上は投資したがらない。乾期に米を育てられれば洪水のリスクはなくなるが、今度は灌漑設備が必須となる。

日本や台湾のような国では、緑の革命により一ヘクタール当たりの収穫量は五~六トンに増えた。だが、一日一ドルの小規模耕地の農民の大半が、結局は従来型の開放受粉の米を植えている。そのほうが肥料は少なくて済み、リスクも少なく、雨水があれば一ヘクタール当たり一トンから三トンという、まずまずの収穫量を得られるからだ。新型の遺伝子組み換えの種は、緑の革命の高収量米の種よりさらに値段が高い。

一方で、有機農業は、バハドゥ一家のような農民に大きな可能性をもたらす。小規模耕地の農民の多くが、必要に迫られて有機農業を実践している。彼らはお金がないために農薬や除草剤を手に入れられず、自然と有機農業の基準にかなっているのである。問題は、分散した何百万もの小さな有機農場を「有機農場である」と認定し、作物をそこから集めて販売する仕組みをつくることだ。

緑の革命が大きな成功を収めたので、貧困撲滅にかかわるリーダーたちは、緑の革命の種子と手法を使うようにと小規模耕地の農民に勧めている。しかし、もっと安価でリスクの少ないやり方で、食料の生産量を増やすことができる。

一日一ドル、一エーカーの農民のための新しい農業

新しい農業の開発で小規模農場の貧困をなくそうとするならば、開発途上国の一エーカーの農場について深く理解するところから始めなければならない。また、その農場で生活の糧を稼いでいる家族が日々経験することや、希望、夢についても、よく理解する必要がある。

私がこれまでに話を聞いた、一日一ドル、一エーカーの農民数千人の夢には、次の二つがあった。

❶ 家族が一年中、十分に食べられる量を生産すること。
❷ 貧困から抜け出すために、毎年十分な収入を得ること。

▼家族が十分に食べられる量を生産する

プルン・チホン一家は、プノンペンから南に二時間ほどのところにある、カンボジアのタモル村に住んでいる。一ヘクタール（二・四エーカー）の農地を持っていて、ひたすら米を育てている。毎年、長いモンスーン期のあいだに米を二度栽培する。チホンの計算によると、一二人

の家族を一年間養うには二トンの米が必要で、一回の栽培で一トンの米を収穫する。台湾や日本などでは、一ヘクタール当たりでチホンの五倍の米を収穫するが、それには緑の革命の種子や、ずっと大量の肥料、良い灌漑設備が必要となる。これらを手に入れるための資金をチホンは持っておらず、仮にお金を借りられたとしても、大きな洪水でそれを失ってしまうようなリスクを冒せない。

チホンは一回の栽培で尿素★を二度、手で撒いている。一年間にかかる費用は、種子と肥料と化学薬品で合計五五ドルだ。しかし、尿素の大半は豪雨で流されてしまうし、尿素からガスが発生する場合もある。今チホンは、IDEが紹介した新型の持続放出性の顆粒尿素に望みをかけている。四つの苗ごとにチホンと妻が顆粒を土のなかに棒で押し入れることで、肥料がすべて作物に届き、収穫量の倍増が見込まれる。ただし、年間の費用は五五ドルから七五ドルに増える。もし収穫量を倍増することができれば、四トンを収穫して二トンを売ることができ、家族を食べさせながら年間三〇〇〜四〇〇ドルを稼ぐことができる。だが、費用が余分にかかるために、今年は二回の栽培のうち一回だけで試し、うまくいったら来年は二回ともやってみるという。

チホンは、家の隣にある八分の一エーカーの畑で野菜を育て、家族で食べている。この畑を灌漑するために、家から一八〇メートルのところにある川からバケツで水を汲んでいる。IDEの力を借りれば、足踏みポンプで水を得る方法や、低価格のドリップ灌漑システムでその水を作物にやる方法がわかり、乾期に野菜を育てて高値で売ることができるだろう。だが現在の

★ 肥料として広く使われている

ところ、一家が考えているのは米だけだ。

農村に住む平均的な家族を一年間養うには、通常約一トン（九〇〇キロ）の米が必要だ。だが、一日一ドルの家族の多くは約七〇〇キロ、つまり九カ月分しか生産していない。だから、もし仕事を見つけられず十分な稼ぎが得られなければ、家族は飢えてしまうのだ。

一エーカーの農民が第一に優先するのは、自分たちの土地を使って、家族が一年を通して食べられるようにすることだ。そのための選択肢としては、以下の三つがある。

❶ 緑の革命の種子や、そこで指定された量の水、肥料などを使って、育てている穀物の収穫量を増やす。

❷ リスクの低い方法をとる。たとえば、埋め込み型の持続放出性の顆粒尿素と「幼苗一本植え」（SRI、詳しくは後述）農法などを用い、従来型の種子とわずかな費用で、収穫量を増やす。

❸ 一エーカーの畑を使って、高付加価値で労働集約的な販売用作物を育てて年間の純収入を五〇〇ドル増やし、そのお金で必要な食料を買う。

▼緑の革命の手法で収穫量を増やす

アフリカではまだ緑の革命は進められていない。だから、一日一ドルの農民も緑の革命の種子や手法を用いておらず、一ヘクタール当たりの穀物の産出量は一〜三トンにとどまっている。

小規模農家が緑の革命に取り組むうえでは、少なくとも三つの壁がある。一つ目は、低価格の灌漑方法がないこと。二つ目は、お金がない一日一ドルの農民にとって、緑の革命で使う資材は価格が高いこと。三つ目は、大規模な洪水や干ばつによる損失を被るというリスクをとれないこと。

乾期に灌漑ができなければ、生きるための食料を育てる水を、モンスーンの雨水に頼らなければならない。ネパールでは、モンスーン期に雨が三週間降らないことも珍しくはない。だから、一日一ドルの農民が、高収量の米を植えるために金貸しから五〇ドル借りたら、一〇〇ドルを返済する四カ月後には土地を失うリスクもある。バングラデシュであれば、モンスーン期に高収量の米を植えたら、一〇年に一度ある大規模洪水ですべてを失うリスクがある。

▼低コスト・低リスクの方法で収穫量を増やす

埋め込み型の持続放出性の顆粒尿素は、IDEがベトナム中央部の山間部やネパール、バングラデシュなどで実地テストを行って成功し、販売してきたものだ。一般的に行われている尿素の散布よりわずかに価格が高いが、雨で流れてしまうリスクは低く、収穫量を二〇％以上増やせる。仮に、家族が年間に食べる九〇〇キロの米のうち七〇〇キロしか生産できていなかったら、それを八五〇キロに増やせれば、二〇〇キロではなく五〇キロ分の米を買うお金を稼げばいいことになる。

「幼苗一本植え」（SRI）[34][35]★は、収穫量を増やす手法のなかでは、低コストで労働集約的なも

★ the System for Rice Intensification

のだ。議論を呼んでいる手法ではあるが、小規模耕地の農民のあいだで急速に広まっている。米は通常、田んぼの水のなかで育つ。それにより、米の苗にはつねに水が供給され、雑草を寄せ付けない。

従来型の米の栽培方法とは対照的に、SRI農法では大きく間隔をあけて米の苗を植え、定期的に水をやることで根の水を絶やさないようにする。ちょうど、トマトを育てるのと同じような感じだ。数多くのテスト報告によると、この手法で米を育てるとより頑丈で健康な根が育つという。土が空気にさらされるのが、その一因だ。水をいっぱいに満たす一般的な方法と比べると、収穫量は二倍くらいになる。この手法をとれば、育てる米の種類を変えることなく、また大きな費用もかけずに、米の収穫量を上げることができる。小規模耕地の農民にとっては魅力的な選択肢だ。IDEもベトナム、カンボジア、インドでSRIを試したが、結果は良好だった。小さな米の栽培地を低価格のスプリンクラーで灌漑し、使う水の量を抑えるという可能性も生まれた。SRIと低価格のドリップ灌漑システムを組み合わせて、最初の実地テストをインドで行ったが、収穫量の増加と質の面で期待できる成果が現れている。

▼販売用として作物を育て、食料を買う

この三つ目の方法が長期で考えれば最も期待が持てるのだが、小規模農家は「リスクが大きすぎる」という第一印象を持ってしまう場合が多い。乾期に四分の一エーカーを灌漑して高付加価値の販売用作物を育てれば、年間五〇〇ドル純収入を増やせる。そして、低コスト・低リ

スクの手法で主食の収穫量を増やし、それでも足りない米や麦やトウモロコシなどを、稼いだお金で買うのである。何百万人もの農民が、この起業家的手法をすでに利用している。

開発途上国の小規模農家は、労働賃金が世界で最も低く、一時間当たり五セントから一〇セントだ。その点で考えれば、家族だけで働いている小規模農家は、賃金を払って労働者を雇っている大規模農場に勝るはずだ。小規模農家を繁栄に導くための第一歩は、継続的に需要が見込める野菜か果物を四つか五つ見つけることである。農業気候で分けた地域ごとに、高付加価値でシーズンオフに売れるものを見つける。その作物は、四分の一エーカーの灌漑された耕地で、うまく育てられるものでなければならない。適切な作物が見つかったら、次のステップは民間のネットワークを開拓し、小規模農家が低価格の灌漑システムや、資材や、新たな作物を育てる能力を手に入れられるようにすることだ。利益が出る価格で作物を売れる、販売や輸送のネットワークも必要になる。この手法を用いて、IDEは二五〇万世帯の小規模農家の大幅な収入増加に貢献してきた。

しかし、八億人の一日一ドルの農民に対して同じことを実現するには、一エーカーの農場に焦点を当てた、大胆で新しい農業イニシアチブが必要だ。それは緑の革命と同じくらいの規模でなくてはならない。

まず、小規模耕地での栽培に適した、さまざまな果物や野菜を開発する必要がある。

また、低価格の小規模耕地向け灌漑技術をデザインし、民間のネットワークを通じて普及させる必要がある。

そして、輪作や害虫のコントロールに関する技術や、一エーカーの農場の四分の一エーカーの耕地に適した、多様な農業の技術を開発する必要がある。

今日の世界の農業研究のうち、四分の一エーカーの耕地における収益の最適化に焦点を当てた研究は、ほんのわずかである。今も現代の農業研究では、緑の革命の手法や、作物の生産性向上に貢献する遺伝子工学、大規模農場向けの技術などが中心に議論されている。

ただし、例外もある。アジア野菜研究開発センター（ＡＶＲＤＣ★）は小規模農場に深く関係する野菜の生産に焦点を当てているし、国際農業研究諮問委員会（ＣＧＩＡＲ★）の組織のなかには、小規模農場の収入の増加手段にフォーカスしているところもある。[36] だが、研究者たちが小規模農場に注意を向けたとしても、その対策の中心となるのはやはり経済政策であり、緑の革命なのである。小規模耕地の農民の立場から考え、そこを起点として何かを始めようとはしない。イギリスで二〇〇五年に開かれた「小規模農場の未来」と題する会議[37]でも、主に議論されたのはマクロ経済のトレンドや、小規模農場における緑の革命や遺伝子工学の展望、小規模農場の生産物をスーパーで売ることの効果などだった。小規模農場の農民自身にとって役立つようなことは、ほとんど語られなかった。

モンスーン・トマト――小規模農場の収益革命が起こるか？

多くの開発途上国では、トマトの値段が最も高くなるのはモンスーン期だ。湿度が高くなり、

★ Asian Vegetable Research and Development Center

★ Consultative Group of International Agriculture Research

カビや病気が発生して育ちにくくなるからだ。アジア野菜研究開発センター（ＡＶＲＤＣ）(38)では、小規模農家がモンスーン期にトマトを育てて利益を得られるような手法を開発した。

まず、室温などを管理した小さな温室のなかで、病気に強いナスの台木にトマトの枝を接ぎ木する。この苗木を揚げ床★に植え、ビニールの雨よけで覆い、雨が揚げ床のあいだの溝に流れ落ちるようにする。そして、開花の時期にホルモンスプレーをかけ、花を結実させる。バングラデシュ農業研究センター（ＢＡＲＣ）★の研究者たちは、この技術をバングラデシュの環境に適合させた。バングラデシュでは技術の普及と商業化に若干の問題は生じたが、通常の三倍の値段でトマトが売れるため、小規模農家が農地からの収入を増やす手法として、大きく期待できるものとなった。

ＩＤＥはネパールのポカラ近くの山間部で六二軒の小規模農家に協力し、それぞれの農場で竹枠のビニールの雨よけをつくり、ドリップ灌漑システムを使ってモンスーン・トマトを育てた。五〇平方メートルの簡単な温室と灌漑システムの費用は、合計で一二五ドル。農民があげた純収入は二〇〇ドルだった。こうした成果を継続できるならば、土地を持たない人でも、一〇〇平方メートルの土地が使えお金が借りられるならば、年間四〇〇ドルの収入を新たに稼ぐことができる。モンスーン・トマトを育てて別の時期には他の高付加価値の野菜を輪作することで、それが実現できるのである。

★ 周囲の地面より一段高くした苗床

★ Bangladesh Agriculture Research Center

「土地のない」労働者が稼ぐ方法

ネパールの山間部とインド西部の農村で、各村で一番貧しい土地のない家族を二軒紹介してほしいと、村のリーダーに頼んだ。すると驚いたことに、開発途上国の農村では、事実上土地を持っていない人はいない、ということがわかった。すべての「土地のない」家族は、自分たちでは土地を所有していなくても、地主の土地か村の共有地を少なくとも一〇〇平方メートルは耕地として使うことができる。彼らに三ドルのドリップ・セットと種が少々あれば、そしてときに集約的な農業とマーケティングについての指導があれば、ある程度のお金を稼ぐことができる。まさにそれを実行している土地のない家族に話を聞いたとき、その創造性には驚かされた。

自宅の屋根を、耕地の延長として使っている人が大勢いた。インド中部のインドール市から二時間ほどのところにある部族の村で、ある女性に話を聞いた。彼女は庭にパパイヤの木を三本植え、草ぶきの屋根にカボチャの蔓を二本はわせていた。

だが、それらはすべて家族で食べるためのものだった。庭にはパパイヤ三本ではなく一〇本分、屋根にはカボチャ二本ではなく四本分のスペースがあって、育てた作物のうち一部を売れば新たな収入が稼げると思われた。だが、彼女はそんなことは思いつかなかった。また、家族全員が庭の決まった場所で体を洗っており、その水を三ドルの灌漑セットの重力バッグに入れて使えば、作物の生産量を増やすのも簡単なはずだった。手始めに、動物を囲っている小さなフェンスに蔓を這わせて、ニガウリをつくり始めることもできる。カボチャの花の人口受粉の方法を覚えれば、おそらく生産量を倍にできるだろう。堆肥の抽出液や薄めた尿などを作物の肥料として使うこともできる。

開発途上国の「土地のない」家族が、家の脇にある土地や屋根の上を使って、どうすれば効率的に稼げるのか、また栄養を改善できるのかを真剣に研究し始めてもいいのではないか。その最初のステップは、すでにそれを実行している土地のない農民が、どんな作物をどう育てているのかを調べることだろう。次に、さらに研究を進め、試験的な耕地をつくる。そして、屋根の上や一〇〇平方メートルの耕地で、どうすれば最大の純収入をあげられるかを、農家や研究機関のあいだで比較し合うのである。

小さい土地に見合った肥料作りや害虫管理

▼有機的な肥料作り

開発途上国の一エーカーの農民は、たいてい牛や水牛の堆肥を肥料として使うことができる。作物を植える前に、地面の上に載せておくのだ。その後、少しばかりの尿素を与える人も多いが、その量は推奨されている量よりもはるかに少ない。野菜の栽培では、最初に地面に載せる肥やし以外は、何も与えない場合が多い。作物の成長サイクルに合わせて低価格の肥料を与えれば、収穫量も品質も大きく変わるはずだ。

実は、小規模耕地の農民はほとんど実行していないが、低価格の肥料を収穫までのあいだ野菜や果物に週一回与えるという、優れた手法がある。これを実行すれば、収入が倍増する可能性もある。

一頭か二頭の家畜がいれば、もしくは近所で堆肥を入手できれば、堆肥の抽出液をつくることができる。堆肥を麻の袋いっぱいに入れ、ドラム缶で水に浸して二日間置いておく。袋を引きだすと、残った水は植物の栄養分となる濃縮液になっている。これを水で一対一〇の割合に薄め、手作業で植物に与える。あるいは、三ドルのドリップ・システムがあるのなら、重力タンクに入れれば植物の根まで届けてくれる。

動物の堆肥がまったく手に入らない場合は、もっと簡単で費用のかからない方法がある。家族がじょうごを使って排尿し、栓を付けた容器にそれを溜めておき、五倍から一〇倍に薄めて植物に与えるのである。人の尿は、まれに尿路感染がある以外は無菌だ。平均的な成人であれば年間五〇〇キロの尿を排出し、そこには一二%の可溶性窒素と、三〜五%の可溶性カリウムとリンが含まれている。これは12－4－4の肥料★五〇〇キロとほぼ同じものだ。四人の家族がいて、その半分の尿を集めれば、四分の一エーカーの野菜畑の基礎となる栄養源として十分な量が得られる。

小規模耕地の農民たちは、適切な肥料をどう使うか、すぐに覚えてしまう。自転車を持っていたIDEのスタッフは、ネパールの山間部で地元密着型の農学者として動き、遠隔地にある山村で、これまで野菜を育てたことがなかった八人の女性を直接指導した。八人は先進的な肥

★ 全体の一二%が窒素で、四%がカリウム、四%がリンである肥料

料や微量元素の使い方を覚え、一種類の野菜が育つまでのあいだに最先端を行く園芸学者となった。

▼土地に見合った害虫管理を

総合的害虫管理★や輪作を、四分の一エーカーの耕地向けにアレンジするには、農業のやり方を変えなければならない。そのために、最新の農業研究を活用する必要もある。ただ、現代の農業のやり方を小規模耕地で実現するのは難しいとしても、現地の役立つ情報を手に入れることはできる。二〇〇二年、ネパールの山村の小規模耕地で野菜を育てていた農民たちは、現地で「茎切りコオロギ」と呼ばれる昆虫にレタスの苗の大半を荒らされていた。地元の業者に勧められた農薬は、どれもまったく効果がなかった。だが、近くの村で一～二年前に効果があった方法をある農民が見つけてきた。それは単純で当たり前の方法だった。茎の長い草を一抱えほど切ってきて、レタスの畑に撒くのである。コオロギはレタスの茎と草の茎の区別がつかず、レタスへの被害は減ってほんのわずかになった。

必要なのは、特別なものではない。効果的な輪作と総合的な害虫管理の手法を、開発途上国の小さな耕地で育つ高付加価値で労働集約的な販売用の作物に適用するという、新しい研究だ。

収入を得られる販売用作物と、それを効果的に育てる栽培方法があれば、一日一ドルの農民も貧困から脱出して中流クラスになれる可能性が出てくる。収入が増えたら、農民は土地を離れるだろうか？　もちろん、そういう場合もあるだろう。ある農民の息子が街で医者になった

★ 害虫と作物の生態的研究に基づき、農薬の使用を最小限にして害虫の管理を行うこと

として、それに何の問題があるだろうか。また別の農民がお金をたくさん稼いで農場を離れ、街で小さな店を開いたとしたら、彼はこれまで以上の力を持つようになるはずだ。さらに別の農民は農場にとどまるかもしれない。農場が好きで、生活費を稼ぐ手段として農業がいちばん良い方法だと思うからだ。それもすばらしいことだ。繁栄は飢えをなくし、農家の家族に選択の自由を与えるのである。

日陰で足踏み

第8章 主役は貧しい人たち

商品が売れる市場をつくる

CREATING VIBRANT NEW MARKETS
THAT SERVE POOR CUSTOMERS

インドの屋外野菜市場

腕いっぱいの丸々としたキュウリを育て始める前に、バハドゥ一家は村で業者を見つけ、良いキュウリの種と肥料、低価格のドリップ灌漑システムを買う必要があった。そして、キュウリを収穫する時期が来ると、どこで、どうやって売って、お金を稼ぐかを決めなければならなかった。

ムグリンでスタンドを設けて顧客に直接売れば、最も高い値段で売れるはずだ。幸いなことに、ムグリンまではわずか一二キロだ。だが、そうするとバハドゥの最初の妻であるパダム・マヤ・メイガー・タパが、販売に丸々一日の時間を使わなければならない。

行商人に売ることもできる。私たちがムグリンの軍の検問所で止められたときも、洋服につぎを当てた一二歳の女の子が、濡れたペーパータオルに包んだキュウリの薄切りを盛んに売り込んできた（買わなかったが）。あとで、その女の子はバハドゥの売り子の一人であることがわかった。

木製の手押し車を持つ行商人たちは、バス停でバスの窓越しにキュウリの薄切りを売る。行商人たちのマージンは高いが、一日の終わりにキュウリが売れ残っていると、その分の損失を被ってキュウリを食べてしまわなければならない。行商人に売る場合の問題は、かなりの値引き交渉をされることで、結局は売れない場合もある。

三つ目の選択肢は、ムグリン市場の卸売業者に売ることだ。価格は決まっていて、値引き交渉もない。卸売業者はキュウリを道端に止めたトラックで売るか、カトマンズの小売店に売る。ただし、買い取り価格は日によって、あるいは時間によって変わるので、業者に持っていく前に値段を調べておく必要がある。

こうしたことを行っているうちに、バハドゥ一家は優れた市場参加者となった。

さまざまな市場の参加者

世界の誰もが市場に参加している。バハドゥ一家と同じく、ネパールの雪深い山岳地帯に住むヤク飼いも、市場に参加する起業家だ。年に一度、タライ平原の町や村にやってきて、ヤクのチーズやドライフルーツ、手工芸品などを、生きていくのに必要な塩と交換する。だが、彼らの起業家としてのスキルはあまり磨かれていないので、取引でだまされることも多い。交渉の能力を高めるには、一年中取引を行うなどして経験を積む必要があるだろう。

カンボジアの小規模耕地の貧しい農民も市場の参加者だ。豊作だったときには余った米を売って、硝酸アンモニウムの肥料を少し買う。ネパールのガンダキ渓谷で二エーカーの水田を耕す農民は、最も近い道路まで二日かかるところに住んでいるが、彼らも市場に参加している。インドの市場向けに、どちらかと言えば低品質の燻し生姜をつくっているのだが、市場での能力はあまり高いとは言えない。もっとお金を稼ぐには、生姜を買い取ってもらう業者の品質水準を理解するとよいだろう。そして、その水準に合うように、栽培や加工の方法を変えるのである。

ベトナムの山間部の部族村に住む人々は、文字を持たず、高地米を雨水で育てている。毎年、家族が必要な米の半分しか収穫できないが、彼らも市場に参加している。朝から晩まで、森のなかで緑の籐《とう》の蔓を集めては、必要な米を買うために小賢しい業者に売る。しかし、その値段はあまりにも低い。もし、籐が町でどのくらいの値段で売られているか知っていたら、もっと払ってもらえるかもしれない。あるいは、簡単な籐の家具のつくり方を覚えたら、もっと稼げるかもしれない。

サハラ砂漠以南のアフリカに住む農民一〇〇〇万人は、川や池からバケツで水を運んで、小さな畑のトマトやトウガラシやタマネギに与えている。収穫した作物は高速道路まで運んでトラック運転手に売り、運転手はその野菜を町まで運ぶ。こうした農民も市場参加者だ。もし、もっと効率的に作物に水をやる方法を知ったら、現状の八倍ほどを生産し、稼ぐことができるだろう。ムンバイのスラム、ダラヴィに住む一二〇〇人の陶工は植木鉢や水差しをつくり、市場に参加している。もし、もっと高級な陶器をつくり、裕福な顧客に売る方法を見つけたら、自分たちの製品でもっと多くを稼げるだろう。

残念なことに、一日一ドルの人々が売り手や買い手となる市場には、スイスチーズよりも多くの穴が開いている。開発途上国のそういった市場は、ほとんどが退化しているか、遠すぎて使えないか、そもそも存在していないかのどれかである。市場では、価値あるものをつくるのに必要な道具を買い、つくったものを利益の出る値段で売る。一日一ドルの人が市場を使えないとしたら、どうやって収入を伸ばせばいいのだろうか。

起業家の役割——ニッチなニーズを見つける

起業家は市場の非効率な部分を開発することで、富を創出する。市場は起業家の活動を活用することで、効率的であり続ける。起業家と市場を活気づけるのは、両者のあいだの生き生きとした、変化し続けるかかわり合いだ。カンボジアのポルポト政権やスターリンのソ連において起業家が全滅したことで、起業家がいなくなると市場と国家に何が起こるかが見事に表わされた。だが、裕福な国と開発途上国では、起業家と市場のかかわりに大きな違いがある。私は両方の市場で、成功も失敗もした。

一九九〇年代に、私は二人の友人と、アメリカのワイオミング州リバートンで四四戸の集合住宅を一棟買った。その地域の最大の雇用者であった石油・ガス事業が崩壊したため、空室率は四〇％になっており、集合住宅の価格は建設費の半分にまで下がっていた。リバートンの集合住宅の大半は家具付きではなかった。そのほうが信頼できる入居者を集められ、退去率も低くなると家主が考えたからだ。だが、リバートンで新たに住宅に入居したのは、六カ月の建設プロジェクトで働く人たちだけで、この臨時の建設作業員たちは、家具付きの部屋をほしがった。町から離れる人たちが家具を売りに出したおかげで、私たちは良い家具を手ごろな価格で買えた。新たに家具付きにした私たちの集合住宅は、空室率がすぐに一〇％以下になった。二年後にはこの集合住宅を売却し、かなりの利益を手にした。

ニッチなニーズを見つけてそれを満たすことは、市場と起業家のかかわり合いにおいて基本となるものだ。だが、まれにヘンリー・フォードのような頑固な先見者がいて、革命的に新しい市場を創造する。

フォードが登場したころ、三〇～四〇社の自動車メーカーが二二〇〇ドル以上の価格で自動車を製造・販売していた。主に金持ちのプレイボーイ向けのものだった。これに対してフォードの夢は、労働者のための五〇〇ドルの車をつくることだった。この夢を実現するため、フォードは組み立てラインを考案し、大手自動車メーカーの独占状態を崩した。そして、全国的なディーラー・ネットワークを築き、抜け目のないマーケティングと宣伝でこれを支えた。

価格を下げるために、フォードは自動車の重量を三分の一減らした。コスト削減については、次の発言が有名だ。「モデルTなら、どんな色でも好きな色を選べますよ。それが黒である限りはね」

低マージンで大量販売できる市場を開拓すれば、大きな利益を得られる。フォードはそう賭けた。そして、その予想は見事に的中したのである。ヘンリー・フォードのブレークスルーのおかげで、一九九一年の世界の自動車販売台数は五四〇〇万台を超えた。(39)

ソニーがつくった新しい市場

ソニーの社長であった盛田昭夫は言った。「古い市場に販売するのではなく、新しい市場をつくりだすのだ」。これを実行したのが、ウェスタン・エレクトリックに二万五〇〇〇ドルを払ってトランジスタラジオの諸権利を買ったときだ。このころは、ハイファイ・システムを購入する人たちは大きさが重要だと信じており、一〇〇〇ドルから二〇〇〇ドル払って購入していた。盛田の手にかかると、当初は薄っぺらだったトランジスタラジオの音質がまたたく間に向上し、その後もソニーはラジオとエンタテイメントの業界で革新をし続けた。

メインフレーム・コンピュータが大学の研究室を占拠し、価格が一〇〇万ドルを超えていたころ、ジョブスとウォズニアックは学生の机に置けるような大きさのコンピュータを五〇〇〇ドル以下でつくった。それがきっかけとなって情報革命が起こり、現在も続いている。

市場における革命的な変化は、価格と大きさでのブレークスルーが基盤となっている場合が多く、それが革新的なマーケティングや流通と結びついて変化が起こる。

何千人もの起業家がニッチ市場を開拓していて、成熟市場でも革命を起こそうとしている希有な起業家が一人か二人いるなら、開発途上国の貧しい人たち向けの市場でも同様のことが起こってもよいのではないだろうか。

開発途上国でニッチ市場が現れてきても、起業家は誰一人としてそのニーズを満たそうとしない。貧しい人たちを対象とした開発途上国の市場には、ヘンリー・フォード並みの規模の機会が何百もあるのに、誰もそれを活用しない。二五年前、私は大勢に言われた。もし、小規模耕地向けの低価格な灌漑ツールの需要がそんなに大きいのであれば、とっくの昔に誰かがその市場に進出しているだろうと。だが、開発途上国の市場では、めったにそうはならない。足踏みポンプや低価格のドリップ・システムなど、小規模耕地向けの低価格な灌漑ツールに対しては、今日でも何億個もの需要がある。しかし、需要は満たされないままで、イノベーションがただ一つも起こることはない。

なぜ、開発途上国の市場はこれほど非効率なのだろうか。なぜ、そんなに静かに眠ったままなのだろうか。裕福な市場を当然のように開拓する起業家が、なぜ開発途上国の市場には手をつけないのだろうか。起業家の大群が押し寄せて、西側の市場で行っているのと同じように、何千もの機会を開拓しようとしないのはなぜだろうか。

開発途上国の市場が非効率である要因を、以下でいくつか紹介しよう。

開発途上国の市場がうまく機能しない理由

▼希望がない

多くの人が貧しいことに慣れすぎてしまったため、何かが変えられるという希望をなくしてしまっている。私が以前訪れたマハラストラの貧しい農村では、ほとんど市場価値のない自給用の作物だけを育てていた。だが、そこから一二キロほどのところでは、ある進取的な農家が政府の貯水池に隣接した井戸から水を引き、一〇〇エーカーのトマト畑を灌漑していた。彼は毎朝、少なくとも四つの市場に自分の携帯電話から電話をかけ、いちばん良い買値を出す市場を探した。私は貧しい村から七人の農民を連れて行って彼に会わせた。知っていることを彼が教えてくれると言ったのに、貧しい農民たちはそのチャンスを生かそうとしなかった。農民たちは、できない理由をくどいほどならべた。理由はたしかに現実的なものだったが、そうした障害を乗り越えようという起業家精神を、彼らは持ち合わせていなかったのである。

▼周囲が見えない

貧しい農村の人たちは、目の前にあるチャンスに気付かないことが多い。なぜなら、その土地で行われている当たり前のやり方を見直さなければ、チャンスは見えてこないからだ。

インドのある部族の村では、一人の女性が村のポンプからバケツで水を運び、隣地との境のフェンスの近くに植えられた三本のパパイヤに水をやっていた。自宅の屋根の上で育てている二株のカボチャにも水をやった。彼女は自分で食べるためだけに、パパイヤとカボチャを育てていた。彼女の庭の周囲には、一〇本～一二本のパパイヤを植えられる場所があったし、屋根ではカボチャを四株育てられそうだった。そうすれば、ほんのちょっとした努力だけで、余った作物を売って二五〇〇ルピー（五〇ドル）を稼げるはずだ。なぜそうしないのかと彼女に尋ねてみると、そんなことは考えもしなかったという答えだった。それに、どうやって作物を売ればいいのかもわからないとのことだった。

▼知的財産が保護されない

バングラデシュに行って間もなく私たちが学んだのは、小規模農家向けの新しいツールを開発したら、市場に出してみればそれが良い製品かどうかがわかるということだった。良い製品であれば、二週間も経たないうちにコピー製品が出回るのだ。良い製品がそれほど速くコピーされるのであれば、時間とお金を投資して製品を開発しても仕方ないと感じられる。

▼助成金

成長しそうな新しい市場が現れると、助成金や、実行されない助成金の約束が出てくる。バングラデシュで足踏みポンプを大量に販売し始めて五年経ったころ、エルシャド大統領が選挙の時期に、出身県の農民に一万台の足踏みポンプを無償で提供すると発表した。その地域ではすぐに足踏みポンプがまったく売れなくなり、一年のほどあいだ売上はほぼゼロだった。結局、提供されるのは品質の劣るポンプ一〇〇〇台か二〇〇〇台だとわかるまで、その状態は続いた。小規模農家向けの製品に五〇％の助成金を提供すると、新製品の利用は促進されず、むしろ利用は減ることになる。

▼腐敗

ユニセフの手押しポンプを製造する多数の民間企業が学んだのは、政府の購買担当者を一人か二人買収することが、マーケティングと流通において最も効果のある投資ということだ。アジアのどこかの国でビジネスをするならば、一万ドル出して自分の息子を政府の職に就け、生涯その下を払い続けることを約束する。そうすることのほうが、満たされていない市場のニーズに対応するビジネスに投資するよりも、将来は確かなものとなる。

▼孤立

ネパールの山間部にある町、ジュムラの住民五〇〇〇人は、一二日間歩かなければ最も近い道路に出られない。ジュムラ近辺の農民はすばらしいリンゴを育てているが、それをカトマンズまで運ぶ費用は非常に高くなる。日用品を運んでくる費用もとても高く、お金をかけて小型機で運ぶか、荷運び人が担いで運ぶしかない。多くの村がこうした孤立状態にあり、一日一ドルの人々が都市の市場と生産的に交流するのを妨げている。一方で、都市や都市近郊の市場では、生産者と顧客の両方がそこに住み、事業を行っている。

▼情報の欠如

ネパールの山間部には、シーズンオフの野菜を育てるうえで、土壌も気候も適している小規模耕地が数多くある。だが、農民たちは野菜を育てられるなどとは考えていなかった。集約的農業の知識もなく、低価格のドリップ灌漑についても知らず、入手することもできなかった。冬に利用できる水は、小川の限られた水か、配水管で供給される飲料水の余りだけなのだが、そうした水を有効に利用する唯一の方法がドリップ灌漑だった。農民たちは、ポカラやカトマンズの市場で作物を売れる可能性があったにもかかわらず、それらの市場での需要や価格についても情報を持っていなかった。

▼借入ができない

一日一ドル、一エーカーの農民の多くは、低価格の灌漑ツールや農業資材を買うための資金を借りることができない。マイクロクレジットの機関は、都市近郊などもっと人口が多い地域にオフィスを開く場合が多い。そうした地域ではローンの件数も多くなり、ローンの金額も高くなるので、マイクロクレジット機関も経済的に持続できる。遠隔地の農村部にはあまりオフィスを開かない。顧客が広く散らばっており、必要とするローンの金額も一二五ドルではなく二五ドルとなるからだ。農村部の民間サプライチェーンを形成する小規模企業、たとえば灌漑用品をつくる工房や、収穫後に加工を行う業者なども、同様に借入をすることが難しい。

以上で、開発途上国の市場が非効率な理由のうち、明らかなものをいくつか紹介した。だが、こうした市場自体について、そして効率的になれない理由については、もっと解明する必要がある。そのためには、貧しい人たちが買い手となり売り手となる都市と農村部の市場について、もっと実地研究を行う必要がある。

新しい市場をつくるための戦略

こうした状況の解決策は、貧しい人を顧客とした新しい市場を創造することだ。自動車やコンピュータの市場と比較しても、規模や影響力において遜色のない機会が何百もあり、発見されるのを待っている。そのためには、大勢の起業家の力が必要だ。小さな家族経営の企業のオーナーから、自社の製品・サービスのデザインや流通を革新しようとする先見の明のある多国籍企業のCEOまで、さまざまな起業家の力が求められる。まだ手がつけられていない数多くの機会を活用し、これまでは無視されてきた世界の九〇％の人々を顧客とするのだ。

スラムで生活する人々は、スラムの企業で低賃金の職を見つけて暮らしを立てている。スラムにある企業には、縫製工場や陶器の製造所、皮なめし場、輸出用の手術用縫い糸をつくる工場、五つ星ホテル向けのお菓子をつくる調理場など、多種多様なものがある。こうしたさまざまな企業すべてに共通することは、賃金が非常に低いということだ。小規模耕地の農民は、自身の低い労働コストを利用して労働集約的で付加価値が高い作物を育て、高級市場に出荷する。それと同じようにスラムの住民も、アウトソーシングの担い手になれるのではないだろうか。自身の低い労働コストを利用して、付加価値が高くマージンも高い手作りの製品をつくって、現在つくっている製品よりもずっと高く売るのである。

縫製工場であれば、市場の末端に向けて安物のTシャツやサリーをつくるのではなく、インターネットや優れた経営手法を活用し、高品質のオーダーメードのスーツやジャケット、ドレスやブラウスを裕福な顧客向けにつくったらどうだろう。ダラヴィの陶器製造所であれば、安物の水差しや花瓶をつくって大量生産のプラスチック製品と競争をする代わりに、高付加価値の陶器をつくったらどうだろう。製薬企業は、最も成功した製品の低価格版をつくり、インドなどの国で販売して利益をあげられるのではないか。

すでに実現している例もある。かつてダラヴィで価値の低い木製家具をつくっていた工場が、今ではムンバイの高級住宅向けにエレガントな木製のドアを製作している。ダラヴィにあった、悪臭のする生皮なめし用のタンクはほとんどが移転したが、ダラヴィの革製品の工房ではパリの店舗向けにしゃれた財布がつくられている。

農村部の一日一ドルの人たちにも、これと並行した動きが起こっている。

都市のスラムの同胞と同じように、開発途上国の小規模耕地の農民にも、新たな富への道が存在する。シーズンオフの果物や野菜など、高付加価値で労働集約的な作物を育て、それを購入できる顧客に売るのだ。だが、これを実現するためには、作物を育てるのに必要な資材を農民たちに提供するための市場が必要になる。同時に、農民たちが育てた作物を合理的な価格で市場に届けるバリューチェーンも必要だ。

二三年前に、バングラデシュで足踏みポンプを推進し始めたころ、開発の専門家たちは「足踏みポンプは一台でわずか半エーカーしか灌漑できないから、大したインパクトは生み出せない」と言った。一五〇万台の足踏みポンプが売れると、この半エーカーのポンプは合計で七五万エーカーの土地を灌漑することになった。それにかかった費用は、ダムと運河のシステムをつくって同じ成果を上げるための費用と比べると、わずか数分の一である。一エーカーの農民数百万人を顧客対象とする、まだ開拓されていない機会は相当数ある。それを掘り起こす機動力となるのが、民間のサプライチェーンである。(40)

足踏みポンプの事業では、七五の小規模製造業者と、二〇〇〇以上の村のディーラー、三〇〇〇人の井戸掘り工を組織して、民間のサプライチェーンをつくり上げた。全員が助成金なしの二五ドルという市場価格で、足踏みポンプを製造し、販売し、設置して生活費を稼いでいる。以下で、このサプライチーンをつくるために踏んだ、八つのステップを紹介する。私たちはバングラデシュの農村部で既存の市場がどのように動いているかを学びながら、このステップを築いていった。

▼助成金をなくす

バングラデシュで人力の灌漑用ポンプを普及させようとしている開発団体を二年間かけて説得し、足踏みポンプの購入・設置代金を小規模耕地の農民に助成するのをやめさせた。

▼コストを下げる

管井戸のパイプとして、亜鉛めっきした鉄パイプではなく、ポリ塩化ビニールのパイプを使った。また、品質が異なる三つのタイプをつくり、農民がその中から選べるようにした。一番安いものは寿命が二年間だったが、結局そのタイプが市場の五五%を占めた。

▼小規模の製造業者を探す

小規模の工場を運営する起業家四人に声をかけ、マーケティングと品質基準達成の面で援助した。彼らはそれぞれ五〇〇ドルから二〇〇〇ドルを投資して、足踏みポンプ製造事業を開始した。足踏みポンプの需要が拡大すると、七五の小規模製造業者が市場に参入してきた。そのほとんどが、ＩＤＥとは直接関係のない企業だった。

▼地元の販売業者を雇う

村人にプラスチックのパイプや農業用具などを売っていた地元の販売業者に声をかけ、一〇台の足踏みポンプを在庫として仕入れてくれる人たちを雇った。マージン一二%で年間に二五台売れれば、販売業者は十分な稼ぎが得られて事業を継続できた。需要が伸びて

バングラデシュの販売業者

足踏みポンプの製造業者

くると、二〇〇〇もの販売業者が足踏みポンプ市場に参入してきた。

▼井戸掘り工を育てる

修了証が授与される三日間のコースを設けて、三〇〇〇人の村民を井戸掘り工として訓練した。彼らは水漏れを起こすことなく井戸を掘り、ポンプを設置して、やがては各自の村で足踏みポンプを宣伝するようにもなった。

▼マイクロクレジットを使えるようにする

グラミン銀行、ＢＲＡＣ★、プロシカ★などのバングラデシュの組織と提携し、足踏みポンプの購入を希望するグループがお金を借りられるようにした。グラミン銀行だけでも、二万五〇〇〇人の銀行加入者に対して貸付けを行い、グラミンのディーラーから足踏みポンプを買えるようにした。それでも、足踏みポンプの購入者のほとんどが、まだマイクロクレジットを利用できていない。

▼マーケティングと宣伝活動

製造業者やディーラー、井戸掘り人夫がそれぞれの取扱量を高めて利益を確保できるように、私たちは以下のようなマーケティングと宣伝活動を実施した。

★BRAC：貧困問題に取り組む大規模なNGO。バングラデシュを基盤とし、他のアジア、アフリカ地域にも展開。マイクロクレジットを提供し、貧しい人々（主に女性）の事業創造を促す

★Proshika：バングラデシュのNGO。貧困問題に取り組む

❶ カレンダーやチラシ、ポスターを配布。

❷ 吟遊詩人……四人の旅楽団を雇い、足踏みポンプの歌をつくってもらって、農民市場やお祭りなどで歌ってもらった。興味のある人がディーラーに行けるよう、チラシも配った。

❸ 劇団……旅一座を雇い、足踏みポンプを宣伝するために書かれた劇を、屋外で演じてもらった。

❹ 長編映画……バングラデシュでトップの俳優と女優を起用し、人気のある映画監督に依頼して、九〇分の映画をつくった。映画では足踏みポンプがストーリーの中心となる。発電機とスクリーンを使って農村で上映し、一年間に一〇〇万人が観賞した。

▼戦略的なデモンストレーション用の耕作地を設ける

デモンストレーション用の耕作地も設けた。農民が実際に足踏みポンプを使ってお金を稼いだ耕作地で、ディーラーがそこに潜在顧

バングラデシュの市場で、吟遊詩人が足踏みポンプの歌を歌う

客を連れて行き、成功した農民に話を聞けるようにした。

以上すべてのステップは、バングラデシュのスタッフが担当した。こうした市場創造の活動のために、二五ドルのポンプ一台当たり八ドルのコストがかかった。知的財産が保護されないので、こうしたマーケティングのコストは販売価格に上乗せできなかった。だが、その代わりにカナダとスイス政府からの助成金でカバーできた。この助成金は、個々の足踏みポンプの購入代金を助成するために購入者に対して提供されたのではなく、市場創造の費用を助成するために提供されたのである。

同様の手法は、種子や肥料、害虫管理のツールなどを農民に提供する、民間のサプライチェーンをつくる際にも活用できる。

どうすれば付加価値をつけられるか

自分たちの食料として十分な量の麦や米、トウモロコシなどを一年間育てられたら、有能な一日一ドルの農家は、高付加価値のシーズンオフの作物を育てて、市場で販売することに関心を向けられる

この長編映画はバングラデシュで上映され、ストーリーのなかに足踏みポンプが登場する

ようになる。では、何を育てたらよいのだろうか。

▼何を育てるかを決める

どんな作物でも、将来の市場価値を予測するのは不可能なので、リスクを減らして堅実にお金を稼ぐためには、市場で継続的に良い値段をつけられそうな作物を四つか五つ選んで育てるとよい。最善の方法はベンチャーキャピタルの手法を用いることだ。五種類の作物を育てたとしたら、一種類は家畜にやることになるかもしれないが、三種類では損益分岐点以上を稼ぎ、残りの一種類で大きな利益を得るようにする。

私たちは、こうした四～五種類の作物を見出すために三つのステップを踏む。推奨する作物は、農業気候で分けた地域ごとに考える。気候と市場の状況がほぼ共通する地域を一つの地域としたが、地域によって人口は数十万人から四〇〇〇万人まで大きく異なっていた。

❶ 五〇人の農民に話を聞く……昨年最も儲かった作物は何かを尋ねる。この質問で、各地域での候補となる作物をすぐに一五種類ほど選べる。

❷ 将来の需要見込みを簡単に分析する……それぞれの作物を販売して生活を立てている、経験豊かな販売業者に話を聞く。これにより、需要が少ない作物や変動の激しい作物を除くことができ、今後も需要が見込める四つか五つの作物を見出せる。

❸ 地元や政府の農業専門家、データバンクに話を聞く……候補に加えられそうな、新しい高付加価値の作物を一つか二つ見つける。

たとえば、インドのマハラストラでは、IDEが推奨する作物の一つにザクロがある。ザクロはマハラストラでよく育ち、デリーの市場で大きな需要があるが供給が追い付いていない。加えて、中東への輸出需要も大きい。マハラストラでは、ベビーバナナ、ナス、スイートライム、シーズンオフの野菜なども推奨されている。もちろん、最終的に何を育てるかは小規模耕地の農民が自分で決める。最適な作物の組み合わせは毎年変わるので、自分たちにとってベストの組み合わせを考えることが大切になる。そのためには、市場での需要動向と耕作地の状況をつねに注視する必要がある。

▼輸送の障壁を取り除く

民間の近距離輸送業者の力を弱めるとどうなるか、ザンビアの事例がよく表している。数年前、ザンビア政府は無料の輸送システムを立ち上げた。これにより、農村部の小規模の輸送業者はすぐに事業が行き詰まった。この試みは資金不足により中止となった。また、牛の背中の病気が流行したため、農民が持っている数千台の荷車も使えなくなった。二〇〇三年に私が現地を訪れた際に、ある一エーカーの農民は、最寄りの道路まで数キロの道のりを運ぶためだけに、野菜の売上の三分の一を使っていると言った。そこからは、契約しているトラック運転手が、市場まで野菜を運んでいた。

大規模な開発支援者は、輸送の問題を解決するにはもっと道路を建設するべきだと考えるだろう。だが、遠隔地に多数ある農村まで道路を敷くには非常に長い時間がかかる。

一方で、道路建設を待つあいだに、ずっと少ないコストでできる解決方法がある。

中国の回転式耕運機は、一〇〇〇キロの荷物を積んだトレーラーを引いてカトマンズの山を上り下りできるものだが、これならデコボコの土地でも使うことができる。

ソマリアやタンザニアでは、ロバの荷車を使った輸送業者が、あらゆる種類の荷物を運んでお金を稼いでいる。バングラデシュでは何千台ものリキシャが、座席ではなく荷車を引いて、熱心に商売をしている。

ザンビアの農村部でも、トレーラー付きのバイク五台と、回転式耕運機五台、ロバの荷車五台、リキシャ五台の輸送プロジェクトを、比較的コストをかけずに始められるはずだ。このなかでどれがいちばん利益を上げられるかを見て、利益が最大だったものを広く展開していくのである。

だが、いまだにこのプロジェクトに資金を出してくれる開発支援者は現れていない。

▼モグラ塚で山を築く

アフリカのスーパーマーケットへの納入業者としては、一〇〇〇エーカーの農場一カ所で野菜を仕入れ、一人の農民に品質を維持してもらうほうが、一エーカーの農場一〇〇〇カ所で野菜を仕入れるよりもずっと簡単だ。一エーカーの農民たちは、効果的な集荷の方法と品質維持の手法を考えつかない限り、大型農場に負けてしまう。

ザンビアにある一〇〇〇エーカーのコーヒー農園では、コーヒーの加工機がうまく作動していなかった。そこで、オーナーは二エーカーの農民たち四五人と契約し、コーヒーの加工と販売を任せた。すると、オーナーの収入も農民たちの収入も向上したのである。経営に長けたマネジャーがいれば、農民たちの協同組合も同様の成果をあげることができる。

▼農場の近くで価値を高める

有史以来、農民たちは収入が少ないことを嘆いてきた。

「このビニール袋いっぱいのトマトを育てるのに四カ月かけて、昨日それを五〇セントで売ってきました。今日スーパーで見たら、同じ量のトマトが二ドルで売られていたんですよ。自分は四カ月働いて五〇セントなのに、なぜスーパーは一日で一ドル五〇セント稼げるんでしょう?」

この農民も付加価値をつける加工を施したり、仲介業者を一人か二人スキップしたりできれば、一ドル五〇セントのうちいくらかを自分のものにすることができるだろう。

多くの経済学者が規模の経済を提唱するが、ときには小規模な農場レベルでの加工が、都市の大型の加工工場よりも効率的な場合がある。ソ連の計画経済では、サイロが大型化すればするほど、そこに貯蔵される穀物一キロ当たりの建設費用が少なくなると考えられ、巨大なサイロが建設された。ただし、彼らが忘れていたことがある。小麦の収穫の時期には雨がたくさん降るため、多くの道路が通れなくなるということ、また大型のサイロを少数建てることで、輸送距離が長くなるということだ。巨大サイロを建設した結果、たくさんの小麦が畑に残され、雨のなかで腐っていくことになった。同様の理由で、小規模な村の加工工場が、大型の都市の工場よりも効率的になる。加工される作物を育てた農民にはより多くのお金が残り、村の貧しい人たちには新しい仕事ができる。こうして、村の中をお金が回り、プラスの乗数効果が生まれるのである。

ゴムの樹液採取者は熱帯雨林でブラジル・ナッツを集めるが、アマゾン川の河口にあるベレムの大型加工工場まで、二週間かけて湿気の多い荷船で運ぶあいだに、半分が腐ってしまう。ＩＤＥは樹液採取者の協同組合と組んで、熱帯雨林の集積所でブラジル・ナッツを乾燥させ、皮をむき、包装する方法を考えた。皮をむくことで腐敗は減り、輸送重量は七五％減少した。都市の大型工場での規模の経済を補って余りあるほどの効果が得られたのだ。

ボストンの人類学者の組織、カルチュラル・サバイバル★が、村で加工されたナッツをボストンのアイスクリームメーカー、ベン・アンド・ジェリーズに仲介したため、樹液採取者はより良い価格でナッツを売れるようになった。村で加工を行うことにより、樹液採取者の家族にも新しい仕事ができ、ナッツの採取から得られる収入も増えた。熱帯雨林の保護にも効果があった。熱帯雨林の樹木の維持においてはゴムの樹液採取者が中心的な役割を担うが、彼らの立場が強くなったからだ。

★ Cultural Survival：世界の先住民族の文化や人権、居住環境を守るために活動する組織村で付加価値をつける機会はたくさんある。ザンビアの農民たちは、赤いパプリカを育て、乾燥させて仲介業者に売る。仲介業者は、南アフリカの工場までトラックで運んで売る。工場では赤い野菜の色素を含んだエッセンシャル・オイルが抽出され、高価格でヨーロッパに売られる。聖書の時代の乳香や没薬《もつやく》から、ラベンダーやレモングラスまで、都市の大型工場では小規模農場で育てられる作物からエッセンシャル・オイルを抽出する。そして、大幅な利ざやをつけて、香水や化粧品の原料として売るのである。アロマテラピーの施術者に、二分の一オンス一瓶当たり六ドル以上で売る場合もある。

何世紀も前から行われてきたエッセンシャル・オイルの抽出方法は、水蒸気蒸留だ。密造酒の製造で用いられるのと同じ方法である。小型で効率的な、村で使える水蒸気蒸留の設備をデザインすることは大いに可能だ。価格は一五〇〇ドル、大型のものなら五〇〇〇ドルでできる。村で水蒸気蒸留を行えば、小規模農家が頻繁に直面する、作物の集約と品質管理の問題を解決できる。そして、村を基盤とした企業のネットワークがつくれ、小規模農家の懐により多くのお金が入ることになる。もしザンビアに、パプリカの水蒸気蒸留を行う地元の小企業のネットワークができれば、ザンビアのパプリカ業界の経済性は一変するだろう。

どの開発途上国のどの貧しい村でも、その地域で生産される作物のなかで、より大きな経済的価値を持つものをあげることができる。また、それらの作物に施せる加工のなかで、価値の高いものをあげることもできる。こうした作物それぞれについて簡単なビジネスプランをつくり、ニッチで見込みのある事業機会を見つけ出す。ブラジル・ナッツの村での加工のように、加工を実施することで市場での競争力がつくような事業機会である。だが、これを実現するためには多くの人の直感に反するようなデザイン・プロセスが必要になる。村に合った価格や大きさ、付加価値を優先してデザインし、かつ大型で集約的な都市の工場とも競争できるようなデザインを考えるのである。

農村部の貧しい人たちの収入を増やすような市場を創造することは、現実的であるし可能である。多くの開発組織の活動からも、それが見えてくる。

アメリカのコネチカット州に本部を置く国際的な開発組織、テクノサーブは、貧困を緩和するために新市場の創造を進めている。同組織は、パイナップル農家の品質と生産量を向上させるためのプログラムをガーナで立ち上げた。(41) ガーナでは、小規模耕地の農民が、年間に合計で六万二二〇〇トンのパイナップルを生産している。テクノサーブのプログラムは、こうした多数の有機農法を用いるパイナップル農家を、地域の市場や国際市場と結びつけるもので、それにより農家と地域の収入を増やすことを狙っている。

二〇〇二年には、アシーナ・フード（パイナップルやオレンジ・ジュースを加工し、濃縮して国内外に出荷しているガーナの企業）からの要請に応え、テクノサーブはすぐに、有機農法でパイナップルやオレンジ類を育てる小規模農家三一一戸を同社に紹介した。合わせて、国際的な品質基準を満たすよう農家を指導し、有機農業の証明書を取得できるよう、書類作成についても教えた。最初の一年が終わるまでに、アシーナ・フードはこれらの農家から三七〇トンのパイナップルとオレンジを仕入れ、三九万八〇〇〇ドル相当のオーガニック・ジュースを売り上げた。各農家は三〇〇ドルずつを稼いだ。[42] 二〇〇三年には、アシーナ・フードはテクノサーブの援助で三〇万ドルを借り入れて、ヨーロッパとアメリカでオーガニック・ジュースを生産し、一〇五万九一七〇ドル相当を売り上げた。これにより、三二二戸の小規模農家の収入は、平均で一一六二ドル増えた。ちなみに、ガーナの一人当たり平均所得は二九〇ドルである。

貧しい人たちのために新しい市場を創造すると、付加価値の高い、労働集約的な製品やサービスを生産して売ることにより、貧しい人たちの所得が増える。さらに、新たな市場は別のプラス効果を生み出す。健康や教育、輸送、住宅などのさまざまな分野で、変化を生じさせる可能性があるのだ。

よく見えるように市場をつくって!

世界保健機関（WHO）によると、眼鏡が必要なのに持っていない人は、世界に一〇億人いるという。近視用や遠視用の眼鏡があれば、このうち七〇~九〇%の人の視力の問題を解決できる。ネパールの山村に住む仕立職人が、目が悪くなって縫い物ができなくなったとする。そんな場合でも、低価格の眼鏡があれば、生活費が稼げて乞食にならずに済む。

たいてい四〇代くらいから、多くの人が近いものに焦点を合わせにくくなる。いわゆる老眼だ。今日ではデンバーでもアムステルダムでも、ドラッグストアに行けば八ドルで老眼鏡を売っていて、視力の問題を解決できる。世界の一〇億人ほどの、眼鏡が必要な貧しい人のためにも、同様の眼鏡販売スタンドをつくったらどうだろう。

イギリスを基盤とするアダプティブ・アイ・ケア★は、オックスフォード大学の物理学教授、ジョシュア・シルバーの発明を利用して、自動調整眼鏡を必要な人たちに提供している。[43] ここでの問題は価格だ。現在は一五ドル、販売量が増えれば一〇ドル以下にはなるだろうが、それでも一日一ドルの人たちには高い。

アメリカの企業、ニュー・アイズ・フォー・ザ・ニーディ★は、状態の良い中古の眼鏡の寄付を受け、開発途上国の医療事業や慈善団体に贈っている。二〇〇五年から二〇〇六年のあいだに寄付した眼鏡は三五万五〇〇〇個だった。[44] この場合の問題は、眼鏡を寄付するという方法は規模の拡大ができず、眼鏡が必要な一〇億人のうちごく一部の人にしか渡せないということだ。

ニューヨークのスコジョ財団★は提携組織とともに、過去五年間に五万個の老眼鏡を、インドとバングラデシュとエルサルバドルで三ドル~五ドルで販売した。そして、七万人を眼科医や眼鏡店などの専門家に紹介した。紹介を仲立ちしたのは、六〇〇人の起業家、二六のフランチャイズ・パートナー、そして薬局などの小売店への卸売業者から成るネットワークだった。同財団は、次の五年間ではさらに売上を一〇〇万個伸ばしたいとしている。スコジョ財団のエグゼクティブ・ディレクターであるグラハム・マクミランの話では、驚くほど多くの小規模耕地の農民が、低価格の眼鏡をほしがっているという。なぜなら、眼鏡がないと種の袋に書かれた文字が読めないからだ。なかには、自分が何を植えたのか、芽が出てくるまでわからないという人もいるという。[45]

★ Adaptive Eye Care

★ New Eyes for the Needy

★ Scojo Foundation

しかし、スコジョ財団、ニュー・アイズ・フォー・ザ・ニーディ、アダプティブ・アイ・ケアの成果をすべて合わせても、眼鏡が必要な一〇億人の貧しい人のうち、一％にも眼鏡を届けられていない。残りの人たちは深刻な目の問題を抱え、よく見えないために収入を失うという大きな対価を払っている。これは、本当に深刻な問題だ。すでに簡単な眼鏡販売スタンドがあり、低価格の眼鏡を豊かな国の顧客に販売しているのだから、それを活用すればいいだけのことなのに実現できていない。

ベンチャーキャピタルが五〇〇万ドルから一〇〇〇万ドル出資してグローバルな企業を設立し、一つ五〇セントくらいで中国から一〇〇万個の眼鏡を仕入れる。そして、移動式の頑丈で目立つ眼鏡スタンドをデザインし、人が手で押したり、自転車やバイクで引いたりして貧しい地域を回る。インドのタタなどの大手企業と提携して、流通とマーケティングの戦略を練ってもいいだろう。この企業の目標は、五年以内に二ドルの眼鏡を五〇〇〇万個販売し、健全な利益を計上すること、となる。

一エーカー、一日一ドルの農民や都会の貧しい人たちは、不屈で粘り強く、生きることに一生懸命な起業家だ。彼らは、価格が適正でリターンが大きく、かつリスクが低ければ、市場にあるチャンスを進んで活用しようとする。

だが、付加価値の高いものをつくるためには道具や資材や情報が必要で、それを手にするには民間のサプライチェーンが必要だ。利益の出る価格で作物や製品を売るためにも、民間のバリューチェーンが必要になる。

収入が増えてくると、彼らは低価格の眼鏡などを買うようになる。太陽光エネルギーによる照明や住宅、医療、教育などにもお金を出し始める。貧しい人たちのための新しい市場は、何億人もの一日一ドルの人たちに、貧困から抜け出すチャンスを与える。だが、それを可能にするには、収入を生み出すさまざまな道具をつくるための、デザインの変革が求められる。

黙々と野菜を育てる農民

家族の生活は農業にかかっている

第9章

スラムの可能性

誰にでもチャンスは開かれている

SLUMS: THE INCUBATOR FOR NEW INCOME OPPORTUNITIES

スラムは草の根企業であふれている

一八歳のとき、住んでいた村が干ばつの被害を受け、サムサディンはタミルナドゥ州のティルコユーアから伯父が住むボンベイにやってきた。

サムサディンは大都市にある家を想像していたのだが、実際に到着したのはダラヴィと呼ばれるスラムの、沼地のまん中だった。(46) 農村部から移ってきた大勢の人々と同様に、彼は生きていくための仕事を探した。見つけた仕事は、伯父がやっていた米の密輸事業の手伝いだった。ボンベイ市外からボンベイに穀物を持ち込むと税金がかかる。そこで、サムサディンと伯父のハサインと三人の息子たちは、毎朝市外に行って、一ポンド（四五四グラム）当たり一ルピー一四アンナ★で運べるだけの米を買い、沼地を通って米を運び、カルヤンワディで一ポンド当たり一〇ルピーで売ったのだ。

なかなかのマージンだ。密輸入者一人が二五ポンドの米を運んだとしたら、一九五〇年代の為替レートで換算すると、この小さな事業では一日に二五ドルの利益を得ていたことになる。相当な額である。伯父はサムサディンにはあまり給料を払わなかっただろうが、食料と寝る場所があれば、彼はそれでよかった。

ハサインが村に戻り、一九五四年から五五年にかけてハサインの息子たちがパキスタンに移住すると、サムサディンは石炭会社で仕事を見つけた。給料は一日一・五ルピーだった。二年後、印刷会社でもっと良い仕事に就き、給料は一カ月五六ルピーになった。前の仕事の約二倍だ。サムサディンは結婚し、電気も水もない不法住居に引っ越した。他の家族と同居だった。

その後、幅三メートル、奥行き五・五メートルの合法的な部屋を、四七五ルピーで買った。ある日サムサディンはハミッドという男に会った。ハミッドはチキと呼ばれる人気のあるお菓子のつくり方を知っていた。サムサディンはハミッドがチキをつくれる場所を探してやり、できたお菓子を店に持って行って売ることを請け負った。

やがて、チキを売って一日二五ルピー稼げることがわかり、サムサディンは勤めていた会社を辞めた。そのうちにサムサディンと妻はチキをつくる方法を覚え、ハミッドがカルカッタに引っ越すと事業を引き継いだ。二人は一日中チキをつくり、古新聞に包んで、サムサディンは映画館で夜一一時までチキを売った。

★ 一アンナ（anna）＝一六分の一ルピー

夫妻は自分たちの製品を「A－1チキ」と名付けた。有名なチューインガムのブランドから名前を借りたのだ。すると事業が成長し始めた。今では二つの薄暗い部屋で、二〇人の従業員がチキを製造している。経営者は以前サムサディンの下で働いていた人で、サムサディンには継続的にロイヤルティが入ってくる。七〇歳になったサムサディンはダラヴィにある高層マンション、ナグリ・アパートメントに住んでいる。家には豪華なリビングルームがあり、電話二台とテレビが一台、キャビネットには骨董品が入っている。息子二人は教育を受け、それぞれ事業を経営している。

ダラヴィはアジア最大のスラムで、面積は一・八平方キロほどだ。ダラヴィに住む人口がどのくらいなのか、正確には誰も知らない。推計で一〇〇万人から五〇〇万人と言われている。ダラヴィには、サムサディンのような見事なサクセスストーリーが多数ある。

だが、農村からダラヴィにやってくる貧しい人たちのほとんどが、仕事を見つけるのに苦労し、生きていけるだけの金額をなかなか稼げない。サムサディンの話は、世界中のスラムで雇用を創造している事業を象徴するものだ。そうした仕事を求めて、農村から人々が流れ込んでくる。

クリシュナ・バハドゥ・タパとサムサディンは、状況によっては似たような境遇をたどったかもしれない。もし、バハドゥが一〇代のころに父親が農場を失っていたら、バハドゥはカトマンズに行って路上で生き延びる方法を探さなければならなかっただろう。そして、サムサディンに仕事と寝る場所を提供してくれた伯父がいなかったとしたら、スラムの小屋ではなくて、ボンベイの歩道で暮らすことになっただろう。他の路上生活者と同様に、長いあいだ路上にとどまったはずだ。

開発途上国の人口調査では、路上生活者は数字に現れない。スラム住民が組織したNGOのSPARC★は、一九八五年にムンバイで、初めて路上生活者の人口調査を行った。その調査によると、バイカラ地区だけでも六〇〇〇世帯、二万七〇〇〇人の路上生活者がいるとのことだった。(47)

IDEの同僚であるゼニア・タタは、今はムンバイとして知られるボンベイで育った。彼女の両親は、三階建ての集合住宅に三〇年間住んでいる。ゼニアは、彼女と両親が二五年間知っているという、路上生活者の家族について話してくれた。

一家はゼニアの家のバルコニーの下にある歩道に住んでいる。一家の夫妻はポリオで障害が残り、足が不自由だ。五歳の健康な息子がいて、三人が住んでいる場所は最初に夫の両親が見つけて住みついた。夫は、住んでいる歩道の隣にある交通の激しい道路に出て行って、生活費を稼ぐ。車の窓を拭いて二五パイサ★（約二分の一ペニー）もらうのだ。時折、タクシー乗り場に行ってタクシーを洗うこともある。妻のほうは二本の松葉杖を使って歩いており、マリーゴールドで花輪をつくって売っている。

一家が住んでいる場所には屋根がない。モンスーンの季節に雨がひどく降るときは近くの公園に移り、防水シートをフェンスに結び付け、石を載せてシートの両端を下げて雨をしのぐ。毎朝、一家と他の路上生活者たちは、市の給水管の上にある重いマンホールの蓋を持ち上げる。

★ The Society for the Promotion of Area Resource Centres

★ 一パイサ（paisa）＝一〇〇分の一ルピー

そして、路上生活者の全コミュニティのメンバーが、一時間か二時間かけてロープとバケツで水を汲む。夫妻は公園の公衆トイレを使うが、五歳の息子は母親に言われて、歩道の隣にある排水溝の上にしゃがんで用を足す。彼の年では、公園のトイレの使い方を教えるのは難しいのかもしれない。

現在まで、ＩＤＥも私も、農村部の貧困に焦点を当ててきた。だが、スラムの住民たちも小規模耕地の農民たちのように、労働集約的で高付加価値な製品をつくって販売することで、収入や仕事を増やせるのではないか。

何世紀ものあいだ、洪水や干ばつで作物がダメになったり、農場を失ってしまったりすると、農村部の貧しい人たちは都市に来て仕事を探してきた。村で仕事ができるようになると、彼らの多くは村へ戻っていく。もし、数百万人の一日一ドルの農民たちが、バハドゥ一家のように収入を増やす方法を見つけたら、二〇三〇年までに世界の都市の人口が二〇億人を超えるという現在の予測(48)は、大きく変えられるだろう。

草の根事業の宝庫

スラムと貧しい農村部には、もう一つ重要な共通点がある。スラムにも農村部より多いくらいの草の根事業があるということだ。スラムにはあらゆる形や大きさの草の根事業があり、貧しい人々はそこで仕事と収入を得ることができる。こうした大小さまざまな事業から多くの仕事が生まれ、自分の村では生きていけない人々を引きつける。事業の多くは法律すれすれか、法を破って運営されている。

インドの禁酒法時代には、ダラヴィは巨大で強力で儲けの大きい、密造酒製造の中心地だった。配送用の車両は、味方につけた警察官の監視の下で運行されていた。インドで人気のある高級石鹸のブランドを見つけたら、ダラヴィではそのコピー商品が五分の一の値段で売られていると考えていい。

多国籍企業は仲買人を通じて、空になった自社のプラスチック容器を回収する。容器に入っていたのは、食用の油から有害な化学薬品までさまざまだ。容器は検査され、洗浄され、再利用のために企業に戻される。容器に入っていた化学薬品のなかには、容器を洗浄するスラム住民の健康に重大な被害を与えるものもあるが、そうした点は重要ではないようだ。従業員が不満を言ったら、すぐに解雇される。アメリカの違法入国者の出稼ぎ労働の市場のように、ダラヴィの不法企業はインド経済で大きな役割を担っている。

ダラヴィではすべての場所が生産活動に使われている。(49)

住民たちがざっと計算したところでは、ダラヴィで毎日取引されている金額は、五〇〇〇万ルピー（約一〇〇万ドル）にのぼるという。一九八六年に全国スラム住民連合★が実施した調査では、一〇四四の製造事業所が確認された。ここには、家の中や屋根裏などで行われている、多数の小規模な事業は含まれていない。

この調査では、五人〜一〇人を雇う小型製造業が二四四確認され、大型の製造業も四三確認

★ National Slum Dwellers Federation

された。そのなかには、西側の市場向けに手術用の縫い糸をつくる国際的な企業の工場や、有名な歯磨き粉のコピー商品をつくる工場などがあった。併せて確認されたのは、食品製造業が一五二カ所で、なかにはムンバイの五つ星レストランに製品を納入しているところもあった。レストランは一一一、スクラップとリサイクルの工場は七二二あった。八五の事業所が輸出用の製品をつくっていて、パン工場は二五軒あった。悪臭を放つ大規模な皮なめし工場は大部分がダラヴィから移転したが、輸出用の革製品をつくる人々は残り、アヘンの吸引所もいまだに存続している。スラムで運営されている草の根事業は、児童労働法や職業安全規制などに、あまり注意を払わない。

スラム住民が生活費を稼ぐ、世界中の草の根企業は（国連や政府の役人はこれを「非公式部門《インフォーマル・セクター》の企業」と呼ぶ）、免許なしで運営し、税金を払わず、タバコの煙のように現れては消える。だが、こうした企業は、公式な企業では満たせないニーズを満たしている。どの開発途上国でも、無免許の行商人がスラムで不法居住しながら、あらゆる物やサービスを売り歩いている。お菓子や蒸し肉、バナナ、Tシャツ、花、家庭用品、アクセサリー、散髪、洗濯サービスなど、多種多彩だ。

メキシコからアメリカへの移民労働者のように、また禁酒法時代の密造酒製造者のように、こうした企業が生き延びているのは、法をかいくぐって運営しているからだ。法をかいくぐって運営しているにもかかわらず生き延びているのではない。

密集して暮らすスラム住民

スラムで得られるのは、非公式企業の仕事だけではない。スラムには低価格の住居もあり、そこから都市での雑用的な仕事に通うことができる。また、スラムでは人々が狭い地域に集まって暮らしているため、それぞれの家で縫った衣服を集めるのは、分散した農家から野菜を集荷するのより簡単だ。

過去一五年、ダラヴィのようなスラムは前例のないほど拡大した。一九九〇年、世界のスラム住民は七億一五〇〇万人だった。二〇〇〇年までに、スラム人口は九億一二〇〇万人に増え、今日では約九億九八〇〇万人である。開発途上地域では、スラム人口は都市の人口の四三％を占める。国連人間居住計画（UN-HABITAT）[50]の推計では、現在の勢いが続けば、スラムの人口は二〇二〇年までに一四億人になるだろうという。スラム住民や路上生活者の全員が一日一ドル未満の稼ぎしかないわけではないが、おそらく彼らのうち三億人から四億人近くが、一日一ドル未満で生活しているだろう。

ナイロビの住民二三〇万人のうち一四〇万人が、市内やその周辺にある一〇〇以上ものスラムや不法居住地域で暮らしている。スラムと不法居住地域は、市の居住地面積の約五％を占める。サハラ砂漠以南のアフリカでは、都市の居住者に占めるスラム住民の割合が世界最大（七一・九％）だ。都市人口二億三一〇〇万人のうち、一億六六〇〇万人がスラムに住んでいる。[51]

非公式部門は都市において重要な役割を果たすだけではなく、開発途上国の経済全体でも大きな役割を果たす。アフリカでは、非公式部門がGDPの約二〇％を構成し、都市の労働力の六〇％を雇用する。フィリピンでは都市部の雇用の三六％を占め、バングラデシュのダッカでは六三％を占める。グアテマラとエルサルバドル、ホンジュラス、コスタリカ、ニカラグアを合計すると、非公式部門が六〇％〜六七％の職を提供している。[52]

スラムには機会があふれている

国連のミレニアム開発目標において、スラム住民の生活改善にあたるチームが第一の優先課題としているのが、住居や医療、教育、交通の改善、飲料水とトイレを利用できるようにすることだ。このチームの推計によると、一億人のスラム住民の健康・教育・住宅・インフラを改善するには、一五年間で七〇〇億ドルが必要だという。[53] チームの報告書では、教育や住宅などの取得につながる仕事や、非公式企業、個人事業などの重要性を認めている。しかし、そうした仕事の賃金水準の上昇や改善については、新たな行動計画という形ではほとんど触れられていない。

すべてが重要ではあるが、すべてを一度に解決する資金がないのであれば、どうすれば合理的に優先順位をつけられるだろうか。スラム住民がスラムの改善にあたるとしたら、彼らは何を優先させるだろうか。

人々がスラムに集まり住み続けているという事実を見れば、スラムの人々が何を優先しているかがわかるはずだ。なぜスラム住民は、一つの汚いトイレを八〇〇人で共用することに耐えているのか。なぜ、容器一杯分の水を手に入れるために、三〇分歩くことを厭わないのか。なぜ、混雑した不便な小屋に我慢して住んでいるのか。こうしたことをすべて考え合わせてみよう。スラム住民にまったく収入源がなく真に貧しいのなら、故郷の村にいたほうが生存できる確率は高くなるはずだ。

答えは簡単だ。

彼らがスラムや屋根のない歩道にも住むのは、生きるための仕事と収入が必要だからで、仕事は農村部よりも都市部のほうが見つけやすいという合理的な判断をしたからだ。スラムには何千という非公式の草の根企業があり、働き手を必要としている。賃金がひどいものだったとしても、まったく稼げないよりはましだ。生きていけるし、サムサディンのように人生が開けるチャンスを待つこともできる。

仕事と収入を求めて人々がスラムに集まってくるという事実は、スラム住民の生活改善に力を尽くしている開発組織には、あまりインパクトを与えていないようだ。彼らは、水や衛生環境、住宅、教育、医療などが圧倒的に不足していることを目にし、それらの欠けているサービスを供給することに意識を集中している。

スラム住民の生活改善にあたる国連のチームは、スラムの住宅や水、衛生環境などに関するひどい状況を変え、医療や教育などの不可欠なサービスを提供しようと取り組んでいる。だが、スラム住民の生活や豊かさに深くかかわる、ビジネスモデルやマーケティング手法や収益力の改善については、ほとんど触れることはない。

しかし、スラム住民たちにとって、仕事や賃金の増加が非常に重要なのであれば、スラムの小規模事業の収益力を改善して、彼らが就ける仕事や稼げる収入を増やすことを優先すべきなのではないだろうか。

こうしたことから導き出せる方向性は、当たり前のものだ。スラム住民にとっての最優先事項は、スラムを本拠地に草の根企業を運営したり、そこに就業したりすることで得られる収入を増やすことである。それを実現するには、草の根企業の製品とサービスの市場を広げ、収益力を高めるのに力を貸すのが最も直接的な方法だ。

そのための第一歩として、どうすればスラム企業がグローバル市場で効果的に競争できるかを考える。

この答えも、驚くようなものではない。小規模農場の同胞と同じく、スラムの住民も労働賃金が世界で最も低いから、それを活用するのだ。正々堂々と、「アウトソーシングを引き受ける」と、名乗りをあげるのである。

ダラヴィの陶器製造所を例に考えてみよう。四五歳のジャンジバイ・M・カマリアは、ダラヴィの陶工が集まるクンバーウェイダ★で活発に仕事をしている。ジャンジバイはダラヴィに四〇年住み、この先も住み続ける予定だ。彼は妻と三人の子供と一緒に、自分の工房を見下ろせる上階に住んでいる。弟も下の階で一緒に暮らす。工房にはつくった陶器を入れておく収納庫もある。(54) 一家の住居と仕事のスペースを合わせると、三七平方メートルだ。ジャンジバイは

★ Kumbharwada

夜明けに起きて陶器をつくり、従業員にレンガの窯の火を起こさせ、つくった陶器を焼く。午後遅くなってから、焼いた陶器を持ってムンバイの顧客を訪ねる。ジャンジバイは花瓶と水差しをつくって販売している。イズマエルバイと息子も、ダラヴィで別の陶器事業を営んでいる。毎朝四時間ほど働いたあと、一〇〇個ほどの大型の植木鉢を焼き、それを非常に安い価格で商人に売る。

グジャラート州出身の一二〇〇世帯がクンバーウェイダに住み、そのうちの八〇〇世帯以上が伝統的なろくろを回して、ごく一般的な水差しや花瓶をつくって生計を立てている。水差しや花瓶はレンガの窯で焼くが、木からタイヤまであらゆるものを燃料にするので、ひどい臭いがする。こうした陶工のなかには優れた起業家がいて、一日四ドル〜五ドル稼ぎ、子供たちを大学に行かせ、良い仕事に就かせる者もいる。しかし、多くは一日一ドル未満しか稼げない。新たな市場をつくって、ジャンジバイ・カマリアとその近所の同業者の貧困を終わらせることはできるだろうか。

二〇〇六年の夏、妻と私とはサンフランシスコのレジョン・オブ・オナー美術館で、古代ローマとエトルリア★の見事な陶器の展示を見た。そのレプリカが、美術館のギフトショップで二五ドル〜二〇〇ドルという値段で売られているのを見て、私は驚いた。

ダラヴィの陶工も、訓練を受けてローマとエトルリアの陶器のレプリカをつくれるようにならないだろうか。経験豊かな起業家の力を借りて、美術館のギフトショップへのマーケティングと流通のネットワークを築けないものだろうか。つくった美しいレプリカの一部をインター

★ イタリア中部にあった古代都市国家群

ネットで販売することは可能だろうか。それぞれに、スラムで陶器をつくった人の物語を手書きで添えてもいい。

これを実現すれば、低コストの労働に対して、やがては高いリターンが得られるのではないか。市場の末端で水差しや花瓶を売って、大量生産されたプラスチック容器と競争するよりも、高いリターンが得られるはずだ。

美術館とつながりがある有能な起業家がいたら、ダラヴィや世界の他のスラムに住む陶工と契約し、美術館のレプリカを手作りするという事業を始められるのではないか。ポッターズ・フォー・ピース★という組織のロン・リバースと会ったとき、彼はレプリカをつくる方法と、スラムの陶工を訓練する方法はすでにわかっていると語った。

同様のプロセスで、他の高付加価値の陶器をデザインし、製造し、マーケティングすることができるだろう。ただ、その前にはサブセクター分析[55]などを用いて、市場の需要を慎重に分析する必要がある。

陶器製造へのこうしたアプローチが夢物語ではないことは、すでにリーア・ボルダが証明している。ボルダは一九七七年にインドのジャイプール市のスラムを訪れ、スラムの陶工を訓練して、青い陶器をつくり始めた。ペルシャを起源とする陶器で、今ではジャイプールの名産品として有名になっている。つくられた製品は、ボルダと両親が設立した企業、ニールジャ・インターナショナル★を通じて販売されている。フランス人のバイヤー、ポール・コマーと協働し、ボルダは何百もの新製品を開発した。実用的でありながら、青い陶器としての特質を保った製

★ Potters for Peace

★ Neerja International

品だ。ニールジャ・インターナショナルは、一五〇人以上の陶工を雇用している。

私のアイデアを表す事例として、どこのスラムにもある陶器製造を取り上げたが、もちろん他にも多数の事例が考えられる。

スラムの衣料製造業者は、市場の末端に向けてTシャツやサリーなどをつくる代わりに、ヨーロッパやアメリカ、日本などの豊かな顧客向けに、高品質のオーダーメイド・スーツやドレスやシャツを売るグローバル企業と提携したらどうか。顧客が注文した服を着るとどのように見えるか、インターネットで送られた写真をもとに3Dのイメージをつくって見せるというサービスもできる。同様のことが、革の財布やベルトやバックルや注文生産の靴などの、スラム製の製品でできるのではないだろうか。

貧困からの脱出を実現する四つのステップ

もちろん、こうしたことを実現するには、どんな事業を成功させるにも必要な、基本的なステップを踏む必要がある。今、そのステップを活用して、何百万人もの一日一ドルの農民たちが貧困から抜け出そうとしている。

❶ 民間のサプライチェーンをつくり、手ごろな価格の資材や道具、企画や訓練などをスラムの事業に提供する。それらを用いて、美術館の陶器の美しいレプリカや、パリで売ら

れる上等な絹のスカーフや財布、手彫りのドアなど、さまざまな高付加価値で労働集約的な製品をスラム住民が製作する。

❷ 民間のバリューチェーンをつくり、スラム住民の製品を市場に出す。品質水準が維持されるようにも努める。

❸ 資金が借りられるようにする。

❹ スラムの労働者が手がけた製品やサービスを進んで購入してくれるような、裕福な顧客を開拓する。

こうした手法により、ダラヴィの陶工が今後三年間で収入を三倍にできれば、住宅事情も改善でき、水や衛生施設にもアクセスしやすくなるだろう。スラムの基本的なインフラ整備や住宅確保の必要性が、これでなくなるわけではない。しかし、大きな第一歩にはなる。スラム住民自身の急速な経済力の拡大によって導かれる第一歩だ。

これは絵に描いた餅ではなく、すでに実現し始めている。たとえば、ダラヴィの木彫り職人たちは、富裕層向けの高級な手掘りの木製ドアをつくる仕事をしている。ブラジルのサンパウロで二番目に大きな貧民街であるパライゾポリス★では、ジーンズや端切れのリサイクルで、住

★ Paraisopolis

民たちが生活を変え始めている。これはレシクラ・ジーンズ★というベンチャー企業向けの仕事で、同社は女性を三〇人雇用している。レシクラ・ジーンズを創業したナディア・ルビオ・バチは、マドリッドで開かれたファッションショーにも参加し、今では同社はレバノンやポルトガル、スペイン、イタリアなどに製品を輸出している。(56)

聞き覚えのある話ではないだろうか。

一エーカーの農場という草の根事業で生活費を稼ぐ人々は、果物や野菜、ハーブなどの高付加価値の作物を、手作業でシーズンオフにつくれば、少なくとも年間五〇〇ドルは収入を増やすことができる。まったく同様のプロセスが、スラムの事業で稼いでいる住民の収入を増やすためにも使えるのである。

こうしたプロセスに沿った活動が、すでに進められている。それらを急速に拡大し、資産が築ける事業機会があふれるまでの状態にするには、世界を変えようという意志のあるビジネス・リーダーの力を借りる必要がある。高級品市場の需要や、高級品市場にアクセスする方法に詳しい企業にも、力を借りなければならない。

私たちがまさに必要としているのは、新しい世代の事業である。スラム住民の低い労働コストを世界の高級品市場と結びつけ、そこでスラムの製品やサービスを適正な利益を出して売る事業である。

こうした事業自体が、スラム住民の劣悪な住宅や衛生環境や水の問題を解決することはないだろう。だが、スラムの人々の経済力が増せば、彼ら自身がスラムの状況を改善するよう行動

★ Recicla Jeans

を起こせる。また、国際的企業や支援者や、政府やＮＧＯなどが主導する活動にも協力することができる。一体となって、スラム住民の生活改善に取り組めるのである。

午後の映画の宣伝をするリキシャ

第10章 貧困と地球

貧困はあらゆる問題に関わっている

POVERTY AND THE PLANET

一人を変えれば、世界が変えられる

クリシュナ・バハドゥ・タパと家族が、年間で新たに五〇〇ドル稼げるようになり、やがて一〇〇〇ドル稼げるようになると、食事や健康、住宅、教育、農業活動などの改善にお金を使い始めた。まさに、多くの専門家が貧困の原因としているような事項だ。たとえば、バハドゥの二人の妻、パダム・メイガーとスミトラ・メイガーは今でも文字が読めないが、彼らの二人の息子は高校を卒業し、四人の孫は好きなだけ学校に行けそうだ。一家は二一〇〇ドルかけて、見事な二階建ての家を建てた。家には、セメント作りの米の貯蔵場所もある。彼らは一エーカーを少し上回る広さの土地を買い、そこでオレンジを育てている。灌漑を行って冬に野菜を育てる畑も一エーカーに拡大した。牛や水牛、ヤギ、ティラピア★の幼魚なども購入した。

これは小規模農家が収入を増やせたときにとる行動として、典型的なものだ。開発の専門家が重要だと考えるものの多くに自分のお金を出すのだ。だが、彼らは自らの優先順位に従ってお金を使う。学校の制服や薬を買えるようになったので、病院や学校などの公的なサービスも使いやすくなった。経済力が増すと影響力も増すので、「村の学校には読み書きができる教師が必要だ」とか、「近所のクリニックには、一カ月か二カ月で薬が切れてしまうことがないように、薬を十分に在庫しておくべきだ」などの要求を、権力がある人に出すことができる。

貧困をなくすことは、地球の自然のバランスを取り戻すうえで、おそらく最も大切な第一歩だろう。今後五〇年で地球が直面する主な課題をあげていくと、人によって重視する問題は異なり、次のような課題が上がる。


二酸化炭素の排出を原因とする気候の変化を最重視する人は、人口の増加が二酸化炭素の排出にどう影響するかを考えてみよう。また、極度に貧しい人の増加による影響も考えてみよう。二〇五〇年までに増加する三億人の食料が必要となり、その食料を生産し市場に運ぶには、トラクターや灌漑用ポンプを動かすためのエネルギーが必要だ。増加する三億人のほぼすべてが、人口増加率が最も高い、貧しい開発途上国に存在することになる。サハラ砂漠以南のアフリカなどの国である。

開発途上国の農村部で人口増加率が高い理由の一つとして、小規模農家は大家族のほうが生

★ 淡水魚の一種

き残れるということがあげられる。バングラデシュの一エーカー農家がお金を稼ぐには三人の息子が必要だ。一人は農場を手伝い、一人は良い教育を受けて政府の仕事に就き、賄賂を少しばかり受け取って家族を支える。もう一人は、政府の仕事を狙う兄弟が学校に行けるよう、地元で十分な収入が得られる職に就く。だが、息子を三人持つためには、八人子供を産む必要がある。そのうち二人は五歳になるまでに死んでしまう可能性が高く、残りの六人のうち三人が男の子、三人が女の子となる。

もし、二〇二〇年までに、六億人の一日一ドルの人たちを貧困から脱出させることができたら、地球の総人口は現在予想されている九〇億人ではなく、七〇億人くらいで安定するだろう。そうすれば、排出される二酸化炭素の量はたちまち減少するだろう。

生物多様性が失われていることを最重視する人は、地球の生物多様性の問題で懸念されている生物のほとんどが、二一のカギとなる地域に集中しているということを考えてほしい。環境問題の専門家が自然保護区をつくろうと努力している地域だ。だが、環境問題専門家が保護しようとしている生物は、周囲に住む貧しい人たちが狩って食べてもいる。新しくつくられた保護区のなかでも、そうしたことが起こる。狩りをしなくても済むように、収入を確保し貧困を終わらせる機会を提供することが、地球の生物多様性を維持するうえで、最も効果的で現実的な手法の一つである。

HIV／エイズやマラリア、結核などの世界的流行が、地球の将来に関する最も大きな問題だと考えるならば、健康状態の悪化に最も大きく影響するのが貧困であるということを考えてみよう。さまざまな精神的・肉体的な病気の発生と流行が、貧困と高い相関関係にあることが、多数の研究で報告されている。[57] 愛する人の死や、大切な仕事を失うなどの人生における危機を何度も経験すると、病気になる確率は高まる。[58] そして、貧しい人たちは、もっと収入がある人たちに比べて、重大な危機を多数経験する。アフリカに住む何百万人もの極度に貧しい人たちが、マラリアや結核、HIV／エイズなどにかかっているが、診断を受けたり、適切な治療を受けたりするお金がない。薬が買えずに妻が肺炎で亡くなり、三人の子供とともに残されたインドの村の男性から、その苦しみを聞いたことがある。残念なことに、こうした状況は珍しいものではない。私は二五年前に、貧困をなくす現実的な方法を見つけることが、人々の健康状態を改善するうえで、私が何よりも貢献できることだと気付いた。だからこそ、IDEを設立したのである。

均等な教育機会を与えることが、直面する最大の課題であると思うなら、貧しい人たちは豊かな人たちに比べ、一貫して教育レベルが低いことを考えてほしい。開発途上国の農村部に住む極度に貧しい人々は、子供たちに農場を手伝ってもらわなければならない。また、教科書や制服の費用、わずかな学費も払うことができない。

このように貧困は、今後五〇年間で地球が直面する問題と深く関係している。また、自然のバランスを崩す要因とも関係している。

こうした問題を解決するには、公的な資金が必要なのは明らかだ。だが、もし貧困を撲滅できたとしたら、地球が直面する問題を解決するうえでどんな効果があるだろうか？

クリシュナ・バハドゥ・タパの収入が増えると、地球上の二酸化炭素排出量はわずかに増える。作物を灌漑するための水は、重力を利用してパイプを流れ、作物に届く。自分たちで食べる食料は、ほぼすべて自分たちでつくったものだから、食料を運ぶための燃料は不要だ。だが、こうしたエネルギーの節約分は、化学肥料の使用量が増えることで、部分的に相殺される。化学肥料を生産し、輸送するのにエネルギーが必要だからだ。ドリップ灌漑とスプリンクラーを利用して作物に水をやることで、限られた水資源を最も効果的に活用できる。育てた作物は背中に担いで村の集荷場まで運び、そこからは適度に効率的な小型トラックで、仕入れ業者が運んでいく。一家は以前より効率の良い調理用のコンロを導入し、今では電気による照明と小型テレビを持っている。これにより、わずかにエネルギーの使用量は増える。農場から食卓までの距離、そして、水牛のミルクが市場に運ばれるまでの距離は、ほんとうに短い。

非常に貧しい村で大部分の世帯の収入が増えてくると、彼らの集団としての行動力や影響力が増し、良い方向に動き出す。村の三〇世帯が、子供たちをより長い期間学校に通わせるようになれば、より良い教師を雇うよう求めるだろう。そして、子供たちの教育の質は高まるのである。

新たな収入を得た貧しい家族は、食料生産量を増やすためにその収入の一部を使う。また足りない食料を買って、収入が増える前には年に一～二カ月あった食料不足の期間をなくす。年間を通じての栄養状態も改善する。それまでは、運が良ければ月に一度くらい肉か魚を数切れ食べられる程度だったのが、肉か魚を定期的に生産するか買って食べるようになる。ヤギや水牛のミルク、ニワトリが産んだ卵なども食べられるようになる。こうした家族の大半が、果物や野菜の生産で収入を増やすが、売れない分は自分たちで食べる。それによって、ミネラルやビタミンが摂れるようになる。貧しい世帯では、ビタミンAが足りないために目が見えなくなる子供もいるのだが、そうした問題も緑黄色野菜を食べることで解消する。栄養状態が改善すると免疫機能も高まり、病気になる確率も下がる。

水と衛生環境

一九九六年、私はあるネパールの村に一週間滞在した。その村ではどの家にもトイレがなかった。だが、彼らは犬を飼っていた。だれかが茂みの陰などで用を足すと、近くにいる犬がやってきて食べるのだ。ネパール山中の遊歩道沿いにある茶屋で、私たち三人がお茶を飲んでいたときには、その茶屋の女主人の二歳の娘がオムツをつけない状態でやってきて、私たちのテーブルのすぐ横で用を足した。女主人はひるむことなく、すぐに犬を呼んで食べさせた。こうした状況は、貧しい村では例外的なものではなく、ふつうのことである。開発組織は無料でトイレを提供するが、誰も掃除しないので、たちまち哀れな状態になる。ＩＤＥがベトナムで民間組織を動かしてワークショップを開き、農村部の顧客や住民に感じのいい低価格のトイレを紹介したところ、彼らは助成金なしで買い始め、水や衛生の専門家たちを驚かせた。開発の世界では、貧しい人たちが自家用のトイレを進んで買うなどとは考えていなかったのだ。多数の一日一ドルの世帯が、特に収入が増えたあとには、手押しポンプやトイレを進んで買おうとするし、買えるのである。助成金なしの市場価格で買うのである。

今では貧しい世帯の多くが、清潔な家庭用の水を手に入れる利点について知っており、手の届く価格であれば、そのためにお金を出そうとする。だが、世界の水と衛生の専門家は、貧しい世帯が買える価格で手押しポンプや浄水システムを提供してこなかった。ベトナムで、ユニセフの実用的な浅水用の手押しポンプの市場価格を、ＩＤＥは半分に引き下げることができ、それを民間組織を活用して流通させると八万世帯が導入した。隣人たちもポンプを使わせてもらえるので、二〇〇万人の農村部の人々が、清潔な飲料水を手に入れられるようになった。[59]

▼多目的の飲料水システム[60]

バハドゥ一家は、一つの水源から来る水を、灌漑と家庭用の飲料水の両方に使っていた。これは一般的なことだ。タライ平原に住む多くの世帯が、足踏みポンプを使って野菜畑を灌漑し、清潔な飲み水も得ている。ネパールの山間部では、六〇の地区が低価格のパイプ送水システムを導入し、きれいな泉や小川から重力を利用して水を引いているが、その水は飲料用とドリップ灌漑用の両方に使われている。ドリップ灌漑で育てた販売用の作物の売上で、送水システムの費用は十分にまかなえた。また、飲料水を利用する各家庭がわずかな使用料を支払い、システムの運営とメンテナンスの費用としている。運営は水利用者委員会が行っている。こうした例から見えてくるのは、農村部の家庭用水のシステムは、経済的に持続可能なものになり得るということだ。ドリップ灌漑で育てた販売用作物によって得た収入を利用するか、他の生産的な方法に水を使って持続させるのである。

健康

不衛生な水を飲むと家族が下痢などを起こしてしまうこと。乳幼児では生命の危険にもかかわり、病気で仕事や収入を失う恐れもあること。貧しい家族がそうした知識を得ると、家庭で清潔な水を飲むために、新たな収入の一部を使うようになる。一家はその時点ですでに、低価格の灌漑用ポンプを導入しているかもしれない。そのポンプが住居の近くにあれば、灌漑に加えて家庭用としても水を使うことができる。価格がそれほど高くなければ井戸と手押しポンプを設置し、近隣の人たちと水を分け合うこともできる。井戸が入手できなくとも、手ごろな価格のフィルターがあればそれを買って使うだろう。また、ニーズに合った低価格のトイレがあれば、トイレにもお金を出すだろう。家族の誰かが病気になったら、病院に連れていけるし薬も買える。病気が進行する前に、初期の段階でそうできるのである。

教育

バハドゥの家で所得が増えると、教育レベルが一気に高くなった。バハドゥの二人の妻は字が読めないままだが、二人の息子は高校を卒業した。息子たちと結婚した女性は、二人とも高校で教育を受けた。その子供たちは、好きなだけ学校に通えることだろう。ネパールやザンビアなどの国では、農村部の子供は五年生を終えると学校に行かなくなる。その理由は、本や制服などのお金を払えないからであり、家の農作業を手伝わなければならないからだ。だが、仮に村の半分の世帯が、バハドゥのように五年生以降も子供を学校に行かせ続ければ、村の学校では学費による収入が増える。そうすれば、もっと良い教師を雇うことができる。貧しい農村では、ほとんど字が読めないような教師が大勢いるのだ。

輸送

貧しい農村では、道路が通っていてもほとんど通行できなかったり、まったく道路がなかったりする。そのため、育てた作物を売ろうとしても、市場になかなかたどり着けない。政府が道路を建設してくれるのを待つあいだに、村人たちは年老いてしまう。だが、もっと低価格の輸送手段がほかにある。貧しい人たちが最もよく用いるのが、自分の二本の足だ。私が出会った小規模耕地の農民たちは誰もが、枝を編んで作った籠を上手にバランスさせ、二〇キロものナスを入れて頭に乗せ、市場に運んでいた。ネパールで話をした荷運び人は、ビーチサンダル程度のものしか履いていないのに、一〇〇キロの荷物を背負って急な山道を六日間歩いていた。彼が西側諸国にいたら登山家になれるだろう。

ソマリアでは、難民の鍛冶屋に協力してロバの荷車を五〇〇台つくったが、荷車は五〇〇キロの木材や水を乗せて荒れた道を進むなど、よく働いていた。中古自動車のベアリングを使ってつくったロバの荷車は、難民が四五〇ドルのクレジットで買った。そして、水や木材や食料品などを運んで、すぐに月二〇〇ドルの純収入をあげられるようになった。カトマンズでは、七・五馬力の中国製の回転耕運機が農業用具として無税で輸入され、一トンの荷物を乗せた荷台を引いていた。荷台に人間から石炭まで何でも乗せ、急な坂道を上り下りしていた。

ベトナムでは、補強した自転車の両側にペンキ塗りの足場のような竹の枠を下げ、四〇〇キロのレンガを運んでいたので、その様子をビデオに収めた。自転車の持ち主は自転車を押して前へ進み、座席の支柱にくくりつけた頑丈な竹に体を押し付けていた。こうした自転車と竹を組み合わせた輸送手段は、ホーチミン・ルート★で物資を運ぶのにも使われ、ベトナム戦争の勝利にも貢献した。この方法は細い道でも使えるので、農村部でも大いに活用できる可能性がある。だが、どういう理由か、この竹と自転車の輸送手段をベトナム以外で見たことがない。

バングラデシュでは、木の荷台のついたトレーラーを二~三人で押していたのを見たことがある。その上には、ラマダン明けの祭りで犠牲になる巨大な白い牛が何頭か乗っていた。牛を歩かせて牛が二~三キロ痩せたとしても、荷運び人を三人雇って、牛が堂々と乗っているト

★ 旧北ベトナムから旧南ベトナムへつづく陸上補給路。ベトナム戦争で使われた

レーラーを押してもらうコストよりは安いのではないかと思われた。カンボジアではいたるところで、バイクとバイクが引くトレーラーを見た。そこには野菜から豚まで、あらゆる種類の荷物が乗っていた。バングラデシュではとても貧しい人でも数ペニー払ってリキシャを雇える。リキシャを使うのは、冷蔵庫など、背負うには大きすぎるか、背負いにくいものを運ぶときだ。

一日一ドルの人たちは、どこにでも歩いていく。ときに、運びにくいものがあるとリキシャを使う。また、たとえば仕事を探しに街に行くときなど、長距離を移動する場合にはバスを使う。所得が増えると彼らの多くが自転車を買い、さらに収入が増えつづけると去勢牛と荷車を買って、荷物を運ぶ仕事を始める。牛の荷車や自転車で引くトレーラーは、高付加価値の作物を市場に運ぶために使ったり、資材を農家に運ぶのに使ったりすると、ひとつの収入源となる。やがて、運搬の仕事自体も、大きな収入源になる。

住宅

政府や開発組織は、住宅に関する取り組みをいくつも立ち上げてきた。だが、助成金を受けて買う住宅は、一日一ドルの世帯には高すぎるものばかりだ。住宅が無償で提供される場合もあるが、そのための予算が十分にないので、必要な住宅のごくわずかな割合しか建てられない。しかし、貧しい人たちの収入が増えた場合は、彼ら自身が住宅の改善にお金を使う。たとえば、草ぶき屋根の代わりに、雨漏りしないブリキの波板を屋根にする。牛馬の糞と土でつくった床を、もう一度つくりなおす家もある。小さな台所を庭につくり、調理の熱で夏に居間が暑くなりすぎないようにする場合もある。なかには、土と編み枝の壁に草ぶき屋根といった一般的な家ではなく、もっと長期間使える家をつくる場合もある。こうした家には市場価値があり、担保としての価値もあるが、一年にレンガをたとえば二五個ずつ積んで少しずつ建てていくので、建設には一〇年以上かかるかもしれない。農業からの収入が増加し続けると、家が完成するスピードは速められる。最初の部分が完成したら、それを担保にできるので、二番目、三番目の部分をより早く建設できる。

エネルギー

バハドゥ一家は、収入が増えるとすぐに水牛を二頭買った。今ではミルクを出して、良い収入源になっている。また、そのうち一頭は川のそばにある一エーカーの水田を耕す。近所の家から七頭の水牛を借りると、合計八頭で水田全体を一日で耕せる。近所の家もバハドゥの水牛を借りて水田を耕し、田植えに備える。バハドゥの新しい家には電気が通っているが、近所の家は電気を引く余裕がないところが大半だ。灌漑用水と飲料水は、小川からパイプを通って重力で流れてくる。こうした点を考え合わせると、バハドゥの家は他の小規模農家より恵まれていることがわかる。

第二次世界大戦後、アメリカ政府が母体となった農村電化事業団（ＲＥＡ）の活動により、アメリカ南部の農村地帯に電気が広く供給されるようになり、それをきっかけとして南部農村の経済が発展した。だが、開発途上国の貧しい農村部に住む一〇億人以上の人たちに、電線で電気が供給されることはないだろう。その人たちの大部分が、クリシュナ・バハドゥ・タパのような小規模耕地の農民で、彼らも毎日エネルギーを必要としている。水を汲んだり、田畑を耕したり、食事をつくったり、作物や資材を運んだり、作物に付加価値をつける加工をしたり、日が沈んだあとに灯りをつけたりするためだ。彼らのエネルギー源の中心は人の力で、灯りを点すにはロウソクや灯油、懐中電灯の電池などがエネルギー源となる。調理では木材だ。ランプに使う灯油やロウソク、電池などを買うのに、一カ月当たり三ドルから五ドルほど使う。

現在、さまざまな低価格の新技術が生まれており、小規模農家のエネルギー利用を増やしたり、利用効率を高められるようになっている。家庭用の照明としては、灯油ランプの三倍の明るさが出せる、太陽エネルギーを使ったランプが一二ドルで売られている。灯油とロウソクと乾電池の使用が減る分のお金、数カ月分で買えるのである。小規模農家の収入がさらに増えれば、すぐに五〇ドルの太陽光発電システムが買えるようになる。それがあれば、四部屋の照明と、ラジオと白黒テレビをつける電力が得られる。

足踏みポンプは、ロープでひっぱるバケツと比べると、人間の力をずっと効率的に利用して灌漑ができる。また、ドリップ灌漑システムを使うと、同じ作物を育てる場合でも水の使用量が減るので、水を汲むエネルギーの節約になる。調理用具では、三つの石を使う方法★に比べて使う薪の量が半分以下になるコンロが売られている。価格は五ドルで、貧しい人たちが何十万

★同じ高さの石を三つ置いて、その上に鍋などを置き、下で火を燃やして調理する

個も買っている。近々発売になる低価格の家庭用ガス化装置はもっと効率的で、家族の食事をつくったあとには炭が残って、それを売ることもできる。

小規模農家は大規模農家と比べて、エネルギー使用による二酸化炭素の排出量がずっと少ない。水汲みや耕作には人力や動物の力を用いるが、その燃料となるのは穀物や飼料などの再生エネルギーだ。一方で大規模農家では、機械式のポンプやトラクターなどを使い、それを動かすのにディーゼル燃料を使う。水を汲むのに自分の足を使う農民は、スイッチを押して機械式ポンプを動かす農民よりも、エネルギーの使用に関しては賢明だと言える。去勢牛の荷車は、再生エネルギーである飼料で動く。トラックはガソリンを消費する。

販売用作物を育てて小規模農家の収入が増えることにより、畑から食卓までの輸送距離が短くなり、二酸化炭素の排出量の削減に大きく貢献する。農村部の貧しい人たちは食料が足りない状態で生活しているが、洪水や干ばつなどが起こると、それが飢餓にもつながる。そうした場合には、大量の食料援助を遠くまで運ばなければならない。販売用作物を育てて小規模農家の収入が増えると、主食の生産量を増やす余裕が生まれ、それでも足りない食料は、穀物を生産する近所の大規模農家から買うことができる。これにより、果物や野菜を市場まで運ぶために使ったわずかなエネルギーも、十分に相殺することができる。

貧しい人たちが現在直面している、医療や教育、輸送、水と衛生、住宅、エネルギーなどのすべての問題を、貧困をなくすことだけで解決することはできない。だが、貧困から抜け出せれば、これらの問題は大きく改善できる。急速な人口増加の根本原因に対処し、貧困の他の原因の解決策を見出すことによって、極度に貧しい何百万もの人々が貧困から抜け出すのに力を貸す。そうすれば、今後五〇年間に地球が直面する大きな問題に関して、解決に向けて大きな一歩が踏み出せるだろう。クリシュナ・バハドゥ・タパとその家族の経験が、何よりもこのことを証明している。

農村での暮らし

第11章 私たちには力がある

貧困をなくすために行動を起こす

TAKE ACTION TO END POVERTY

貧困から抜け出す。ザンビアにて

貧困をなくすには、開発問題の支援者、多国籍企業、大学、農業や灌漑の研究機関、世界中の一般の人々、そしてなかでも貧しい人たち自身が、貧困についての新しい考え方と、新しい行動の仕方を取り入れなければならない。

あなたができること

私がこの本を書いたのは、貧困についての考え方と、貧困に対してとるべき行動について革命を起こすためだった。革命には、あなたの力が必要だ。

私がよく質問されるのは、「この本で書かれた貧困問題の現実的な解決方法は、アメリカでの貧困にも適用できるか」ということだ。もちろん！　コロラド、アリゾナ、ニューメキシコの州境にあるナバホ族の居住地では、インディアン局（ＢＩＡ）が数年おきに数百万ドルを使って、八〇〇世帯の貧しいナバホ族のために灌漑用水を得られる運河を修復している。これらの世帯の多くが生活保護を受け、この貴重な水で乗馬用のポニーに食べさせる草を育てている。だが、私はナバホ族の起業家に会ったことがある。彼はＢＩＡで働き、トウモロコシを育てて加工し、ふかしたトウモロコシをパッケージ化している。ほかにも、ナバホ族が好むさまざまなトウモロコシ製品をつくり、アメリカ中にいるナバホ族に販売している。彼のほかにも、四～五人のナバホ族の起業家に会った。彼らがロールモデルとなって、ナバホの人々が低価格のドリップ灌漑と集約的農業を活用し、ナバホ族にとって重要な農業製品をつくって販売したらどうだろう。そして、あなたがアメリカ先住民の文化に興味があるなら、こうしたことが実現できるよう力を貸したらどうだろうか。

コロラド州で最も貧しい農村地帯、サン・ルイス・バレーを訪ねたときのことだ。サン・ルイス・バレーで経済的に最も重要な作物であるジャガイモが、収穫されたのちテキサス州まで運ばれ、五ポンド（二・三キロ）ずつ袋に入れられて、サン・ルイス・バレーに戻ってきて食料品店で売られているということを知った。マージンはわずかなものだった。一方で最大のマージンを得ていたのは、冷凍のポテトフライやカールした形のポテトフライだった。テキサスで加工され、サン・ルイス・バレーのカフェやレストランで使われていた。なぜ、地元で事業を起こして、地元のジャガイモをポテトフライに加工して、地元のレストランに売らないのだろうか。輸送費の節約分は、テキサスの大型加工工場での「規模の経済」以上のものになるはずだ。また、サン・ルイス・バレーではキャノーラ（セイヨウアブラナ）もたくさん栽培されている。低価格の搾油機を使って、地元ブランドのキャノーラ油をつくり、地元の健康食品店に売ってはどうだろうか。

序章では、ジョーとある日の午後を一緒に過ごして彼から学んだことについて書いた。ジョーはホームレスで、デンバーの線路のわきにある荷積み用のプラットホームの下に住んでいた。読者の多くが毎日ホームレスの人たちに会っていることだろう。彼らを見ないようにするのは自然なことだ。だが、ホームレスの人たちは興味深い経験談をたくさん持っている。近くのホームレス・シェルターに行ってスタッフに声をかけ、恥ずかしくて物乞いにはなれなかったホームレスを一人か二人紹介してもらって、話をしてみたらどうだろう。ほぼすべてのホームレスが、自分の持ち物をしまっておける安全な場所がない、という問題を抱えている。ホームレスの人たちがよく来る地域で使われていないビルを探し、起業家の素質のあるホームレス何人かに、安全な保管用ロッカーを他のホームレスに貸すという事業を運営させてみたらどうだろうか。

以上で紹介したのは、あなたが先進国に住んでいる場合、地域の貧困問題を解決するためにできることの例だ。だが、すでにご存知かと思うが、本書の問題解決のプロセスは貧困だけでなく、世界の重要な問題の多くに適用できる。世界の難しい社会問題を現実的に解決するには、問題が起こっている場所に行き、問題を抱えている人と話し、その地域に特有な事情について知るべきことを全部知ることだ。その中から解決策が見つかるのである。

あなたが今始められること

❶ 本書の内容に共感していただけたなら、一〇人にこの本を読むように勧め、本から学んだことを実践するように勧めよう。

❷ 貧しい人を哀れむことをやめよう。

❸ 地元にいる貧しい人たちについて、具体的にどんな問題を抱えているか、どんな状況で暮らし、働いているのか、可能な限りのことを知ろう。

❹ 世界の貧困問題の現実や、それに対して何ができるか、知識を得よう。

❺ 貧しい人たちを顧客とする、現実味のあるビジネスプランに投資しよう。

❻ 具体的な成果を上げている組織に、自分の時間やお金を提供しよう。そして、自分が出したお金や時間でどんな成果が上がったか、説明してもらおう。

貧しい人たち自身ができること

❶ 希望を持とう。
❷ 慎重に計算したうえで、ある程度のリスクを進んで取ろう。
❸ 専門家のアドバイスに、頼りすぎないようにしよう。
❹ 新しいアイデアやチャンスに興味を持とう。
❺ 今よりももっと起業家精神を持とう。
❻ 開発組織の人々がもっと効果的に活動できるよう、彼らが知るべきことを教えよう。

支援者ができること

現在、貧困撲滅の活動に提供される資金には、二つの大きな欠陥がある。

● 資金の八〇％ほどが開発途上国の政府に直接届くが、このやり方は効果を生まない。
● 資金の提供者が、すべての投資でプラスの効果が出るよう要求していない。また、規模を拡大して、数百万人に効果をもたらすよう求めていない。

▼二国間投資と多国間投資

公的な開発支援の金額は、二〇〇五年に一〇〇〇億ドルを超えた。[61] そのうちの八〇%が、二国間援助か多国間援助として、開発途上国の政府に直接渡された。世界銀行によると、開発資金の一二%が政府ではなく非政府組織（NGO）に渡された。

資金を開発途上国の政府に渡すのは、援助の方法としてあまりにも当たり前のことになっており、今ではだれも気にせず、疑問視する人もいないようだ。この政策の背後にある思想は、とても理にかなっている。それは、貧しい国の政府が計画を立てて実行する力を高めることは、道路や学校や病院をつくるのと同じくらい重要だということだ。しかし残念ながら、このやり方はまったく成果をあげなかった。また、NGOに提供された資金の一部も、プラスの成果をあげることができなかった。

国連開発計画（UNDP）などの主要な援助団体は、資金を相手国の政府にしか提供できないが、この事実が人間の良心に反するような限界を生み出すことがある。たとえば、国連のミレニアム開発目標ではミャンマーでのプロジェクトに資金を提供できない。ミャンマーの政府が、国連のガバナンスの基準を満たしていないからだ。ミャンマーの遠隔地の村々では、極度に貧しい人たちが急速に増えている。彼らは自国の政府に対してほとんど影響力を持たず、国連の援助からも公式に除かれてしまったことになる。

このジレンマを解決する方法は、実現するのは難しいが、イメージはしやすい。すなわち、現在の援助額の割合を反対にすることだ！　現在の開発支援のうち八〇%を、貧しい人たちが生活費を稼ぎ、より良い未来を夢見ている農村や都市のスラムに直接送る。そして、二〇％を開発途上国の政府に送るのである。

▼なぜ二国間援助や多国間援助が、うまく使われないのか

三〇年間独裁政治を行ったあと、ジョセフ・モブツ★がザイールを離れたとき、彼の個人資産はザイールの対外債務に匹敵する額だったという。しかし、政治腐敗は大きく注目されるが、貧しい国の政府に資金提供されるプロジェクトの多くが結果を出せないのは、腐敗が最大の理由ではない。最大の理由は、政府の役人やその友人たちが影響力を行使して、受け取ったお金を自分たちの利益になるようなプロジェクトに回すからだ。その国の大きな問題を解決するようなプロジェクトに回すわけではない。極度に貧しい人々には政治的な影響力はない。だから、大きな開発プロジェクトが、貧しい人たちの力にならないとしても驚くことではない。

ジョセフ・モブツ政権は、ザイールに一〇億ドルの送電線を敷設するために、複数の支援者から資金を集めることができたが、この件についてタイム誌は以下のように書いている。

「モブツの開発プロジェクトには、ザイール川の巨大ダムの建設や、銅を産出するシャバ州までの一七七〇キロに及ぶ送電線の敷設などがある。送電線の建設費用は推定で一〇億ドルだ。一九八一年にようやく電気が供給されるようになったが、その八カ月後、電気は流されなくなった。シャバ州は偶然にも、電力を自給自足できたからだ。ある西側外交官は言う。『もし、無用の長物というものがあるとしたら、この送電線がまさにそれです。ザイールは原子力潜水

★ザイールの第二代大統領。海外からの支援金を着服していたことで知られる

艦が必要だと言いますが、それと同じくらい計画性も必要です』[62]」

　モブツと友人たちは、間違いなくこのプロジェクトから資金を横流しし、多額の報酬を自分たちの懐に入れたはずだ。そして、借款返済の責任を後任の政府に押し付けた。後継者たちも借款返済の時期が来たら、間違いなく債務免除を要請することだろう。

　モブツの送電線は、貧しい政府に渡された資金がムダになった例として極端なものだが、多くの多国間・二国間援助の結果もほぼ似たようなものだ。たとえばネパールでは、政府の灌漑部門が進めていたチャパコット・タール★のプロジェクトと、アルン水力発電プロジェクトが、何百万ドルものお金が使われた後で中止された。なぜなら、この二つのプロジェクトを推進した政治家と仲間の有力者たちが、プロジェクトの過大なコストを検証することもなかったし、もっとコスト効率が高く、環境的にも効果があるやり方がほかにないか、検討することもなかったからだ。アフリカでも同様に、何億ドルもの多国間・二国間の援助が、政府やその友人たちが推進する大規模で高価な灌漑プロジェクトに使われた。もっと手ごろでコスト効率の高い方法がほかにないか、一日一ドルの農民の貧困をなくし、農村部の成長にもつながる方法がないか、真剣に考えようともしなかった。

　このような状況を考えると、開発のための資金が提供される割合を、今こそ逆転すべきである。八〇％以上を直接草の根レベルに渡し、効果が目に見え、極度に貧しい人たちの収入を増加させられるような活動に提供する。残りの二〇％を、開発途上国の政府に、インフラ改善を目的として提供する。政府に流れ続けるお金には、具体的で実現可能な結果を約束させる。た

★ Chapakot Tar：灌漑プロジェクト。川に取水ぜきを設けて運河を建設し、二〇〇〇ヘクタールを灌漑する計画

とえば、医療や教育、輸送、エネルギーなど、貧しい人々を支えるうえで非常に重要なインフラの整備などである。

ミレニアム開発目標に署名した一八九の国の多くが開発途上国で、その政府のリーダーは主要な開発組織や支援者と強い結び付きがある。したがって、支援の割合を逆転させるのは非常に困難だ。このような大変革を起こすには、開発途上国の政府やその強力な支援者とあまり結び付いていない、新世代の開発組織が必要となる。現在の厳しい貧困を現実的に解決しようとするなら、こうした大変革こそ成しとげなければならない。

▼効果が目に見え、大規模化できるプロジェクトに資金を提供する

ビル・アンド・メリンダ・ゲイツ財団は、プロジェクトに資金を提供するうえで、次の二つのルールを定めている。ともに有益な条件だ。

❶ プロジェクトがいかに有望に思えても、どんな効果が出せるか明確に定義していない場合や、その効果を実現できない場合は、財団は資金を提供しない。

❷ 効果が明確に定義されていても、多くの人にそれが及ぶよう、大規模化できるものでなければ、財団は資金を提供しない。

すべての開発支援者が、開発プロジェクトに毎年提供する一〇〇〇億ドルのうち、最後の一

ペニーにまで目に見える効果と大規模化を要求すれば、貧困撲滅活動の成果は劇的に向上することだろう。

多国籍企業ができること

多国籍企業は貧困撲滅にめざましい貢献ができるし、それは同時に自社の利益にもなる。だが、そのためには製品の定義や価格、流通の方法などを変革しなければならない。国際的な製薬企業であるジョンソン・エンド・ジョンソンは、すでにインドに進出し製造拠点も持っているが、先進国で大きな利益を出している頭痛薬のタイレノールを発売していない。その理由は、インドでは十分な利益を出せないと考えているからだ。だが、インドの市場で競争できる価格体系と販売、流通の戦略を立てれば、利益率は低くても大量に売ることで、かなりの利益を出せるように思う。そうすれば、タイレノールをインドにおいて低コストで製造し、他の国へ輸出することもできる。

多国籍製薬企業の多くは、処方箋薬でも市販の薬品でも、新興市場においてはほとんど目立った展開をしていない。あるアメリカの大手製薬企業のリーダーは言った。「ラテンアメリカはお金を稼げる場所ではないですよ」[63]

この発言を、一九四三年のロバート・ウッド・ジョンソンの言葉と比べてみよう。彼がジョンソン・エンド・ジョンソンで、製薬業界の変革に乗り出したときの言葉だ。

「真に経済的に貢献でき、真に社会的資産となれる場所においてのみ、その産業は成功する権利がある」(64)

ジョンソンが一九四三年に起草した「我が信条（クレド）」を、製薬業界が採り入れていたら、HIV／エイズから肺炎まで、さまざまな病気を持つ新興市場の何億人もの生活が向上していただろう。製薬企業の利益も向上していたはずだ。

このように状況がよく見えていないのは、製薬企業に限ったことではない。他の多国籍企業も状況を把握しておらず、三〇億人の無視された顧客が本当に必要とし、ぜひ買いたいと思っているさまざまな製品やサービスを提供できないでいる。

水不足が拡大しているこの時代に、水を最も効率的に作物に届けられるドリップ灌漑が、世界の灌漑面積の一％でしか使われていない。これは単に、既存の企業が販売しているドリップ灌漑のシステムが、小規模農場にとっては大きすぎるし高価すぎるからだ。仮に、世界に四億八五〇〇万軒存在する五エーカー未満の農場で、一〇軒に一軒が半エーカー用の低価格のドリップ灌漑システムを購入して導入したら、世界のドリップ灌漑の面積は三倍になる。だが、ドリップ灌漑用品メーカーとして世界最大手であるネタフィムも、インド最大のドリップ灌漑用品メーカーであるジャイン・イリゲーションも、丁寧に、だがはっきりと、私からの何度もの提案を断った。私からの提案とは、小型で低価格のドリップ灌漑システムという、ほぼ未開拓の大きな市場に参入するよう、経営陣を説得してほしいというものだった。

これに対して、多国籍企業の小型ではあるが影響力を増しつつあるグループが、裕福ではない人々を顧客や仕入先とした事業を立ち上げ、利益を出しつつある。スイスを本拠地とした食品メーカーのネスレは、コーヒーを栽培する小規模農家を雇って、日陰栽培の特製コーヒーを栽培させている。このコーヒーは、ヨーロッパやアメリカでエスプレッソ・マシンの「ネスプレッソ」を購入した数百万人に販売される。しかし、世界でコーヒーを栽培している二三〇〇万戸の小規模農家の多くは、こうした特製コーヒーを育てるための苗木や、最先端の農業技術、低価格の灌漑システムなどを入手できない。したがってニカラグアでは、世界最大のコーヒー輸出企業であるＥＣＯＭ（ネスレの「ネスプレッソ」マシン用特製コーヒーのかなりの部分を供給している）と、ネスレにコーヒーを納めるグローバル企業のアトランティックが、小規模のコーヒー栽培農家にさまざまな新種の苗木を提供し、トレーニングも行っている。そして、ＩＤＥは低価格のドリップ灌漑システムを、比較テスト用の耕地に提供し、それにより生産量と品質がさらに大きく改善した。この最初のテストよりも大きな耕地で成功したら、ＥＣＯＭ／ネスレとＩＤＥはパートナーシップを組む計画だ。複数の開発途上国で、同様の手法を小規模のコーヒー栽培農家に、もっと大きな規模で適用するのである。また、紅茶や乳製品の生産にも、同じ手法を適用する。

多国籍企業には、このようなチャンスが何千もある。それを活用することで、貧困撲滅に直接的に貢献でき、自社の利益も拡大できるのである。

大学ができること

多国籍企業と同様に、大学や研究機関も状況がよく見えていないが、これは驚くほどのことではない。コロラド州立大学の畜産や農学や工学の教授たちが、ネパールやエチオピアやマラウィからの大学院生に、三頭のヤギを育てて利益をあげる方法を教えられるだろうか。さまざまなシーズンオフの作物を植えた、四分の一エーカーの畑を耕す方法はどうだろうか。耐用年数三年の、低水圧の半エーカー用のスプリンクラーの設計は教えられるだろうか。しかし、こうしたテーマの最新理論や実践方法などを教えたほうが、新興市場での貧困撲滅にはずっと役立つはずだ。現在はそうではなく、畜産技術や、プランテーションでの単一作物栽培、エアコン付きで付属装置も多いコンバインの設計などが教えられている。

貧困をなくすには、水や農業、市場やデザインなどについての考え方を革命的に変えなければならない。この革命を起こすうえで大学ほどふさわしい場所はない。開発途上国から多数の専門家や政治家が学位を取りにきている、オランダのワーゲニンゲン大学や、イギリスのレディング大学、アメリカのスタンフォード大学、カリフォルニア工科大学、ＭＩＴ（マサチューセッツ工科大学）などの大学だ。一日一ドルの人たちのほとんどは一エーカーの農場から収入を得ているのだから、一エーカー農場で必要とされる農業や灌漑、市場、デザインに焦点を当てて、まったく新しいコースとカリキュラムをつくる必要がある。都市の貧困をなくすためにも、革新的な新しいカリキュラムが必要だ。そこでは、スラム住民や路上生活者を雇う新しい事業のつくりかたや、高付加価値で労働集約的な製品やサービスを売る新しい市場のつくりかたなどを教える。

だが、大学や教授たちの方針は、大学の政治的、経済的状況に影響を受ける。アメリカで土地を供与されて運営している大学★は、農業教育に関して明確な方針を持っている。先進国で農業の基盤となっている大規模で機械化された農地や、大規模な畜産業を継続的に改善していくことに焦点を当てているのだ。農学や経営、灌漑、デザインを教える教授たちの多くは、大規模農場や大型の農機具などに関連するテーマで博士号をとっており、大学の生命線ともいえる研究助成金が提供される分野も、そうしたテーマに集中している。だから、教授たちは自分が知っていることを教え、開発途上国の聡明な若い学生たちは、西側の農業で役立つトレーニングを受ける。だが、それは自分の国に帰るとほとんど役立たない。

しかし喜ばしいことに、こうした状況を変えるにはどうしたらいいか、学生たち自身が教授に尋ねるようになってきている。スタンフォード大学ビジネススクールの教授であるジム・パテルは、同大学デザイン学部の「極限までの低価格を追求するデザイン」というコースを設計した人だが、彼は次のように言う。「一〇年前、スタンフォードにMBAを取りに来た人は、『ビル・ゲイツになる方法を教えてほしい』と言うような人が多かった。だが今は、『世界を変える方法を教えてほしい』と言う人が多い」

言うまでもなく、今ではビル・ゲイツも、世界を変えるために大半の時間を使っている。

そうなると心配になるのは、世界を変える方法を大学が学生に教えられたとしても、学生が

★ ランド・グラント大学。農学や軍事学、工学を教えるために、連邦政府の所有する土地を州政府に供与することで設立された大学

卒業後それで生活できるかという点だ。勇気のある数人は、すでに自分で企業や開発組織を立ち上げている。それよりもう少し多くの人が、マーシー・コープ★やヘルベタス、ウィンロック、SKAT、IDEなどの組織に就職する。だが、本格的な就職機会は民間のビジネスで生まれるだろう。多国籍企業や大小さまざまな企業が、残りの九〇%の人を顧客とした新しい事業を始めることで就職機会も増えるのである。

研究機関ができること

大学で教えている人の多くが、研究機関でも仕事をしたりアドバイスをしたりして、開発問題に取り組んでいる。国際農業研究諮問委員会（CGIAR）は緑の革命を支える研究を行っている組織だが、彼らは世界の食料供給を増やすうえで多大な貢献をしてきた。食料が増えて実質的な価格が下がると、貧しい人々の助けになる。だが、貧困をなくすには新たに研究機関を立ち上げて、農村部と都市部で貧しい人々の収入を増やすための、新しい考え方や実践方法を生み出す必要がある。

小規模農場繁栄のためのネットワーク

そこで、「小規模農場繁栄のためのネットワーク」の立ち上げを提案したい。規模や展開す

★ Mercy Corp：災害や戦争などによる被災者の救援活動のほか、農業や教育などさまざまな分野で活動

る範囲はCGIARのネットワークと同じくらいで、年間の予算は三億五〇〇〇万ドル程度とする。研究と開発のテーマは、八億人の一日一ドルの人たちが生活費を稼ぐ一エーカーの農場で、新たな収入を創造する方法だ。

このネットワークは、以下のようなセンターを組み合わせたものとして構想している。

▼小規模農場用、低価格灌漑センター

一エーカー農場のニーズに合った低価格の新しい灌漑技術をデザインし、普及させるためには、灌漑の革命を起こさなければならない。現在のCGIARシステムの一部である国際水管理協会（IWMI）★は、ここ数年、灌漑の分野において重要な研究を行っている。だが、同協会の研究の重点は依然として、大規模な灌漑システムの研究やその効果的な管理方法に置かれている。最近IDEはゲイツ財団からの支援を受け、一三種類の小規模耕地用の灌漑技術を開発して、市場に出せる段階にまでした。具体的には、水の汲み上げ、貯水、送水など、さまざまな低価格の小規模耕地向け技術だ。だが、IDEは比較的小さな組織だ。一方でキックスタートやエンタープライズ・ワークス／ヴィタなどの組織は、足踏みポンプのデザインや、民間が主体となった流通で大きな貢献をしている。仮に研究と普及のためのセンターが立ち上げられ、低価格の小規模耕地向け灌漑用具の開発と普及に取り組んだら、この分野全体にメリットがあるだろう。

★ The International Water Management Institute

▼多目的システム開発センター

前述したように、新しい飲料水システムの確立で使えるようになる水を、労働集約的な作物の栽培にも並行して使うことで、村の飲料水システムと収入獲得の機会を同時に実現できる。IDEやIWMIや他の複数の組織が示しているように、多目的システムからの水を生産に使って収入を得ると、そのシステムを建設するための借入金を十分返済できる。多目的システムを推進して急速に普及させ、その研究も行うようなセンターがあれば、今は家庭用の水がない数百万世帯が、経済的に持続可能な飲料水を入手できるようになる。同時に灌漑用の水も得られて、数百万の小規模農家が収入を増やすことができる。

▼小規模農場繁栄のための農業センター

貧困をなくすには、小規模農家に適した販売用作物の面で農業を変革する必要がある。「小規模農場繁栄のための農業センター」は、一エーカーの農場に適した、労働集約的な販売用作物を新たに開発する。それらの作物を育てるための耕作方法や、利益を出して売るために必要な経営手法なども開発する。

▼土地を持たない人が繁栄するためのセンター

開発途上国の農村部で「土地を持たない人」は、実質的には土地がないわけではない。そのほとんどが、地主の土地や村の共有地など、一〇〇平方メートルから五〇〇平方メートルほどの土地を使うことができる。ネパールでIDEが展開している地域では、小規模耕地の農民はモンスーン期にトマトを育てて二〇〇ドルほどの利益を得る。土地のない人たちは自宅の屋根でカボチャを育てたり、パパイヤの木を一～二本植えたりして、作物を育てる場所を広げている。「土地を持たない人が繁栄するためのセンター」は、一〇〇平方メートルの耕地で誰が最大の利益を上げられるかを競うコンテストを開く。また、小さな土地で収入を最適化するための、集約的農業の技術を開発する。そして、土地のない人たちが収入を増やす方法を研究する。

▼貧しい人たちを顧客とする新市場創造のためのセンター

都市と農村の一日一ドルの人たちが買い手であり売り手であるような市場では、その非効率さが際立っている。その状態を理解し、解決方法を見出して、市場を革新する必要がある。「貧しい人たちを顧客とする新市場創造のためのセンター」は、都市や農村の市場でヘンリー・フォード並みの規模のチャンスを見つけ、それを活用するために具体的な行動を起こす。農村部では、民間のサプライチェーンの出現を促す。このサプライチェーンは、灌漑や、種子、肥料、害虫管理、資金の借り入れなど、高付加価値で労働集約的な作物を育てるのに必要なものを提供する。また、バリューチェーンの台頭も促し、農民が育てた作物を、利益が出る価格で販売できる市場に届けられるようにする。都市では、雇用を創造する事業の設立や、新しい市場の創造を促す。この市場では、スラムや路上生活者の低コストの労働力を生かした、高付加価値で労働集約的な製品を扱う。

開発組織ができること

インドの村にある年間予算数百ドルの草の根組織から、年間予算一一億ドルのワールドビジョンのような巨大な国際組織まで、世界には何千もの開発組織があって、貧困問題に取り組んでいる。これらの開発組織の大きな問題点は、お金の稼ぎ方を知っている組織がほとんどないということだ。また、その方法を学ぼうという意欲もない。貧困をなくすためには、貧しい人たちがお金を稼げるよう力を貸すのが最も重要であるから、この状態には問題がある。

私が一九八一年にIDEを立ち上げたころは、開発の世界ではビジネスは汚い言葉とされていた。多国籍企業やそれ以外の企業が暴利をむさぼっていることが、貧困の原因だと見なされていたからだ。過去一五年ほどのあいだに、開発関係者のなかでも「すべてのビジネスが悪いわけではなく、効果的な事業戦略は貧困緩和の重要なツールとなる」という認識が広がってきた。それにもかかわらず、ほとんどの開発団体は物資を寄付し、市場の力をそこなうような形で運営している。そして、何か価値のあるものを貧しい人たちに寄付したときに感じる気分の良さを核として、ミッションや資金集めの戦略を築いている。

開発組織が次のような基本方針を採用すれば、何百万人もの一日一ドルの人の貧困はなくなるはずだ。

❶ どんなプログラムでも、始める前にできるだけ多くの貧しい人たちと話す。そして、彼

らが暮らし、働いている状況について、できるだけ具体的に知る。

❷ 貧しい人たちにとって価値がありそうな製品やサービスを思いついたら、彼らが現在の収入で買えるような価格でデザインする。貧しい人たちが買わなかったら、変更を加えるか中止する。

❸ 貧しい人たちを製品やサービスを購入する顧客として扱い、援助を受ける人として扱わない。

❹ 物を与えるのをやめ、政府や支援者が助成金を出すのに反対する。

❺ 一日一ドルの人たちがお金を稼ぐための製品やサービスをデザインし、流通させる。その場合、投資に対する費用差し引き後のリターンが、一年で三〇〇%以上になるようにする。

❻ 民間のサプライチェーンの台頭を促し、貧しい人々に公正な市場価格で必要なものを売る。民間のバリューチェーンの出現も促し、貧しい人たちが自分たちの製品を売って利益が出せるようにする。

❼ 借入ができるようにする。

開発途上国でも、医療や教育、輸送などの分野では、公共投資が必要だ。それは成熟した市場がある国々と同様である。だが、開発途上国の多くでは、貧しい人たちが必要とする道路や医療サービスや教育を提供するために、政府がお金を使わない。それでも、貧しい人たちが新たな収入を得たとき、そのお金で彼らは私が驚くようなことをして見せてくれるのである。

デザイナーができること

もし、デザインで問題解決をしようとするクリエイティブな人たち全員が、世界の顧客の一〇%でしかない、最も裕福な人たちだけの問題を解決しようとしているのであれば、デザインにも革命が必要だ。残りの九〇%の人たちのニーズに対応するのである。これを実現するには、豊かな国でも開発途上国でも、デザインの教え方を大きく変えなければならない。そうすることで、世界の優れたデザイナーのうち少なくとも一万人が、世界の人口の九〇%にあたる人たちのニーズに合った製品やサービスに焦点を当ててデザインを行うようにするのである。

スタンフォード大学で、工学、経営学、人文科学専攻の大学院生が毎年一〇〇人応募し、四〇人しか受講できない講座がある。ジム・パテルとディビッド・ケリーが開いている「極限までの低価格を追求するデザイン」という講座だ。この講座は、私が述べてきたような、低価格をひたすらに追求したデザインについて学ぶ。学生たちは異なる専攻の者どうしでデザインのチームを組み、IDEが企画したミャンマーなどの村へのツアーのあと、自分たちで選んだ現実的な村の問題に取り組む。各チームは、最先端の収入創出のための技術を企画し、実地テストも行い、その品質と価格が評価される。評価対象となるのはそれだけではなく、売り込みの文句や短いビデオ、現実的なビジネスプランも評価される。二〇〇七年には、ミャンマー向けにより改良され、価格を引き下げた足踏みポンプをあるチームがデザインし、コース終了後の夏にミャンマーで売り出した。そして、発売後二週間で、貧しい農民たちから二〇〇〇台を受注した。

エイミー・スミスは長年にわたり、マサチューセッツ工科大学で農村部のデザインについて学ぶ学生たちを、ハイチやザンビア、インド、ガーナなどの国に連れて行っている。また、カリフォルニア工科大学の学生たちは、才能豊かな宇宙工学技術者であるケン・ピッカーを招き、グアテマラでのデザインの問題を解決する講座を開いてもらっている。村の環境をよく知るために、この講座はグアテマラの大学と連携し、今ではグアテマラの学生がデザインのチームに加わって問題に取り組んでいる。

世界の優れたデザイナー一万人のエネルギーを活用して、デザイン革命は進むはずだ。そうしたデザイナーの何人かと、ランチ・ミーティングをする機会があった。私のアイデアがきっかけとなり、スミソニアンのクーパー・ヒューイット国立デザイン博物館で「残りの九〇％の人たちのためのデザイン展」が開かれたときのことだ。ニューヨークにあるフォーサンガー・アーキテクツPCは、大型の個人宅や公共のビルなどの設計を行っているが、同社のバート・フォーサンガーは、一〇〇ドルの家をつくるという挑戦に魅了された。同社がどう参画できるか、私とフォーサンガーとで話し合う予定だ。

私は数年前までは、大学で灌漑を教える教授たちは、農村部の灌漑の問題などにはまったく関心を示さないだろうと思っていた。しかし、ユタ州立大学の土木工学の教授を引退した、世界有数の灌漑の権威であるジャック・ケラーが、灌漑研究者たちの年間ミーティングに私を招き、ディスカッションに参加させてくれた。研究者たちは、一六〇エーカー用のセンターピボット式のスプリンクラーについての知識を、低水圧で低価格の半エーカー用のスプリンクラーのデザインにどう応用できるか、夢中になって話した。彼らは力を貸そうとしてくれていた。

そして登場するのが、二〇〇七年に私が立ち上げた「D-Rev：残りの九〇％の人たちのためのデザイン」という組織だ（D-Revとは、もちろんDesign Revolution〔デザイン革命〕を略したものである）。この新しい組織のミッションは、デザイン革命を現実のものとすることだ。

その最初のプロジェクトの一つには、ゲイツ財団と一緒に取り組んでいる、一馬力のディーゼル・エンジンの開発がある。このエンジンは、トヨタのプリウスが自動車で行っていることを小規模農家で実現する。つまり、最適な効率で動き、排出量も少ないエンジンをデザインするのだ。地元で育てられ、加工されたバイオ燃料で動く。計画中のものとしては、二ドルの老眼鏡を五億個流通させるグローバル企業や、一〇〇ドルの家などがある。太陽エネルギーを利用した浄水技術もある。これは一日に一〇〇〇ガロン（三七八五リットル）の水を浄水し、飲料水として販売できるようにするもので、それへの投資コストは一〇〇ドル以下となる。

D-Revが単独でデザイン革命を起こせるなどとは、私は夢にも思わない。私の夢はIDEを設立したときから変わっていない。デザイン革命を盛り上げ、世界中にすばやく広めるうえで、効果的なモデルとなることである。

農民に足踏みポンプのデモンストレーションを行うポール・ポラック

第12章 ババドゥ一家、ついに貧困から抜け出す

BAHADUR AND HIS FAMILY MOVE OUT OF POVERTY

タパ家のメンバー

クリシュナ・ババドゥ・タパ一家の資産は増え続けた。肥料や良い種子を買えるお金が稼げるようになると、米の種をより生産性の高い「緑の革命」の種に切り替えた。すると、川のそばにある一エーカーの水田の年間生産量は、以前は一二五〇キロだったのが、二二五〇キロに増えた。だが、息子のデューとプスパが結婚し、子供も生まれたので、家族の人数はほぼ倍になった。結局、米に関しては以前とあまり状況は変わらなかった。家族で十分に食べられる量を生産し、実りの良い年には余った米を売って五〇ドル～一〇〇ドル稼ぐという状況だ。

次のページに示したのは、タパ家の米の生産について記したメモである。ＩＤＥに勤めるネ

パール人の農学者が書いたもので、彼はイクリファント村から三〇分のところに住んでいる。
バハドゥ一家は新たな収入の一部で家畜を買った。そして、ミルクと食肉用のヤギを売って、かなりの収入を得た。こうしてバハドゥ一家は、長年抜け出せなかった貧困から脱出する道をたどっていた。しかし、ここで悲しい出来事が起こった。

クリシュナ・バハドゥ・タパに関するメモ

a. 現在

品種	マンスリ	
生産量	2,250キロ（45ムリ） 1ムリ＝50キロ	
肥料	尿素	8キロ
	DAP	5キロ
	カリウム	2キロ、表面に撒くために、さらに15キロの尿素を使用
	有機肥料	300ドコ（10,500キロ） 1ドコ＝35キロ
	脱穀後の生産量	約1,350キロ

b. 過去

品種	地元米
生産量	1,250キロ（25ムリ）（家族が今より少なかったため、生産量は家族には十分な量で、ときに余った米を売っていた）
肥料	有機肥料

クリシュナ・バハドゥ・タパの死

二〇〇五年二月一六日、クリシュナ・バハドゥ・タパはいつもと変わらない一日を送っていた。医者には高血圧と診断され、薬も飲んでいたが体調はよかった。その夜、一家はヤギの肉、米、ダール★、野菜の夕食をとった。バハドゥは特に、家で絞めたヤギの血でつくったソーセージを好んだ。夕食後、バハドゥはラクシという、キビからつくった伝統的な蒸留酒を一〜二杯飲んだ。庭に置いた蒸留機でつくったものだ。その晩は早めに休んだという。そして翌朝四時、亡くなっているのが見つかった。医者は死因を心臓発作と診断した。

二〇〇七年一月二五日、私はバハドゥの息子と家族に会いに行った。バハドゥがなぜ、どのようにして亡くなったのか、家族はどうしているのか、できる限りのことを知りたいと思ったのだ。一家の長は、バハドゥの長男で三〇歳のデュー・バハドゥ・タパになっていた。私が昼前に到着すると、デューは私を温かく家の中へと迎え入れてくれた。その日の終わりにわかったのだが、デューはオレンジ生産者協同組合の大切なミーティングを、私と過ごすために欠席してくれていた。

私は、バハドゥ・タパが豊かになったことが、死の一因になったのではないかと気になっていた。食事に肉が増えたためにコレステロールが高くなったり、ラクシを飲む量が増えたりしたのではないか。だが、「ネパールでは六〇代まで生きる人はあまりいない」とデューは私に言った。「六二歳まで生きられて、バハドゥは幸せだった」と。デューによると、バハドゥは

★ レンズ豆などを使った料理。カレーの一種

ときどきラクシを飲んだが、大量に飲むことはなかったそうだ。バハドゥと家族が貧困のためにどれだけ苦労したかを私は知っていた。だから、一家が永遠に貧困から抜け出せたとバハドゥが確信したとき、彼は人生でいちばん幸せな何年かを過ごせたに違いないと思った。

デュー・バハドゥ・タパからは嬉しい報告があった。二〇〇七年一月に私が訪れたとき、すなわちバハドゥの死の二年後、一家はさまざまな事業を通じて、年間四八一六ドルという驚異的な金額を稼いでいたのだ。費用を支払った後の純収入は四〇〇八ドルで、五年前の二〇倍になっていた。この金額はネパールのIDEのスタッフの大半が稼ぐ額よりも、ずっと多かった。

今では一家は一エーカーの野菜畑全体を灌漑し、二〇〇六年の野菜販売による売上は二一八五ドルだった。野菜は一家の最も大きな収入源になっていた。一三種類の野菜を育てているなかで、最も売上が大きいのがシーズンオフのキュウリとカリフラワーで、それぞれ売上は五四二ドルと四一七ドルだった。トマトの売上は二二二ドルだった。

現在の灌漑方法

灌漑されている野菜畑一エーカー（四〇〇〇平方メートル）のうち、一〇〇〇平方メートルではドリップ灌漑が使われ、二五〇〇平方メートルはスプリンクラーで灌漑され、急な斜面にある残りの五〇〇平方メートルは、ホースを使って手作業で灌漑されている。ユース財団により新しい飲料水のシステムが設けられたため、当初からあるヘルベタスのシステムは灌漑だけに使われるようになった。五年前にヘルベタスのシステムを使っていたのは八世帯だけだったが、今では一六世帯が使うようになっている。デュー・バハドゥは別の小川から一・二センチの灌漑用パイプを引き、その水を一日二四時間、毎日使うことができる。デューによると、イクリファント村の七二世帯のうち六六世帯が、灌漑を行ってシーズンオフの野菜を育てているという。五年前の三倍だ。デューと一緒に新しい水源をいくつか見て歩くあいだ、そこから見渡せる景色全体に黒の一・二センチのパイプが広がっているのが見えた。パイプは木の枝にかけられ、野菜畑へと届くのである。

育てた野菜を市場に届ける

育てた野菜を市場のスタンドで売るか、行商人に売るか、あるいは卸売業者に売るかと悩む代わりに、今では一家は村のマーケティング・センターで、野菜を

タパ農場の豆が、イクリファント集荷センターに向かう

良い値段で売ることができる。これまでの三年間で、IDEとパートナーのウィンロック・インターナショナルは、多数の地元の組織と協働し六〇以上の集荷センターをつくった。各集荷センターはゴダンと呼ばれる小さな倉庫を借り、携帯電話を持った歩合制の営業担当者を一人雇っている。一世帯では一日にナス八キロしか生産できないかもしれないが、七〇世帯あれば取引業者が関心を持つ量を生産できる。営業担当者は市場での需要や求められる品質につて農家にすばやく情報を伝え、農家はそれを栽培や野菜の評価などに生かす。イクリファントの集荷センターは、農家によるマーケティング委員会が運営している。委員会の名前はパラガチ・ターヤ・ファルファール・タータ・タルカリ・サムーハンで、「パラガチ生鮮果物・野菜グループ」という意味だ。この委員会で働く歩合制の営業担当者が、ダマウリやムグリンやデュムレで、さまざまな買い手に野菜を売っている。

表5　2006年のクリシュナ・バハドゥ・タパ一家の野菜生産による収入

野菜	作付面積（ロパニ）	作付面積（ヘクタール）	生産量（キロ）	売上（ルピー）	売上（ドル）
カリフラワー	5	0.25	1,500	30,000	416.67
キャベツ	1	0.05	500	5,000	69.44
キュウリ	5	0.25	2,600	39,000	541.67
ジャガイモ	3	0.15	800	9,600	133.33
トウガラシ	1	0.05	50	1,000	13.89
トマト	2	0.10	800	16,000	222.22
ニガウリ	1	0.05	500	10,000	138.89
ウリ	5	0.25	1,200	11,250	156.25
豆類	6	0.30	900	18,000	250.00
ナス	1	0.05	500	5,000	69.44
カボチャ	1	0.05	200	2,000	27.78
ハツカダイコン	1	0.05	300	1,500	20.83
葉物野菜				5,000	69.44
その他				4,000	55.55
合計				**157,350**	**2,185.40**

★　1ロパニ＝500㎡　1ヘクタール＝1万㎡

さまざまな草の根事業

野菜事業に加えて、タパ家はさまざまな事業を展開している。表6と表7に、一家の多様な事業からの収入と支出をまとめた。ともに、家族から直接聞いた数字である。

タパ家はメンバーが増えた。クリシュナ・バハドゥ・タパの末の息子であるプスパは現在二六歳で、二〇〇五年に結婚した。以前は、年間一〇〇ドルを稼ぐことにも苦労していたのに、一家はプスパの結婚式に五五〇ドルを費やした。プスパには生後二カ月の娘がいる。私がデュー・バハドゥ・タパと話しているあいだ、青く長い布でつくった揺りかごで、おばあちゃんが孫娘をあやしていた。

一家は家畜にかなりの投資をした。今では、四頭の雄牛と一頭の雌牛、四頭の水牛（うち二頭は子牛）、四頭のヤギを飼っている。一家は、ミルクを出す成長した水牛を二万ルピーで買い、残りの三頭は子牛から育てた。二頭の水牛が出すミルクを、一日に平均で一〇リットル売っている。

伝統的なハチの巣箱も三つある。短い丸太をくりぬいたものが、ワイヤーで家の外の支持梁に下げられている。ハチミツは売らずに、すべて家族で消費する。

二年前、一家は約三分の二エーカーの土地を二万五〇〇〇ルピーで買った。自宅から徒歩で二時間のところにあり、オレンジの木が生えている。場所は一家が住む山間部のふもとだ。その土地を買うとすぐに、オレンジの木をさらに植えて増やした。二〇〇六年、そのオレンジ畑

表6　その他の収入

事業内容	年間売上（ルピー）	年間売上（ドル）
労働（カタールからの送金）	95,000	1,319.44
幼魚の販売	3,500	48.61
オレンジの販売	25,000	347.22
ヤギの販売	15,000	208.33
ミルクの販売	50,000	694.44
その他（雑穀など）	1,000	13.88
合計	**189,500**	**2,631.92**

表7　支出

支出項目	金額（ルピー）	金額（ドル）
食料・衣服	40,000	555.55
教育	10,000	138.89
医療	12,000	166.67
祭礼	15,000	208.33
合計	**77,000**	**1,069.44**

クリシュナ・バハドゥ・タパ一家は4頭の雄牛と1頭の雌牛、4頭のヤギ、4頭の水牛を飼い、1日10リットルのミルクを売っている

からは三四七ドルの売上があがった。加えて、食肉用のヤギの売上が二〇八ドル、水牛のミルクの売上が六九四ドルあった。クリシュナ・バハドゥ・タパは、政府の水産部にいる友人から、養殖用の幼魚が足りないと聞いた。そこで、彼は小さな池を掘り、水産部で卵を手に入れ、ティラピアの幼魚を育てた。昨年は、育てた幼魚で四九ドルの売上があったが、一家はこの魚事業でもっと稼ぎたいと考えている。

そして二年前、プスパが、石油会社と一八カ月の契約を結んでカタールに移住した。このような良い労働契約を結ぶのは簡単ではないそうだ。契約の前に、一家は契約請負人に七万ルピーを支払う必要があった。契約請負人は客をだますことも多い。一家は七万ルピーのうち一部を現金で、残りをローンで払った。プスパは九カ月でローンをすべて返済することができた。支出を除いて、プスパは二〇〇六年に一三一九ドルを家に送金した。毛沢東主義者が台頭していたころ、ネパールの人々は息子たちを危険な目に遭わせないよう、海外に送った。ネパールの農村部では、海外にいる家族のメンバーから送金を受けている家も多い。初期にはイギリス陸軍のグルカ兵★として海外に出て、最近では中東で仕事を得ている。

★ ネパールの山岳民族出身者で構成される部隊

養魚場向けに池で幼魚を育てている

タパ家は増えた収入をどのように使ったか

クリシュナ・バハドゥ・タパ一家の収入が増え始めると、すぐに彼らは増えた収入の一部を教育に回した。バハドゥの二人の息子は高校を卒業し、プスパの妻は七年生を修了、デューの妻は八年生を修了した。クリシュナの孫たちは全員、好きなだけ学校に行けることだろう。二〇〇六年には、一家は一三九ドルを教育に使った。表8では一家の教育状況を示した。

当然のことながら、家族の食生活は格段に向上した。二〇〇六年の食料と衣服への支出は五五六ドルだった。一家はすべての食事で野菜を食べ、それによってビタミンやミネラルをとり、ほぼ米とレンズ豆だけだったころと比べると食べるものも多様化した。蛋白源《たんぱくげん》もレンズ豆だけでなくなり、魚や肉も加わった。

二年前、一家はセメントと石で、真新しい二階建ての家を建てた。費用は二〇八三ドルだった。私が二階に上がって、新しいセメント製の米の貯蔵庫をビデオに撮ろうとしたところ、頭を天井にぶつけてしまった。貯蔵庫には密閉式の蓋がついていないため、残念なが

表8　2006年9月時点における、タパ一家の教育状況

名前	年齢	学歴★	クリシュナ・バハドゥ・タパとの関係
パダム・マヤ・メイガー	56	非識字	一番目の妻
スミトラ・マヤ・メイガー	48	非識字	二番目の妻
デュー・バハドゥ・タパ	30	SLC 修了	長男
デビ・マヤ・メイガー	31	8 年生修了	デューの妻
プスパ・バハドゥ・タパ	26	SLC 修了	次男
カリ・タパ・メイガー	24	7 年生修了	プスパの妻
ロク・バハドゥ・タパ	8	3 年生受講中	デューの息子
サラスワティ・マヤ・メイガー	12	4 年生受講中	デューの娘
オーム・マヤ・メイガー	10	4 年生受講中	デューの娘
タラ・マヤ・メイガー	2 カ月	幼児	プスパの娘

★　ネパールの教育課程は６歳から始まり、小学校５年間、中学校３年間、高校２年間で構成されている。小学校入学時を１年生として、順番に学年を数えていく。高校（10 年生）を終了した生徒を対象に SLC（School Leaving Certificate）と呼ばれる試験が全国一斉に行われる。SLC の成績は大学への入学、公務員の採用試験の際に必要とされる

ら貯蔵した米の一〇％をネズミに食べられてしまうという。

今では一家は、誰かが病気になったらすぐに医者にかかる余裕がある。クリシュナ・バハドゥ・タパの寿命も、高血圧の薬を飲んだことで長くなったのかもしれない。二〇〇六年の一家の医療費支出は一六七ドルだった。

タパ家の話がうまくいきすぎているように聞こえるのは知っている。例外的に大成功した一家を選んで、紹介したのではないかと疑う人もいるかもしれない。しかし、そうではない。わたしがクリシュナ・バハドゥ・タパとその家族について書こうと決めたのは、五年前に彼に出会ったときのことだ。そのころは、野菜畑は四分の一エーカーで、新たに稼ぎ出された収入は年間で五〇〇ドルだった。そのとき彼について書くことにしたのは、バハドゥに起業家精神がありイノベーターであるとも思ったからで、また一家に良い印象を受けたからでもある。私は彼の死にショックを受け、二〇〇七年に再び彼の家を訪問するまでは、どれだけ一家が繁栄したかは知らなかった。

もちろん、一日一ドルの農家のほとんどが、バハドゥほどはうまくいっていない。だが、シーズンオフの野菜を集約栽培で四分の一

クリシュナ・バハドゥ・タパの新しい家

エーカー育てることにより、彼らのほとんどが年間の収入を五〇〇ドル増やせるのである。そして、私が話を聞いた農民のほぼ全員が、新しく稼いだお金を子供の教育や食事、住居の改善に使い、ほとんどの人が農場から得る収入を増やし続けている。

かつてのクリシュナ・バハドゥ・タパのような一日一ドルの農民は八億人いる。このうち、二億人が土地を持たない農民であると公式には分類されている。だが、実際には彼らにも使える土地があり、高付加価値の販売用野菜を育てることで、年間五〇～一〇〇ドルの純収入を新たに稼ぐことができる。また、八億人のうち六億人は、少なくとも四分の一エーカーの土地を使うことができる。これだけの土地があれば、クリシュナ・バハドゥ・タパのように、十分に年間の純収入を五〇〇ドル以上増やすことができる。このほかに、三億人以上の一日一ドルの人たちが、都市のスラムや路上で暮らしている。農村部の同胞たちと同じように、彼らも低コストの労働力を活用して収入を増やすことができる。高付加価値で労働集約的な製品をつくり、新しい市場のメカニズムを通じて、裕福な顧客に届けるのである。

「もし、それほど多くの農民がシーズンオフの野菜や果物を育てたら、すぐに市場があふれ返ってしまうのではないか」と、多くの人から質問を受ける。私はこうした考えを、バングラデシュで二〇年間にわたって聞いてきた。だが、一五〇万台の足踏みポンプを売り、七五万エーカーが灌漑されるようになっても、市場があふれ返るようなことはない。どんな市場でも起こる、一般的な需給の変動が起こっているだけだ。多くの開発途上国では、所得が増えるに従って、作物や野菜の需要は急速に拡大する。また、小規模農家が成功するには、市場を独占する必要はない。大規模農家と比較して、作物の売上につながるような強みがあればよい。

私は、クリシュナ・バハドゥ・タパと同じくらい成功した一日一ドルの農家も複数知っている。デリーから電車で三時間半、さらに車で二時間半のところにあるヒマーチャル・プラデシュ州で、私はある家族に出会った。彼らはデリーの市場向けに、さまざまな花を育て始めたところだった。すばらしい取り組みだと思い、私は名刺を渡しておいた。三年後、一家のコンピュータから私宛てに「元気ですか」と電子メールが送られてきた。彼らの事業は急速に成長したようだった。花は真夜中に、トラックで駅まで運ばれる。真夜中だと花を冷蔵しなくても済むのだ。そしてデリーの生花市場で朝五時に販売される。

しかし、たとえ仮に唯一バハドゥ一家だけが、十分に食べるものもない状態から、わずか数年で年間四〇〇〇ドル稼ぐようになり、さらに繁栄し続けているのだとしても、ほかの人に希望を与えるには、一つの家族の例だけで十分ではないだろうか。クリシュナ・バハドゥ一家が貧困から抜け出し、子供に教育を受けさせ、食生活や健康状態や住居を改善したのであれば、世界の一二億人の一日一ドルの人たちも、機会さえあれば同じことができるはずである。

日本版あとがき

本書で紹介したＩＤＥのモデルにより、一日一ドル未満で暮らす小規模農民二〇〇〇万人の生活が大幅に改善された。また、世界中の数百万人の貧しい人たちに対して、マイクロクレジットにより資金がもたらされた。一般的な開発手法が効果をあげていないことを考えると、こうした新しいモデルが登場して、貧困問題に対してプラスのインパクトを出していることには勇気づけられる。しかし、ＩＤＥやグラミン銀行といった組織の手助けで貧困から抜け出そうとしている人は五〇〇〇万人ほどだ。その人数は一日二ドル未満で暮らしている世界の二六億人と比べると、ほんのわずかでしかない。今日、開発組織が直面する最も大きな課題は、大規模に展開できるモデルをつくり、それぞれのモデルが少なくとも一億人を貧困から救い出すような規模にすることである。これを達成する唯一の方法は、市場の力を解放することにより、これまでにない規模を実現することだ。

この先、貧困から人々を救い出すカギは、ビジネスの改革にある。今企業は世界の最も裕福な一〇％の人々に焦点を定めているが、底辺にいる九〇％の人々のために、活気のある新しい市場をつくるのである。これまで企業の目標は、利益を創出するために高価格の製品をどんどんつくることだった。というのも、企業は貧しい人たちを見込みのある顧客とは考えていなかったからだ。しかし企業は、貧しい人々の役に立ち、十分に安価で、彼らが買えるような製品をつくることにより、活気のある新しい市場を創出することができる。それが貧困を撲滅するうえで、差し迫った、欠くことのできないステップとなる。

本書が最初に出版されてから三年★が経ったが、このあいだに私はウィンドホース・インターナショナル★という会社を立ち上げた。起業家や投資家が貧しい人たちに商品やサービスを提供し、それにより十分なリターンが得られることを証明するのが設立の目的だ。同時に、従来型の非営利団体よりも素早くかつ効率的に、世界の貧しい人々を貧困から救い出すことを目指している。企業がこれを行うには、革命的に低価格な製品やサービスをデザインし、大胆に分散したサプライチェーンを用いて、一日一ドルから二ドルで暮らす顧客に製品やサービスを供給する必要がある。

ウィンドホース・インターナショナル傘下の最初の企業であるスプリング・ヘルス・インディアLLC★は、こうした新しい事業が継続可能であることを示している。同社は安全で低価格な飲料水を、東インドだけで二億人に販売している。また、飲料水事業用に開発したサプライチェーンを用いて、貧しい人たちの命にかかわる別の製品や、収入を創出するための製品を提供しようとしている。さらに、サプライチェーンを逆方向に活用し、農村の人々と公式の経済を初めてつなごうともしている。すなわち、地方の農産物を、高付加価値の市場で販売するのである。

なぜ、大企業を社会開発に巻き込むべきなのか。それは規模の獲得につながるからだ。世界

★ 二〇〇八年二月

★ Windhorse International, Inc：二〇〇八年にコロラド州デンバーで設立

★ Spring Health India, LLC

的に考えても大きな規模で、目に見えるプラスのインパクトを実現することは、開発における最も大きな課題だ。今でも、世界の貧しい人たちが進んで買おうとし、また買えるような新しい製品をデザインし、流通させることを主眼とした大規模なビジネスモデルが十分に存在していない。規模を実現するには、ウォルマートのような利益重視の企業効率と手堅さを、ＩＤＥのような現場でのデザイン感覚、そしてペプシやコカコーラなどの流通能力と組み合わせる必要がある。世界の顧客のトップ一〇％から底辺の九〇％に焦点を移し、社会開発の実例を打ち立て、規模を実現するのだ。

一日二ドル未満で暮らす二六億人は、起業家精神や技術工学を刺激し、ほぼ手つかずの市場で利益を創出できる大きなチャンスを生み出す。ＩＤＥは革命的に低価格な灌漑用のツールを用いて、今日までに二〇〇〇万人を貧困から救い出した。だが、この人数は本当に小さなものである――全体の〇・〇一％にも満たない。貧困を撲滅するのに必要な規模を実現するには、大企業に参加してもらわなければならない。

では、なぜ企業はこれらの市場を開拓し、利益を上げようとしないのだろうか。

第一の理由は、ふだん高いマージンを得ようとしている企業にとっては、こうしたチャンスで利益をあげられるかどうかが不明確だからだ。大企業にとって開発が魅力的に映るのは、社会的にインパクトのある事業で、真の収益力が見込まれるときだけだ。そのためには、低いマージンと大きな数量を組み合わせて利益を獲得するという、ウォルマートでおなじみのアプローチが、開発途上国でも実現できることを示す必要がある。低価格の製品を製造しても利益を出せないとか、企業としての評価が崩れるなどの懸念を払拭《ふっしょく》できさえすれば、大企業は最も効果的で持続可能な手段を提供し、収入を増やしたいという世界の貧しい人たちのニーズに対応できるだろう。

第二に、大企業のほとんどは、貧しい人たちのニーズや希望に合う低価格製品やサービスをデザインする方法を知らない。これを解決するためには、一般的なデザインの考え方を見直す必要がある。D-RevやIDEはこのアプローチに詳しい。しかし実は誰でもこれを実行することができる。そのために必要なのは、問題が起こっている場所に行き、現地の人たちの話を聞き、クリエイティブな解決策を探し、試作し、そして製品が顧客と企業の両方のニーズに合うまで調整を続けることだ。貧しい顧客との対話に代わるものはない。彼らは何が必要かを教えてくれるだけでなく、どうすれば利益が出るかアイデアを出してくれる。

第三に、いつも世界の上位一〇%の人たちに製品を売っている企業は、先進国のインフラや集中化されたサプライチェーンに慣れている。世界の農村にいる数十億人に対しては、分散したサプライチェーンをデザインして、構築する必要があるが、その方法は知らないのだ。しかし、企業はペプシの例から学ぶことができるし、何百万の売店や農村部の小売店などから成る既存のインフラも活用して、貧しい顧客に効率的かつ大量に、そして利益を出しながら製品を運ぶ方法を考えることができる。売店のオーナー——彼らは地域社会に深く根付いており、製品を売るうえで最高のポジションにいる——と組むことは、事業の立ち上げで成功するのに不可欠なだけではない。大規模化するうえでも、事業で目標とすべき百万人を超えるうえでも欠かすことはできない。

世界の貧しい人々と三〇年のあいだ対話をし続け、ＩＤＥで最善を尽くしてきた今、私はこう確信するにいたった。大きな規模で社会開発を実現できるのは、クリエイティブな多国籍企業、すなわち市場の力を活用して、社会的なインパクトと投資家への魅力的なリターンの両方を生み出せる企業だけだと。底辺にいる九〇％のニーズに特化した製品をデザインし、事業戦略を立案することにより、まったく新しい市場をつくり出すチャンスが得られる。また、世界の二六億人の貧しい人々に、自身で貧困から抜け出すためのツールを提供することができる。私が今取り組んでいる事業について、詳しくはブログ〈blog.paulpolak.com〉を見ていただきたい。ビジネスの革命と、ウィンドホース・インターナショナルも、進展し続けている。

執筆協力：カリ・フリードマン／ダニー・グローウォールド
（ウィンドホース・インターナショナル　スタッフ）

IDEとは

IDE（インターナショナル・ディベロップメント・エンタープライズ）は、問題意識を持った三人が各人一万ドルずつを出し合って、一九八一年に創設された。アート・デファーはパリサー・ファニチャーの経営者だった。同社はアートの父が始めた事業で、急速に成長してカナダで最大の家具メーカーとなった。ドン・ヘドリックはペンシルベニア州ランカスターでスーパーマーケットを運営していた。ポール・ポラックは精神科医で、起業家でもあった。ソマリアで、ロバの荷車を五〇〇台製造して販売した最初のプロジェクトから、現在の中心的な活動である、小規模農場での利益の出る集約的農業まで、IDEのミッションは一貫して、「実践的なビジネス戦略を用いて、一日一ドルの貧しい人々の収入を増やす」というものである。

当初は、私が唯一のスタッフとして、自宅の寝室で仕事をしていた。最初の七年間は無償のボランティアで、起業家として他の事業で稼いだお金を生活費に当てていた。最初に得た助成金はカナダ政府と国連からのもので、ロバの荷車プロジェクトに対する助成金だった。続いて、バングラデシュなどの国々で足踏みポンプを販売するプロジェクトに対して、カナダ政府から助成金を受け取った。このプロジェクトは大きな成功を収めた。二二年前という非常に早い時期でも、私たちは足踏みポンプを適正な市場価格で売り、それを買った貧しい人たちは、初年度に投資額の三倍の収益を上げられたのである。これはロバの荷車の場合も同様だった。

ＩＤＥはデンバーの本部で一三名が働き、五五〇人のフルタイムのスタッフが、ＩＤＥが直接プロジェクトを手掛けている九つの国――バングラデシュ、インド、ネパール、カンボジア、ベトナム、ミャンマー、ザンビア、ジンバブエ、エチオピア★――で雇用され、働いている。ＩＤＥは設立以来、一日一ドルの農家、延べ三五〇万世帯（一七五〇万人）の生活を変えた。パートナー組織と協働しながら、二〇二〇年までにその数を三〇〇〇万世帯まで伸ばしたいと考えている。

ＩＤＥは、極度の貧困や乏しいインフラ、病気や戦争などといった困難な環境のなかで成果をあげる。従業員の九〇％を現地で雇用し、本書で記したような起業家的なアプローチを用いて、従来型の開発モデルで解決できなかった問題を解決する。ＩＤＥは顧客である農村の人たちからどんなニーズがあるかを聞き、それに適した低価格の解決策を見出して、彼らの収入を増やす。具体的には、水を手に入れ、管理するための技術の開発と販売、専門的な知識やトレーニングの提供、市場へのアクセスの拡大などを行っている。

より詳しい情報は、ＩＤＥのウェブサイト <www.ideorg.org> に掲載されている。

★ 現在は他にも、ガーナ、ブルキナファソ、モザンビーク、ホンジュラス、ニカラグアを加えた一四カ国で事業を行っている

謝辞

この二五年間、旅先で過ごす時間がほんとうに多かった。妻のアギーが家を出ていかなかったのが不思議なくらいだ。それどころかアギーは私の仕事を支えてくれ、私たちはお互いに愛しあっている。娘のエイミー、キャサリン、ローラは今では独立しているが、一〇代のころは私が旅から疲れて帰り、元気をなくしていると、いつも『ラ・マンチャの男』のテーマソング★を演奏してくれた。娘たちは、貧困をなくすという私の夢に共感し、私に進み続ける力を与えてくれた。

本を書くというのは、大変な仕事だ。本当は非常に大変な仕事だ、と書こうとしたのだが、非常にという言葉は削除したほうがいい、という声が頭のなかで聞こえた。その声は「この本で伝えようとするメッセージが弱くなってしまうから」と言った。声の主は友人のフレッド・プラットだ。デンバーの医師で作家でもあり、本書の原稿をすべてチェックしてくれた。彼のエディターとしての声が、私の頭にしっかりと刻みこまれていたのだ。

スティーブ・ピアサンティは優秀な編集者で、彼の提案で私の原稿は引き締まり、焦点が定められた。生涯を通じての友人、アーノルド・ラドウィグとは、ロード・アイランド海岸を長い時間歩きながら、盛んに議論をした。彼と話したことにより、本書のコンセプトを立てな

★「The Impossible Dream」、邦題「見果てぬ夢」

おし、明確にすることができた。ビンセン・グランはネパールの農業支援組織で二〇年間働き、今はネパールIDEのリーダーの一人である。彼はクリシュナ・バハドゥ・タパのインタビューに同行してくれた。彼の農村部の人たちに対する思いやユーモアのおかげで、活発な会話ができた。IDEネパールのアシスタント・エンジニアであるアショーク・バラルは、バハドゥの農場に関して詳しいデータを集めてくれた。IDEにはすばらしい現場スタッフが多数いるが、そのなかの一人である彼にも感謝したい。

IDEでは数百人のスタッフが農村部で活動を行っているが、彼らの取り組みや彼らが活動から学んだことが私に伝わり、私も貧困について多くを学ぶことができる。IDEの最初の現場スタッフとなったのはジェリー・ダイクだ。ジェリーと初めて会ったのは、彼が二六歳で、大学を卒業したばかりのときだった。場所はトロントのマルトン空港、ソマリアへの道中だった。ジェリーはその前の夏のあいだ、大型の穀物サイロにペンキを塗るための油圧式リフトを導入するという仕事をこなし、そのあと世界を変えるために何かをしたいと考えていた。そして、多くの若者のロールモデルとなっていたアート・デファーというビジネスマンから、私がソマリアの難民キャンプで何か難民の役に立つことをすると聞いた。そこでジェリーは自費でソマリア行きの飛行機に乗ったのだ。私とジェリーはソマリアで四カ月間かけて、ロバの荷車プロジェクトを立ち上げ、ジェリーはそのあとプロジェクトを引き継いですばらしい成果をあげた。今彼は、カナダとアメリカでカーペットの輸入ビジネスを展開して成功している。彼らはIDEで仕事をしている人のほとんどが、ジェリーとよく似た背景を持っている。

DEのなかに、自分の夢を実現する手段があると考えるのだ。ロバの荷車プロジェクトでのジェリーの仕事から学んだことを、本書のいくつかの箇所に盛り込んだ。私が本書で書いた内容のかなりの部分は、数百人のすばらしいIDEのスタッフが二五年間で実施してきたプログラムに関するものだ。ここでは、そのごく一部を紹介し、残りはスタッフ自身に話してもらいたいと思う。ディーパク・アディカリはネパール人のエンジニアで、その豊かな創造力を生かして、ネパールの低価格ドリップ灌漑システムや、さまざまな貯水装置をデザインした。アブダス・ソバーンは工学の学位をダッカで取得し、IDEで一五年間働いた。彼は私が知っているなかで誰よりも足踏みポンプに詳しく、そのデザインやつくり方や修理の仕方についても詳しい。ボブ・ネインズはバングラデシュでIDEのカントリー・ディレクターを務めているが、彼は農村部で新たなマーケティング手法を導入し、年間の足踏みポンプの売上を三万台から一二万五〇〇〇台に増やした。また、ボブはネパールのプログラムを一二年間統括し、本書でも紹介した村の集荷センターなどのイノベーションを実現した。各集荷センターへはそれぞれ七〇世帯ほどの農家が野菜を持ち込み、それを歩合制の営業担当者が販売する。

ジム・テイラーとデビー・テイラー、そして彼らの献身的なスタッフは、ミャンマーで足踏みポンプと低価格の灌漑装置を販売し、奇跡のような成果をあげた。アミタバ・サダンギは低価格の灌漑装置と市場へのアクセスを提供することで、何十万人もの小規模耕地の農民を貧困から脱出させた。加えて、アミタバはインドでIDEのプログラムを立ち上げ、それは今では独立組織となっている。グエン・ヴァン・クアンとそのチームは、ベトナムの貧しい顧客向けに、助成金なしでトイレを販売する事業モデルをつくった。マイク・ロバーツとそのチームも、同様に助成金なしで七ドルのセラミックの浄水フィルターをカンボジアで販売するモデルをつくった。シャオペン・ルオは中国の自由市場化をリードする経済学者で、毛沢東の時代を生き抜いた人だが、黄河盆地へ一晩かけて鉄道で向かう旅のあいだ、中国の歴史と文化をどの本よりも詳しく私に教えてくれた。IDE本部のフリッツ・クラマーは、農民を市場とつなぐプロセスで触媒的な役割を果たす、PRISMモデルの開発をリードした。ボブ・ヨダーとゼニア・タタは、本書のコンセプトを形成するのに力を貸してくれた。本書で紹介したIDEのモデルを創造し、維持するうえでは、次の役員会のメンバーに多大な協力を得た。カナダのビル・ファースト、アル・ドークセン、アート・デファー、フランク・デファー。アメリカのポール・メイヤーズ、マイケル・イデセス、モーハン・アッタワー。イギリスのマイケル・リプトン、リンダ・マクラウド・ブラウン。

ジャック・ケラーは灌漑の世界的権威であり、IDEの役員会メンバーである。ジャックはインドIDEおよびJ・N・ライに協力し、IDEの低価格ドリップ灌漑システムを世界の市場に出せる状態にしてくれた。ジャックは一般的なドリップ灌漑の基準を定義した後、それを取り消して小規模農場向けの新たな基準をつくった。世界の灌漑の世界で、小規模農場向けの灌漑が注目され、信頼されるようになったのもジャックのお陰だ。故ボブ・ヘイブナーもIDEの役員会メンバーで、世界の農業分野のリーダーたちに、小規模農家の農業について問題提起をしてくれた。マイケル・リプトンは、農村部の貧困について重要な情報を提供してくれた。

長年の友人であるサンドラ・ポステルは、水と環境について私を教育してくれた。ヴァーン・ラッタンは私のボルダーでの友人であるウィン・オーエンとともに、農業経済について価値あるアドバイスをしてくれた。

二〇〇五年に私はある四人と出会い、デザインについての考え方がまったく変わった。クローナン・デザインのマイケル・クローナンとカリン・クローナン、ウィロビー・デザイン・グループのアン・ウィロビー、ヘラー・コミュニケーションズのシェリル・ヘラーと、アスペン・デザイン・サミットで出会ったのである。私たちはそこからノヴァ・スコシアに行き、二日間ブレインストーミングをした。話は尽きなかった。ここでの話し合いとバーバラ・ブルーミンクの協力により、クーパー・ヒューイット国立デザイン博物館での「残りの九〇％の人たちのためのデザイン展」が実現した。また、四人と議論したことで、私とＩＤＥが二五年間で何を学んできたのか、そのエッセンスをつかむことができ、それが本書全体に表されている。

ウルス・ヘイレイとは長年にわたり協力し合ってきた。ウルスはスイス開発協力機関（ＳＤＣ）のバングラデシュでの（のちにインドでの）コーディネーターとして、ＩＤＥの小規模農家への取り組みにおいて、優れたリーダーシップを発揮してくれた。ほかにも多数の貧困問題に対する取り組みやコンセプトの開発において、私たちは二〇年間協力し合った。ＳＤＣは小規模農家の灌漑と環境のかかわりについて、資金的な支援を先頭に立って行った。オランダ外務省のカリン・ロレオフは大切な友人で助言者でもあり、ＩＤＥの活動を支援してくれた。レメルソン財団と、グリマー・オブ・ホープ財団のフィリップ・バーバーとドナ・バーバーもＩ

ＤＥの大切な支援者だ。同様にＩＤＥを支援してくれているビル・アンド・メリンダ・ゲイツ財団を私は非常に尊敬している。同財団が、古くからの問題に新たな解決方法を探そうとすること、すべてのプロジェクトで目に見える成果や大規模化にこだわることが、私はとても気に入っている。

何よりも、クリシュナ・バハドゥ・タパや息子のデュー、一家の他のメンバーのような、不屈の一日一ドルの農民たちの声が、本書を通じて読者に届くことを願っている。彼らの物語は私に希望を与えた。この希望の一部でも、あなたに伝えられたらと思う。

解説

株式会社日本総合研究所ヨーロッパ
槌屋　詩野

IDEと出会って

私がポール・ポラックと出会ったのは、ロンドンのメイフェアの中に古くからあるマーケットの、エスプレッソの店だった。当時私は、IDEイギリスのルイスの仕事を少し手伝っていた。彼は、私がIDEの大ファンであり、IDEの理念を深く信じており、そしてその効用を世界中に広めたいと思っていることを知って、ポールが来るときには必ず紹介するよ、と言った。そして、私たちは四時間あまり話すことができた。フライト前なのにたっぷり時間をとってくれ、一杯のエスプレッソで粘りながら、話を進めていった。

ポールはとても八〇歳近い年とは思えないほど頭の回転が早く、キレのいい発言を繰り出す元気な人だ。一瞬で私が語る内容を理解し、あっという間にペンを取り出してコーヒーテーブルの上で絵を描いてみせる。そして、iPhoneですぐにつながるべき人のコンタクトを送ってくれる。コンピューターおじいちゃんとはこのヒトだと、その姿をあっけにとられて見ながら思った。

彼は会ってすぐに、私が何を話したいかを察するとアジェンダを設定し、柔軟にみなが思い思いに語る場をつくった。そしてみなの言葉を拾い集め、その場でさくさくとアイデアを広げる話をしてくれた。その場にいたIDEのスタッフが少し緊張していても、彼は場を和ませていくファシリテーターだった。あまりに鮮やかなので、感動さえ覚えた。そう、さすが今まで三〇年も農村部で、さまざまな人たちと話し続けてきた人だ。

私がiPhoneで撮りためたプロジェクトの写真を見せていると、そのなかに混ざった五歳の甥っ子の写真をめざとく見つけて喜んだ。

「これがいちばん重要な写真だな、よく見せておくれよ」と、彼は茶目っ気たっぷりに笑う。

家族やその人一人ひとりの背景を大事に聞き取る態度。すばらしいアントレプレナーはすばらしい聞き手。彼は対象者のすべてを理解しようとする寛容と、鋭い目つきで分析する鋭敏の両方がある。そして、それを円滑にするユーモアも。

私が思うに、ポール・ポラックはビジネス以外を信用していない。それは現実的に現場で起こった出来事から発生している信念だろう。ここまで「お金を稼ぐこと」を善として、はっきりと主張する開発援助にまつわる本は、多くないのではないだろうか。

また、彼は徹底した現場信奉者だ。私は彼に相談をした。

「日本では最近BOPビジネスという言葉が出てきましたが、実際に農家の人たちと語り合うような時間もないなかで、イメージだけが先行しているかもしれません」

彼は深く私の話を聞いていたが、その心配は杞憂だと言った。

「現場は重要だ。現場に行かなければビジネスはできない。だから、現場に行かない人たちは去っていく。大丈夫、自分の目で見ようと動いた人だけが残る」

何年も現場で働いてきた、この希有な経験を持つ起業家が信じているのは、農民の声だけだ。

ポール以外に私が会ったことがあるのは、イギリス、カンボジア、インド、ガーナのスタッフたちだ。また米国デンバーのメンバーともスカイプで話したことがある。彼らはみなイノベーティブな発想を持っており、NGOのスタッフという感じがしない。特に現場で活動しているスタッフたちはさながら営業マンのような性格だし、それぞれの国のディレクターたちはもはや小さな会社の起業家のような性格だ。デンバーのメンバーは、さながらスタンフォード大からスピンアウトしたベンチャーのような雰囲気。ローカル採用のスタッフたちもＩＤＥで働く以外にビジネスを持っていたりする。

みな、効率よく、たくさん稼ぐことに真剣だ。そして、ポール同様、農民の声とコミュニティのことを信じている。

ＩＤＥが魅力的なのは、スタッフ。彼らはイノベーティブなパートナーといっしょに仕事をしたくてたまらない、と思っている。おもしろい事業、インパクトのある事業、たくさんの人に一気に届けられる事業、それが彼らをわくわくさせる。そして儲かって利益が出ることも。

彼らはいつも計算機を頭の中にいれて、農民たちとかけずり回っている。それが私を子どものようにわくわくさせ、没頭させるのである。これは、Ａｐｐｌｅ、Ｇｏｏｇｌｅ、Ｆａｃｅｂｏｏｋ、Ｐｉｘｅｒなどイノベーティブな会社のあり方や働く人たちの姿にわくわくし、その会社から生み出される商品に没頭するのと変わらない興奮だと思う。

ＩＤＥがつくり出す価値

先進国であろうと、途上国であろうと関係なく、本書が指し示す考え方は適用できるものだ。私自身、自宅の庭でドリップ灌漑を試行錯誤しているので、一つ一つ具体的にどういう手はずを踏むべきかを、本書で示されたクリシュナ・バハドゥ・タパ一家の教訓を読みながら自分に当てはめて考えていた。また、インドや中国、アフリカで、現在自分が行っているＢＯＰプロジェクトに反映させて考えていた。

現在、小規模農業を通じた収入向上のプロジェクトは、決して途上国の農村部だけで起こっていることではない。ニューヨークのブロンクスやロンドンのハックニーでも、深刻な移民や人種問題、貧困問題を解決する手だてとして、「グリーン」を育て、売ることで自尊心をつくり出す事業は注目され、すでにさまざまな取り組みが動きだし成功している。とにかく、最終的に「売って現金収入を得る」という行為は重要だ。

また、現在進行している東日本大震災の復興支援においても、本書を読み返して得られるヒントも多い。多数の小さな団体や法人登録をする暇もない善意のグループたちが、復興作業に入っているが、彼らの悩みは、資金である。法人登録をする暇もなく活動を開始した人たちは、実績のあるNPO／NGOと異なるため、調達できる補助金や寄付の先が限られている。だが復興は早く行わなければ、次に進めない。そして、復興作業にとりかかるには人手や食料が必要で、コストがかかる。みなで、寄付金市場のパイの食い合いをせずに、活動をサステイナブルにしていくためにはどうすればいいか。そこに、ポールの答えが返ってくる。「金を稼ぐための仕組みをつくること！」

金を稼ぐための仕組みをつくっていくためのやり方が、ＩＤＥは独特なのかもしれない。必ず現場に行って、話を聞くこと。ともに生活し、時間をいっしょに過ごさせてもらうこと。そして、大きく考え、大きく行動すること、子どものように考えること……。

今、東日本大震災のために行われているさまざまなイニシアティブのなかで、多くが「実際に被災地に行くこと」を念頭において活動をし始めている。情報の掛け違いやニーズのすれ違いが容易に発生することを、今回の震災で日本人は身をもって知った。だからこそ、現場が大切である。それについては、みなのなかに共通認識が生まれている。

一方で、彼らのなかには、もやもやとした悩みを抱えてその先に進めない人もいる。現場で見聞きした体験から、ソリューションをすぐに考えつくことができないからだ。いらいらして、不安で、この問題は一生片付かないように見えてしまう。暗い気持ちになり、自暴自棄になることもある。関わってしまったことを後悔する。現に、多くの人がボランティアで復興現場に行き、自宅に戻ってきてから精神的に大きな変化があることに気付くだろう。以前のような気持ちで過ごすことができない日々に、いらいらする人も多いだろう（経験上、この状態はよくあるのだが、いらいらするのがふつうなので、慣れてくるとそう受け止めればいいだけだ、ということに気付く。実はメンタル的な要素も、ソリューションを見出していくときには大きく影響するのだ）。

ポールが言うように大胆に、ドラスティックに社会構造を変え、別の視点から光を照らし、大きな効果をもたらす大きな行動を考えつくことは、天才でもなければできないのではないか、と思ってしまうだろう。ついそれを言い訳にしてしまう。だが、ＩＤＥは天才集団の集まりではない。誰もがこうした思考方法を身につけることはできるはずだ。クリシュナのような農民でさえ、その発想プロセスを経験することができるのだ。そう、そのプロセスをＩＤＥは開発しているのである。

発想・着想するプロセスをつくり出というだけなら、その他多くのデザイン思考のコンサルティングファームが提供する価値と変わらない。だが、ＩＤＥの場合、対象は社会システムを変えなければならないほど深刻な貧困問題であり、問題に対峙している張本人たちがプロセスの中心となり、そして、彼ら自身が金を稼いでいくソリューションが生み出される。こうしたアプローチに特化した思考・発想プロセスの開発は、ＩＤＥしか行っていないのではないだろうか。

ソリューションも、ただ見つければいいわけではない。ポールは本書できちんと釘を刺している。まず、儲かること。そして、数がはけること。最後に、「無限に拡大する」モデルであること。この三つ目に到達するプロジェクトをつくり出している人たちは、まだまだ少ない。なぜなら、最初からユニバーサルデザインの発想を入れ込まなければ、三つ目に到達しないからだ。そして、最初は現場にいる興奮から、個別のストーリー、現場、光景に囚われすぎて、この発想を完全に見逃してしまうことが多い。そうなってしまうと、後々、収益的な面で苦労することになる。

無限に拡大するモデルをつくり出すためには、最初に素材を慎重に選ばないといけない。たとえば、ポールとＩＤＥが長年取り組み続けている「農業」という素材は、まさに無限に拡大する要素を持った素材だ。再生可能であり、自己増殖する、元々の性質。これに人のトレーニングや知識が自己増殖していくモデルを加えていく。最初に選ぶ素材を間違えないことは重要である。自然に複製され、自己増殖し、無限に拡大していく、といったモデルとは関わることが絶対にできない素材も多くあるからだ。

こうしたいくつかのヒントを元に、再度、あなたの目の前にある問題について、本書でポールが指し示す思考プロセスにのっとって、考え直してみてほしい。本を片手に、メモを持って。必ず、何かを思いつき、大胆で全部を変えてしまうようなアイデアを思いつくことができるだろう。抽象的な部分だけでなく、詳細にわたって発想を集中して書き留めてほしい。具体的にどういうアクションなのか、どういう技術なのか、どうやってそれをテストすることができるか。そうすれば、本を読み終わったときに、なんらかの成功イメージが描きだされているはずだ。クリシュナが成功していくストーリーを読みながら、私たちは東京やＮＹやロンドンの社会的課題を解決する仕組みを思いついたり、東日本大震災の復興事業を持続させていくのに必要なアイデアを書き出していくことができるに違いない。

二つの課題

実は、本書に描ききれていない部分もある。私が現在見つけているだけでも、二つの大きな課題をポールは本書では示していない。それはＩＤＥが直面する課題ではなかったからかもしれない。だが、読者がポールの描き出す世界観に共感したとしても、その課題があるために二の足を踏んでしまうかもしれない。

一つは、マインドセットの問題。ポールは、クリシュナのような農民は世界中に多数いると書いているが、クリシュナのような状況の農民は多数いても、そのなかに、クリシュナのようにマインドセットをシフトしていくことができる農民はそう多くはいない、という事実を明確には書いていない。

私も南アジア地域で、まったく同じ問題に悩む農民たちを見てきたが、クリシュナがＩＤＥと出会えたことはラッキーであった。しかし、偶然起こったわけではない。クリシュナはＩＤＥに出会う前から、お金が儲かる方法をいろいろな人から聞き出して積極的に行動している。その行為が最終的にＩＤＥと彼の関係性をつくっていったのである。行動を考えているだけの人と、実際に行動を起こした人では雲泥の差がある。そして、クリシュナは、そもそも素養があり、どんどんマインドセットを変えていくことができた。それが成功の要因だ。

だが、自分にはできないと思い込むことで、可能性を完全に閉ざしている人々も大勢いる。ＩＤＥも、農民たちに可能性を信じてもらうことから始める。砂漠に水をやるような作業のことも多い。行動を起こすことができる人たちはごく一部なのも事実だ。しかし、一人生まれれば、それをロールモデルにして多くの人が変化を信じるようになるのだ。

これは農民側だけの問題ではない。大企業に勤める人たちにもまったく同じことが言える。本書にも登場する、適用可能な技術やそれを販売できる可能性があるのに、貧しい貧困層のいる市場にいっさい目を向けようとしない大企業たち。「そこに金がないから」と答えているが、その答え自体が問いなおす価値があるということをポールは指摘している。一度つくられてしまったマインドセットを壊すことは難しい。その人の性格、柔軟さ、オープンネス、俊敏さ、社交性、などが問われるのである。そして、一度マインドセットを変えることができた人は、つねに状況に応じて、自分が対峙している問題の深さに応じて、マインドセットを少しずつ修正し続けていくことができる。この柔軟なプロセスがない限り、実はうまくいかないのである。

日本企業のなかで、こういった低所得層市場や発想方法に興味がない企業がいてもおかしくない。それはそれぞれの企業の選択であるし、戦略である。すべての企業が同じ方向を向く必要性もない。だが、「自分にできない」と思い込んでいる可能性があることも確かだ。もし、戦略的に選んだのではなく、無意識にそう考えているだけだとすれば、深刻な問題がそこに眠っていることの現れかもしれない。「自社は自ら可能性を閉ざしてしまいがちな組織なのではないか」と疑ってみてもいいのではないか。

また、途上国の低所得層市場について考えようという企業も出てきている。だが、そのプロジェクトの多くが、マインドセットの罠に陥っている。例えば、自分たちの会社は途上国に適した商品サービスを設計・販売していない、という危機意識からプロジェクトを始めたものの、いざプロジェクトが始まると、マーケティングや商品開発の手法を劇的に変えることを思いつかない。または、変えたくても方針を思いつかず、どう変えればいいかわからない。表面的にはマインドセットを変えたように見えても、根本的に腹に落ちていないのだろう。そういう場合は、とにかく現場に本書を持って行き、なるべく長い時間を人々とともに過ごしていただきたい。本書は、BOPビジネスや現地でのソーシャル・エンタープライズに関わってきた研究者やビジネスパーソンにとって、微細な文章の一言一句まで、すべて納得が行く教科書だ。一連のプロセスを経験すると、本書に書いてあることのすべてのプロセスを経験し、納得できるようになるだろう。

マインドセットの問題の次に重要で、本書にきちんと描かれていないと思われた課題は、資金回収である。実は、ポールとIDEが利益を求めていると言っても、研究開発にかかった時間とコストを回収することは計算に入っていないことがわかる。二〇〇ドルの灌漑キットをつくり出すのに、一五年の歳月がかかっているのだから。農民や貧困に直面している人々自身が、そのキットを使った事業を行った場合、初期投資を回収することはできても、IDE本体として事業が資金回収できる見込みにあるかどうかは、また別の話だ。

この点に関しては、残念ながら日本企業は本書を参考にはできない。というのも、ＩＤＥという団体が研究開発に特化した機能を担う、別のカテゴリーの組織だからだ。ビル＆メリンダ財団や開発援助機関の技術的支援に関する予算、そして多国籍企業や大学との研究開発費用を活用するビジネスモデルで成り立っており、企業が低所得層市場でつくり出そうとする収益構造とは異なっている。

しかし、参考になることは一つある。それは、ＩＤＥやその他同様の研究開発を行っている機関とパートナーシップを組むことで、研究開発にかかる時間と投資を、効率よく削減できるということだ。ＩＤＥもそういったパートナーと仕事をすることを楽しみにしている。彼らは、自分たちが蓄積した知識と経験とプロセスを、こうしたミッションを共有するパートナーに開示することに寛大だ。

だが、日本企業がよく直面する課題は、パートナリングだ。相手先となる組織の性質、機能を十分に理解できていないため、うまくシナジーをつくり出せていないことが多い。

そのため、せっかく高度な研究機能と専門性を持った団体とアライアンスを組んでいるにもかかわらず、その団体の末端機能しか利用できず、パートナリングの効果が上がっていない場合もよく見受けられる。効率的な連携ができなければ、研究開発にかかったコストを効率的に回収できないかもしれない。しかも、パートナリングにおいては、一商品の販売だけで収益を求めるものではなく、組織や事業全体に及ぼす影響でリターンを考える必要がある。

だからこそ、最もポジティブで、イノベーティブな影響を与えあうことができる良いパートナーと組まなければならない。そうしなければ、無形価値であっても有形価値であっても、投資した労力、時間、資金を回収することができないのである。そこで重要になってくるのは対話と相手への深い理解。対話は、ＢＯＰビジネスを効率的に進めるうえで、最も安全なセーフティネットである。

さて、ＩＤＥと本書の話に戻ると、こうした二つの問題が本書では描ききれていないが、それはＩＤＥ側から見た視点だからだろう。逆に言えば、ＩＤＥが行っているようなプロセスや手法、ビジネス開発を身につけたい人にとって、本書を読んで模倣をすることだけが回答ではない。つまり、そういう人たちはＩＤＥと補完的に働き、ＩＤＥとパートナリングを組むという選択肢も考えてみてほしい。個人であれば、ボランティアでもインターンでもかまわない。また、企業や組織なのであればパートナーとなって知識や研究機能を補完し合う形を模索してもかまわない。さまざまな形で、ＩＤＥとオープンイノベーションをつくり出す門戸は開かれている。

今後の展望

現在、ビジネスや途上国におけるソーシャルビジネスの広がりが注目されるなかで、ＩＤＥは従来通り、静かに前進を続けている。ソーシャルアントレプレナーに関する、新しい発想や会話が繰り広げられるなかで、ＩＤＥは着実に長年の活動と思想を継承しながら、各国のＩＤＥがやれること、やるべきことを進めていっている。

たとえば、ＩＤＥイギリスは、本書の最後にポールが述べているような、デザインの教育を変革するための動きを広げようとしている。ＭＩＴのＤ-Ｌａｂや、スタンフォード大のｄ・ｓｃｈｏｏｌだけでなく、小中高におけるカリキュラムのなかに、ＩＤＥが考えるデザイン教育を組み込むため、カリキュラムをデザインし、政策提言や働きかけを行っている。

また、ＩＤＥカンボジアでは、ＢＯＰファシリティを構築しようとしている。製品のテストパイロットを行う現場を提供し、その開発を支援する。こうした新しい取り組みをどんどん繰り出す組織に、日本企業のＢＯＰプロジェクトもどんどん足を踏み入れて行ってほしい。また、製品開発という観点からだけでなく、投資の側面でも日本企業や日本の社会的投資家への期待は高い。農業アドバイザー事業（一部、本書でも紹介があったが、ＩＤＥの強みは農業アドバイス分野でもある。そこで、カンボジアでは農民自身を農業アドバイザーとして起業させるマイクロ起業家育成事業が実施されている）への投資の呼び込みを行っているところだ。

他にもＩＤＥガーナでも企業との連携プログラムの開発が進みつつある。ＩＤＥインドではＭＩＴなどの学生たちが出入りし、技術とビジネスの開発がさらに深化していっている。ＩＤＥデンバーではまた「残りの九〇％の人たちのためのデザイン（Design for the Other 90%）」の展示が行われる予定だ。

私は本書出版後にさまざまな変化が起こることを期待している。日本語という壁は意外にも大きく、日本語圏内にＩＤＥに関する情報はあまりに少ない。ＩＤＥという団体が日本のＢＯＰビジネスの文脈のなかで語られていないことに、大きな疑問を感じていたからだ。だからこそ、ＭＩＴの遠藤さんとともに、日本語訳が出版されるよう働きかけてきた。ＩＤＥこそ、世界で最も長い歴史を持って、現場での製品開発を進めてきた団体だ。しかも、どのＢＯＰビジネスの新興ソーシャル・エンタープライズよりも、商品数、実験数、実地数、すべてにおいて上回っていると言える。

また、『世界を変えるデザイン』（英治出版、二〇〇九年）と同様、多くのデザイナー、技術者が本書を読むことで、また強く触発されるであろう、と信じている。実践の道筋を明確に感じてもらえることを期待している。次は、触発された多くの人々が航空券を買い、または新幹線にのり、この本を片手に現場に向かうことになるだろう。これは革命の本の第二弾なのだから。

そして、最後に。本書が多くの日本の若者に読まれ、わくわくする気持ちがシェアされることを期待している。ポールの着想のウィルスが、日本中にまき散らされて、自己増殖のようにアイデアが生まれていく時代が来ることを願っている。

（二〇一一年五月）

Patrick Moriarty et al., IRC International Water and Sanitation Centre (Delft, the Netherlands: 2004), pp.153-172.

第11章

61 http://www.oecd.org/document/40/0,2340,en_2649_34447_36418344_1_1_1_1,00.html.

62 http://www.time.com/time/magazine/article/0,9171,923275,00.html.

63 Suresh Kumar, Foreword to ***Roadmap for the Emerging Markets*** (United Kingdom: Nicholas Hall & Company: November 1, 2003) , pp.i-vii.

64 Suresh Kumar, ***Benchmarking for OTC*** (United Kingdom: Nicholas Hall & Company: July 2005), pp.169-170.

参考文献

◆ クーパー・ヒューイット国立デザイン博物館の展覧会カタログ。***Design for the Other 90%.*** New York: Cooper-Hewitt National Design Museum, 2007.〔シンシア・スミス編『世界を変えるデザイン――ものづくりには夢がある』（槌屋詩野監訳、北村陽子訳、英治出版、2009 年）〕

◆ Easterly, William. "Was Development Assistance a Mistake?" ***The American Economic Review*** (May 2007) : Vol.97, No.2. http://www.nyu.edu/fas/institute/dri/Easterly/File/Was_Development_Assitance_a_Mistake.pdf.

◆ Easterly, William. ***The White Man's Burden: Why the West's Efforts to Aid the Rest Have Done So Much Ill and So Little Good.*** New York: Penguin Press, 2006.〔ウィリアム・イースタリー著『傲慢な援助』（小浜裕久・織井啓介・冨田陽子訳、東洋経済新報社、2009年）〕

◆ Heierli, Urs, and Paul Polak. "Poverty Alleviation as a Business. The Market Creation Approach to Development." Swiss Agency for Development and Cooperation (May 2000).

◆ Nagayets, Oksana. "Small Farms: Current Status and Key Trends," Future of Small Farms Research Workshop, (International Food Policy Research Institute) Wye College, United Kingdom, June 26-29, 2005. http://www.ifpri.org/events/seminars/2005/smallfarms/sfproc/Appendix_InformationBrief.pdf.

◆ Polak, Paul. "The Big Potential of Small Farms." ***Scientific American*** special issue (September 2005): Crossroads for Planet Earth.

◆ Postel, Sandra. ***Pillar of Sand: Can the Irrigation Miracle Last?*** New York: W.W.Norton and Co., 1999.〔サンドラ・ポステル著『水不足が世界を脅かす』（福岡克也・環境文化創造研究所訳、家の光協会、2000年）〕

◆ Postel, Sandra, Paul Polak, Fernando Gonzales, and Jack Keller. "Drip Irrigation for Small Farmers: A New Initiative to Alleviate Hunger and Poverty." ***Water International*** (March 2001) : Vol.26, No.1.

◆ Schumacher, E. F. ***Small Is Beautiful: Economics as if People Mattered.***New York: Harper & Row, 1973.〔E・F・シューマッハー著『スモール　イズ　ビューティフル』（小島慶三・酒井懋訳、講談社、1986年）〕

◆ United Nations Department of Economic and Social Affairs. Millennium Development Goals Report 2006. UN Statistics Division (June 2006). http://mdgs.un.org/unsd/mdg.

第8章

39 The Energy Foundation, Bellagio Memorandum on Motor Vehicle Policy (Bellagio, Italy: 2001).

40 Paul Polak, "How IDE Installed 1.3 Million Treadle Pumps in Bangladesh by Activating the Private Sector." この文献は以下に収録されている。"Poverty Alleviation as a Business. The Market Creation Approach to Development," by Urs Heierli and Paul Polak, Swiss Agency for Development and Cooperation (May 2000), pp.101-108.

41 www.technoserve.org/africa/ghana-pineapple.html.

42 www.technoserve.org/africa/ghana-pineapple.html.

43 www.adaptive-eyecare.com/technology.html.

44 www.neweyesfortheneedy.org/vision/faqs.html.

45 2007年1月の著者とグラハム・マクミランとの会話より。

第9章

46 Kalpana Sharma, ***Rediscovering Dharavi: Stories from Asia's Largest Slum*** (India: Penguin Books India, 2000), pp.75-78.

47 http://www.communityplanning.net/makingplanningwork/mpwcasestudies/mpwCS05.htm.

48 Pietro Garau, Elliot Sclar, and Gabriella Carolini, ***A Home in the City: Improving the Lives of Slum Dwellers*** (London: Earthscan, 2005), p.11.

49 Sharma, ***Rediscovering Dharavi: Stories from Asia's Largest Slum***, pp.75-78.

50 UN-HABITAT Publication. http://www.un.org/Pubs/chronicle/2006/issue2/0206p24.htm.

51 UN-HABITAT Publication. http://www.un.org/Pubs/chronicle/2003/issue4/0403p19.asp.

52 United Nations Settlement Program, ***The Challenge of Slums. Global Report on Human Settlements 2003*** (New York: UN Publications, 2003), pp.103-104. http://unhabitat.org/pmss/getPage.asp?page=bookView&book=1156.

53 Garau, Sclar, and Carolini, ***A Home in the City.***

54 http://news.bbc.co.uk/1/shared/spl/hi/world/06/dharavi_slum/html/dharavi_slum_5.stm.

55 Steve Haggblade, J. Boomgard, S. Davies, and D. Mead, "Subsector Analysis: Its Nature, Conduct, and Potential Distribution to Small Enterprise Development," Department of Economics, Michigan State University. http://ideas.repec.org/p/msu/idpwrk/026.html.

56 Marina Samuf, "Favela fasion brings pride and jobs to Brazilian slum," ***Brazzil Magazine*** (August 2, 2006). http://www.brazzil.com/index.php?option=com_content&task=video&id=9665&Itemid=78.

第10章

57 L. Srole, T.S. Langner, et al., ***Mental Health in the Metropolis, The Midtown Manhattan Study*** (New York University Press, July 1978).

58 T.H. Holmes, and R.H.Rahe, The Social Readjustment Rating Scale, Journal of Psychosomatic Research, Vol.11 (1967), pp.213-218.

59 Swiss Development Cooperation (SDC) report on IDE hand-pump initiative in Vietnam, Berne, 2002.

60 Paul Polak, Deepak Adhikari, Bob Nanes, Dan Salter, and Sudarshan Suryawanshi, "Transforming Rural Water Access Into Profitable Business Opportunities," in "Beyond Domestic: Case Studies on Poverty and Productive Uses of Water at the Household Level," by

第5章

22 Hunger Report 2005, "A Conversation with Dr. Norman Borlaug on the Past, Present, and Future of Hunger in the Developing World," Fifteenth Annual Report on State of World Hunger, p.27. http://www.bread.org/learn/hunger-reports/hunger-report-pdfs/hunger-report-2005/Chapter-1.pdf.

第6章

23 Paul Polak, "The Design Process for the IDE Low-Cost Drip Irrigation System." この論文は以下の文献に収録されている。"Poverty Alleviation as a Business. The Market Creation Approach to Development," by Urs Heierli, Paul Polak, Swiss Agency for Development and Cooperation (May 2000), pp. 95-100.

24 Sandra Postel, Paul Polak, Fernando Gonzales, and Jack Keller, "Drip Irrigation for Small Farmers: A New Initiative to Alleviate Hunger and Poverty," ***Water International*** Vol.26, No.1 (March 2001), pp.3-13.

25 G.A. Cornish and P. Lawrence, ***Informal Irrigation in Periurban Areas: A Summary of Findings and Recommendations*** (United Kingdom: H.R. Wallingford, 2001).

26 Rob Gallagher, ***The Rickshaws of Bangladesh*** (Dhaka University Press, 1992).

第7章

27 Oksana Nagayets, "Small Farms: Current Status and Key Trends," Future of Small Farms Research Workshop, (主催：International Food Policy Research Institute / 2020 Vision Initiative、the Overseas Development Institute、Imperial College, London。開催地：イギリスWye College。 開催日：2005年6月26日 ～ 29日。) International Food Policy Research Institute (IFPRI).Small Farms: Current Status and Key Trendsの表1-4を、IFPRIの許可を得て掲載。www.ifpri.org. これらの表が発表された研究会の成果は、次のウェブサイトで見ることができる。www.ifpri.org/events/seminars/2005/smallfarms/sfproc/sfproc.pdf.

28 Nagayets, Table 1, "Small Farms: Current Status and Key Trends." IFPRIの許可を得て掲載。

29 Nagayets, Table 2, "Small Farms: Current Status and Key Trends." IFPRIの許可を得て掲載。

30 Nagayets, Table 3, "Small Farms: Current Status and Key Trends." IFPRIの許可を得て掲載。

31 Nagayets, Table 3, "Small Farms: Current Status and Key Trends." IFPRIの許可を得て掲載。

32 Nagayets, Table 4, "Small Farms: Current Status and Key Trends." IFPRIの許可を得て掲載。

33 Nagayets, "Small Farms: Current Status and Key Trends." IFPRIの許可を得て掲載。

34 Regassa, E. Namara, Parakrama Weligamage, and Randolph Barker, ***Prospects for Adopting System of Rice Intensification in Sri Lanka: A socioeconomic Assessment*** (Colombo, Sri Lanka: International Water Management Institute, 2002). http://www.iwmi.cgiar.org/pubs/pub075/Report75.pdf.

35 Norman Uphoff, "The System of Rice Intensification: Using Alternative Cultural Practices to Increase Rice Production and Profitability from Existing Yield Potentials," International Rice Commission Newsletter, No.55, Food and Agriculture Organization (Rome: 2007).

36 http://www.iwmi.cgiar.org/livelihoods/index.htm.

37 The Future of Small Farms. イギリスWye Collegeにて、2005年6月26日～ 29日に開催された研究会の成果。International Food Policy Research Institute (IFPRI).

38 J.R. Burleigh, L.L. Black, Lun G. Mateo, et al., "Performance of Grafted Tomato in Central Luzon, Philippines: A Case study of the Introduction of a New Technology Among Resource-limited Farmers, "Plant Management Network, July1, 2005. http://www.plantmanagementnetwork.org/pub/cm/management/2005/tomato.

原注・参考文献

第1章

1 http://thinkprogress.org/2005/09/01/fema-director-we-did-not-know-new-orleans-convention-center-was-a-hurricane-shelter.

第2章

2 William Easterly, "Was Development Assistance a Mistake?" ***The American Economic Review*** Vol.97, No2 (May 2007)

3 William Easterly, ***The White Man's Burden: Why the West's Effort to Aid the Rest Have Done So Much Ill and So Little Good*** (New York: Penguin Press, 2006).〔ウィリアム・イースタリー著『傲慢な援助』(小浜裕久・織井啓介・冨田陽子訳、東洋経済新報社、2009年)〕

4 Easterly, "Was Development Assistance a Mistake?"

5 Easterly, "Was Development Assistance a Mistake?"

6 http://news.bbc.co.uk/2/hi/science/nature/3397393.stm.

7 United Nations Department of Economic and Social Affairs (UNDESA), Millennium Development Goals Report 2006. http://mdgs.un.org/unsd/mdg/Resources/Static/Products/Progress2006/MDGReport2006.pdf.

8 UNDESA, Millennium Development Goals Report 2006.

9 表中の数字はインフレ調整後のもの。

10 UNDESA, Millennium Development Goals Report 2006.

11 UNDESA, Millennium Development Goals Report 2006.

12 Food and Agricultural Organization of the United Nation, The State of Food Insecurity in the World 2004, P.8. www.fao.org/docrep/007/y5650e/y5650e00.htm.

13 UNDESA, Millennium Development Goals Report 2006.

14 UNDESA, Millennium Development Goals Report 2006.

15 UNDESA, Millennium Development Goals Report 2006.

16 C. K. Prahalad, ***The Fortune at the Bottom of the Pyramid*** (Wharton School Publishing, 2005).〔C・K・プラハラード著『ネクスト・マーケット――「貧困層」を「顧客」に変える次世代ビジネス戦略』(スカイライトコンサルティング訳、英治出版、2005年)〕

17 C. K. Prahalad, ***The Fortune at the Bottom of the Pyramid.***

第3章

18 Paul Hunt, Manfred Nowark, and Siddiq Osmani, ***Human Rights and Poverty Reduction: A Conceptual Framework*** (New York and Geneva: UN, 2004), p.16.

第4章

19 Cooper-Hewitt Exhibit Catalog, ***Design fir the Other 90%***(New York: Cooper-Hewitt National Design Museum, 2007).〔シンシア・スミス編『世界を変えるデザイン――ものづくりには夢がある』(槌屋詩野監訳、北村陽子訳、英治出版、2009年)〕

20 以下のメディアで取り上げられた。***The New York Times, Wall Street Journal, International Herald Tribune,*** Wisconsin National Public Radio stations.

21 D-Revは2007年にコロラドで設立され、貧しい顧客を対象とした3つのグローバル事業を立ち上げている。同時に、本書で紹介したようなデザインの革命も支援している。

● 著者

ポール・ポラック　Paul Polak

世界の貧困問題に現実的なソリューションを見出すべく、1981年に起業家2人とIDE（International Development Enterprises）を設立。「実践的なビジネス戦略を用いて、1日1ドルの貧しい人々の収入を増やす」というミッションのもと、小規模農家に焦点をあてた様々なプロジェクトを主導し、各国で劇的な成功をおさめている。2003年にIDE開発のドリップ灌漑システムがScientific American「トップ50」に選出。2004年には著者がErnst & Youngの「世界の起業家」を受賞した。その実績を評価され、2006年にビル・アンド・メリンダ・ゲイツ財団から1400万ドルの助成金を獲得し、今日に至るまで事業を拡大し続けている。また、多国籍企業の製品開発を支援する「D-rev: 残りの90%の人たちのためのデザイン」を立ち上げたほか、MIT（マサチューセッツ工科大学）における最先端のデザイン研究プログラム「D-Lab」設立に影響を与えるなど、企業や研究機関とのパートナーシップを通じて多方面からの貧困解決を支援している。

● 訳者

東方雅美　Masami Toho

慶應義塾大学法学部卒。バブソン大学経営大学院修士課程修了。雑誌記者として出版社に勤務した後、経営大学院の出版部門にて、経済・経営書の企画・制作に携わる。現在はフリーランスとして、翻訳、編集、執筆を行う。翻訳書に『いつか、すべての子供たちに』、『ワールドインク』（以上、英治出版）、『論理思考力トレーニング法』（中央経済社）、共訳書に『リーダーを育てる会社・つぶす会社』、『石油 最後の1バレル』、『グラミンフォンという奇跡』（以上、英治出版）、共著書に『MBAクリティカルシンキング』（ダイヤモンド社）などがある。

● 序文

遠藤謙　Ken Endo

マサチューセッツ工科大学D-Lab講師、およびマサチューセッツ工科大学メディアラボにて博士候補生。研究室ではロボット技術を用いた最新の義足技術の研究に携わる。 その一方で、途上国開発と現地のニーズに適した技術、適正技術の開発を行っているD-Labにて講師を務め、インドのNPO、Bhagwan Mahaveer Viklang Sahayata Samiti（BMVSS）と協力して途上国向けの義肢装具技術の開発や普及に努める。

● 解説者

槌屋詩野　Shino Tsuchiya

株式会社日本総合研究所ヨーロッパ・新興国市場＆社会的投資リサーチャー。国際協力NGO勤務後、株式会社日本総合研究所、創発戦略センター入社。 PFI/PPPのプロジェクトファイナンス、途上国における環境投資、CSR/SRIアナリストを経て、2008年より本格的にBOP（Base of the Pyramid）市場、新興国での事業開発を行う。 2009年より現職（在ロンドン）。現在、低所得層を対象としたソーシャル・ビジネスの事業開発とそこから引き起こされるイノベーション・プロセスについて研究を進めている。『国際開発ジャーナル』2009年5月号から2011年5月までの連載がある他、監訳書に『世界を変えるデザイン――ものづくりには夢がある』（シンシア・スミス編、英治出版、2009年）がある。

● 英治出版からのお知らせ

本書に関するご意見・ご感想を E-mail（editor@eijipress.co.jp）で受け付けています。また、英治出版ではメールマガジン、ブログ、ツイッターなどで新刊情報やイベント情報を配信しております。ぜひ一度、アクセスしてみて下さい。

メールマガジン　：会員登録はホームページにて
ブログ　：www.eijipress.co.jp/blog/
ツイッター ID　：@eijipress
フェイスブック　：www.facebook.com/eijipress
Web メディア　：eijionline.com

世界一大きな問題のシンプルな解き方
私が貧困解決の現場で学んだこと

発行日　2011 年　6 月 20 日　第 1 版　第 1 刷
2019 年　6 月　3 日　第 1 版　第 3 刷

著者　ポール・ポラック
訳者　東方雅美（とうほう・まさみ）

発行人　原田英治
発行　英治出版株式会社
〒 150-0022 東京都渋谷区恵比寿南 1-9-12 ピトレスクビル 4F
電話　03-5773-0193　FAX　03-5773-0194
http://www.eijipress.co.jp/
プロデューサー　下田理
スタッフ　高野達成　藤竹賢一郎　山下智也　鈴木美穂　田中三枝
安村侑希子　平野貴裕　上村悠也　桑江リリー　石崎優木
山本有子　渡邉吏佐子　中西さおり　関紀子　片山実咲
印刷・製本　Eiji 21, Inc., Korea
装丁　英治出版デザイン室

ISBN978-4-86276-106-4　C0034　Printed in Korea

世界を変えるデザイン

ものづくりには夢がある

シンシア・スミス編　槌屋詩野監訳　北村陽子訳

世界の 90%の人々の生活を変えるには？　夢を追うデザイナーや建築家、エンジニアや起業家たちのアイデアと良心から生まれたデザイン・イノベーション実例集。『世界一大きな問題のシンプルな解き方』著者ポール・ポラック氏の寄稿が収録。

定価：本体 2,000 円＋税　ISBN978-4-86276-058-6

世界とつながるビジネス

BOP 市場を開拓する 5 つの方法

国連開発計画（UNDP）編　吉田秀美訳

何かが足りない所にはニーズがあり、ニーズがある所にはチャンスがある。成功のカギは「つながり」をつくること！　明確なフレームワークと 17 のケースで学ぶ「BOP ビジネス」実践ガイド。

定価：本体 2,000 円＋税　ISBN978-4-86276-095-1

ネクスト・マーケット［増補改訂版］

「貧困層」を「顧客」に変える次世代ビジネス戦略

C・K・プラハラード著　スカイライト コンサルティング訳

新たなる巨大市場「BOP（経済ピラミッドの底辺＝貧困層）」の可能性を示して全世界に絶大な影響を与えたベストセラーの増補改訂版。企業の成長戦略を構想する上でいまや不可欠となった「BOP」を、骨太の理論と豊富なケースで解説。

定価：本体 3,200 円＋税　ISBN978-4-86276-078-4

ブルー・セーター

引き裂かれた世界をつなぐ起業家たちの物語

ジャクリーン・ノヴォグラッツ著　北村陽子訳

理想に燃えて海外へ向かった著者が見た、「貧困」の現実と「人間」の真実とは。「忍耐強い資本主義」を掲げる注目の女性社会起業家が、引き裂かれた世界のリアルな姿と、それを変革していく方法を語った全米ベストセラー。

定価：本体 2,200 円＋税　ISBN978-4-86276-061-6

アフリカ　動きだす 9 億人市場

ヴィジャイ・マハジャン著　松本裕訳

いま急成長している巨大市場アフリカ。数々の問題の裏にビジネスチャンスがあり、各国の企業や投資家、起業家が続々とこの大陸に向かっている！　豊富なケーススタディからグローバル経済の明日が見えてくる。

定価：本体 2,200 円＋税　ISBN978-4-86276-053-1

グラミンフォンという奇跡

「つながり」から始まるグローバル経済の大転換

ニコラス・P・サリバン著　東方雅美他訳

アジア・アフリカの途上国に広がる「携帯電話革命」！　通信によって生活が変わり、ビジネスが生まれ、経済が興り、民主化が進む。貧困層として見捨てられてきた 30 億人が立ち上がる。世界の劇的な変化をいきいきと描いた、衝撃と感動の一冊。

定価：本体 1,900 円＋税　ISBN978-4-86276-013-5